# 徽墨胡开文研究（1765～1965年）

林欢 著

故宫出版社

# 目录

# 绪论

## 一　研究目的

徽墨有名，可是名在何处却无从谈起。随着时代变迁以及电子文具的大量普及，作为中华儒家文明的象征之一，笔、墨、纸、砚对于现代人类而言大抵已是虚无缥缈的东西了。仅以徽墨为例，即便是我们目前还能见到一些关于徽墨论述的文章，但其多为人云亦云，具有独立见解的较少。这种现象的出现或许在于之前的研究者没有集中见到过目前所流传下来的徽墨实物资料，从而无法将徽州历史文献与文物实体相结合进行研究所致。徽墨收藏需要藏者本身具有极为广博的文化知识背景，花费大量的时间与精力乃至金钱。不仅如此，徽墨属于古人的日常消费品，人们生产它们的目的是为了即时消费而非收藏。即便我们十分着意，对于其的保护工作也异常困难（稍有不慎，便会发生不可逆转的霉、裂、断、碎、粉尘化等一系列损毁过程）。因此从实物方面精确了解明清以来徽墨发展的基本情况难度极大。

古代徽州的制墨业生产多以家族为单位，实行世系传承。清代徽墨有“四大墨家”——曹素功、汪节庵、汪近圣、胡开文。其中属于“休宁派”的胡开文，距今时间最近，无论是从流传至今的文物实体还是文献资料，较其他三家更为丰富，保留在民间的印象也更为清晰。

胡开文自清代乾隆三十年（1765 年）创建以来，迅速占领国内大部分市场。到 20 世纪初，其制墨家族已经垄断了全国大部分徽墨生产和销售。但是由于其社会声望的不断扩大，其家族后裔的分支也过于庞杂，以至于在本课题完成之前，学术界尚不能通过胡开文墨收藏现状以说明其家族世系流传问题。本研究就是希望通过文献与实物研究相结合的办法，以故宫博物院的胡开文墨藏品为基础，对于其发展史略进行初步探讨，并为探索一个适合徽墨研究与保存的途径提供一种思路。

## 二　研究现状

前人对于胡开文墨做过许多研究，取得了丰硕的成果。其中最为著名的是在1959～1961年由芜湖市工商业联合会组织编写的《芜湖胡开文墨店调查》，后有部分公开发表于中国人民政治协商会议全国委员会文史资料研究室编《文史资料选辑（第13辑）》（中华书局，1961年）及《文史资料选辑（第23辑）》（中国文史出版社，2000年）。此报告的出版，不仅对于我党的统战工作有相当的促进作用，而且“对于研究中国资本主义发展史和国民经济史有重要的参考价值”。

进入20世纪80年代以来，关于胡开文墨业的资料和研究已有不少成果。

墨品实物公布的有：1986年安徽博物院精选馆藏胡开文墨品和墨模100余件，组成《中国胡开文古墨展》赴日展览，并与日本泛亚细亚文化交流中心将展品编印成册；周绍良所著《清墨谈丛》（紫禁城出版社，2000年）收录胡开文墨品20余锭，并载有胡开文墨票等文献资料；周氏所著《蓄墨小言》（燕山出版社，1999年）记载胡开文及胡开文衍生墨品近百锭；赵正范编著《清墨鉴赏图谱》（上海书店出版社，2006年）收藏胡开文墨数十锭。书后附列胡开文制墨家族世系表。

民间爱好者关于胡开文墨的个别藏品的介绍，多见于社会上的通俗性报刊。例如史树青《中华民国建国纪念墨》（《中国文物报》，2000年6月25日，第4版）；高学训《集锦墨铸下“御园图”》（《中国商报》，2006年8月10日，第9版）；陈健《胡子卿和他所制的墨》（《中国文物报》，2001年10月17日，第4版）、《清代的贡墨》（《中国文物报》，2001年11月28日第4版）、《御园名胜入墨中——御园六十四景墨赏析》（《中国文物报》，2001年4月1日，第4版）、《新安大好山水图墨》（《中国文物报》，2002年1月9日，第7版）、《清代墨的鉴赏》（《中国文物报》，2002年5月15日，第6版）、《地球墨》（《中国文物报》，2002年6月26日，第7版）；马起来《徽墨从来举世尊——介绍几锭徽墨珍品》（《收藏界》，2002年第5期）；李晶

《非人磨墨墨磨人——济南市博物院藏墨谈》(《收藏家》，2005年第2期)；丁正元《谈集锦墨——御制棉花图诗墨》(《东南文化》，2000年第4期)；胡毓骅《纪念辛亥革命的"胡开文"墨》(《新民晚报》，2011年10月9日)；王健丽、崔玉英《胡开文制墨赏》(《收藏家》2004年第7期)；杨海涛《胡墨赏鉴》(《东南文化》2000年第2期)等。

对胡开文制墨史进行简单叙述的文章如陈健《群芳争艳的富贵图墨——胡开文创业史略》(《中国文物报》，2002年6月19日，第6版)；胡毓骅《徽墨世家"胡开文"》(《寻根》2003年第1期)、《清代徽墨大家胡开文墨题款探源》(《东方收藏》2011年第9期)、《胡开文墨业大事记要》(邵之惠主编：《绩溪徽商(续三)》，《绩溪徽商》编辑室编印本，2010年)等。

关于胡开文墨业的学术性史论文章也有若干发表。其中的几个问题成为诸位学者争论的焦点：一是胡开文墨业创建的时间；二是胡开文墨业的创建者；三是"胡开文"名号的来历；四是胡开文海阳店与屯溪店之间的关系；五是胡天注的卒年等。其中争论最为激烈的是前两个问题，即"乾隆三十年"说与"乾隆四十七年"说；"胡天注"说与"胡余德"说。

第一个问题：1."乾隆三十年(1765年)"说：主要见于陈平民《也谈徽墨奇葩"胡开文"——与紫玉同志商榷》(《江淮论坛》1984年第4期)；朱世力主编的《中国古代文房用具》(上海文化出版社，1999年)；陈希的《胡开文墨业史略(上、中、下)》(《徽州社会科学》1986年第1、2、3期)；黄秀英、汪庆元《胡开文墨业考》(《东南文化》2003年第9期)。2."乾隆四十七年(1782年)"说：见于穆孝天、李明回《中国安徽文房四宝》(安徽科技出版社，1983年)；徐子超《绩溪人与徽墨》(方兆本主编《安徽文史资料全书·宣城卷》，安徽人民出版社，2005年，第269页)；《胡开文墨业系年要录》(《江淮论坛》1992年第6期)等。

第二个问题：1."胡天注"说：鲍杰《安徽屯溪胡开文墨店史记》(《江淮文史》1999年第2期)；胡云《胡天注与"胡开文"墨业考证》(《黄山学院学报》2005年第5期)；胡毓骅《徽墨世家"胡开文"》(《寻根》2003年第1期)。2."胡余德"说：徐子超《也谈"胡开文"的创业与创名》(《江淮论坛》1985年第3期)、《胡开文墨业的创业者胡余德》(黄山市政协文史资料委员会编：《近代商人》，黄山书社，1996年)、《绩溪人与徽墨》(绩溪县档案局等编：《绩溪县文史资料（第二辑）》，1988年）、《胡开文墨业系年要录》（《江淮论坛》1992年第6期）。

从"徽州文书"、"徽州学"、"徽商"等角度探讨的专著。张海鹏、王廷元主编《徽商研究》（安徽人民出版社，1995年）；王廷元、王世华主编的《徽商》（安徽人民出版社，2005年）；姚邦藻主编《徽州学概论》（中国社会科学出版社，2000年）；鲍义来《徽州工艺》（安徽人民出版社，2005年）等。这些书分别从"徽商"、"徽州工艺"这两个研究角度对于《上川明经胡氏宗谱》、《胡氏阄书》等一些相关"徽州文书"进行分析，得出了各自的结论。

目前，关于胡开文老店创业于乾隆三十年、胡开文墨的创立者为胡天注的说法已经成为主流学说。至于后三个问题以及某些人将胡天注与其子胡余德混同为一人的说法，多是彼此之间相互传抄且未做深入研究的缘故所致。

除此以外，关于胡开文墨业作为地方手工业的代表，对其经营状况进行介绍文章也有不少，例如关于武汉的胡开文墨业有朱福枝《老字号的经营特色》（《武汉文史资料》1997年第4期）；胡永弘《近代汉货精品》（《武汉文史资料》1997年第4期）；关于北京胡开文墨业有曹立先《徽墨精藏浅谈》（《北京日报》，2001年10月12日，第15版）、《寻根溯源话徽墨》（《中国档案报》，2003年11月28日，第T00版）；关于胡开文在安徽的发展历程有黄来生《徽墨与胡开文》（方兆本主编《安徽文史资料全书·宣城卷》，安徽人民出版社，2005年）；潘冠杰《徽墨大鳄胡开文》（黄山市政协文史资料委员会：《徽州千年人物》，黄山书社，1989年）、《徽州地区简志》（黄山书社，2000年）、《千年徽州杰出历史人物评选表》（《黄山日报》，2000年4月3日）、《绩溪县志》（黄山书社，1998年）；郑冠午《徽墨·胡开文·徽州胡开文墨厂》（《徽州社会科学》1988年第1期）等。

文学作品中，潘冠杰的文艺小说《墨怪胡开文传奇》（黄山书社，1991年）中的一些内容虽不足以成为历史依据，但对于普及徽墨文化有一定的效果。

## 三　本课题的研究思路及方法

故宫博物院是全国范围内收藏胡开文墨最多的文博单位之一。在20世纪六七十年代，以我国著名文学家、历史学家周绍良先生为代表的一批社会知名人士，将自己毕生所藏无偿捐献给故宫博物院，其中包括若干锭胡开文墨，这是目前全面了解胡开文墨业发展的第一手资料。他们的善举对于建立故宫博物院的徽墨文物藏品谱系做出了相当大的贡献，并在一定程度上填补了中国博物馆系统关于徽墨收藏领域的空白。

除故宫博物院藏品外，相关胡开文的文字资料存世不少，但过于分散，这是由于近代徽州移民潮而造成的。尤其是涉及胡开文生产规模和改换门庭等资料多收录于诸如北京、天津、上海、安庆、芜湖、苏州、扬州、杭州、武汉、长沙等地图书馆或档案馆中。其资料载体则涉及清代、民国、社会主义改造等时期的工商登记记录、合同文本及法律条文等。为此，本课题组曾先后前往胡开文墨业主要涉及的全国 22 个县市进行实地调查，从而获取了大量的一手资料。

本课题的最终目的是根据故宫博物院文物藏品年款，对故宫博物院现存胡开文墨文物进行整体断代和辨伪研究。此研究不仅局限于单纯的文物鉴定，而是一个系统性的包括中国近代工艺美术史、经济史、移民史、徽州封建宗族发展史在内的“故宫学”、“徽州学”研究的综合体。因此，本课题准备采用文献与文物相结合的方法和手段对故宫博物院所藏胡开文墨的品种、类型、性质，进行全面、系统、综合地研究。通过深入考察胡开文墨业的草创、发展、鼎盛、走向败落、最终消亡等问题，探明藏品的现状，从而对其现状有一个全面的了解和评价。在此基础上，我们试图进一步了解胡开文墨历代的生产过程和工艺特点，从而在更高层次上对徽墨的变化规律提出自己的见解。同时，作为一个职业文物工作者，对于捐献者的捐献文物进行系统地整理和研究，是对其善举的最大告慰。

## 四　内容摘要

胡开文是中国历史上经营规模最大的制墨企业，也是徽州制墨历史上最悠久的老字号之一。胡开文为徽墨品牌名、店名、制墨家族名。所谓胡开文徽墨，是指在清代乾隆三十年（1765 年）由徽州人胡天注草创，前后共七代传人发扬光大的以“胡开文”为名号的休宁派制墨家族所生产的系列墨品〔图 1-1〕。其作品风格属于徽墨制作工艺中的休宁派，其斋堂号为“苍珮室”。

〔图1-1〕胡开文纪念馆（安徽绩溪）

其创始人胡天注[①]（1742～1809年），名在丰，字柱臣。清代徽州府绩溪县上庄人（今安徽省宣城市绩溪县上庄镇上庄村），“明经胡”第37代。其早年家境贫寒，少年时期即赴休宁县城海阳镇，在“汪启茂”墨店当学徒以谋生〔图1-2〕。此后他工作“兢兢业业”，很得店主赏识，后来汪家便将女儿许配给了他。由于他潜心钻研历代墨法，博采众长，有所创新；既重经济效益，又重质量保障，终于成为休宁乃至徽州制墨业的后起之秀。胡开文原先只有海阳（俗称“休城”）、屯溪（俗称“屯镇”）两店，但是其后人能够依靠广泛的封建官场人脉和出色的营销手段，顺应了洋务运动背景下的社会大变革，最终使得胡开文墨业走出徽州，并不断发扬光大，并最终垄断了19世纪末、20世纪初的徽墨市场。

据绩溪《上川明经胡氏宗谱》〔图1-3〕记载：“明经胡”的始祖为胡昌翼，本为李唐皇朝宗室后裔。他于后唐同光三年（925年）以易经中明经科第二名进士，后隐居倡明经学，世称“明经公”。故其后裔被称为“明经胡”以及“李改胡”或“假胡”。胡昌翼长子胡延政于北宋开宝八年（975年）举家居绩溪胡里（今绩溪县临溪乡湖里）。其后子孙世代繁衍，分迁于翟北、杨

①　按公历，胡天注卒年（嘉庆戊辰十二月初一日）已经进入1809年，而非传统的说法1808年。

[图1-2] 汪启茂点漆墨

[图1-3] 《上川明经胡氏宗谱》封面

林和上庄等地。其中首迁上庄者为第 20 世祖胡七二，迄今已有 700 余年。上庄胡氏历代名人辈出，尤以清代理学家胡培翚、墨商胡天注、新文化运动先驱之一胡适等著称于世。

胡天注与妻汪氏、钟氏分别生长子胡恒德、次子胡余德、三子胡谅德、四子胡騭德、五子胡騄德、六子胡懋德、七子胡颂德、八子胡硕德（俗称“老八房”）；胡余德有九子，分别为长子胡锡珍、次子胡锡熊、三子胡锡翰、四子胡锡服、五子胡锡麟、六子胡锡瑄、七子胡锡璧、八子胡锡瓒、九子胡锡焕（俗称“新九房”）。胡余德的长子胡锡珍（名云锦，字织霞）出继其长兄恒德房下为嗣子。而后，余德的三、四、五子又分别出继余德的三、四、五弟为嗣子。

乾隆三十年（1765 年），胡天注继承租休宁县屯溪镇“彩章墨店”期满后，在海阳镇将已经顶替为叶姓人家的汪启茂墨店回购，开创胡开文墨店。于是他便将事业的重点放到海阳。不过由于他在屯溪长期经营墨业，已奠定了良好的市场根基，故他仍在屯溪附设一处分店作为销售门市部。他在经营海阳、屯溪两处墨店时，因经常往返于两地之间，受途中居安村石亭上的“宏开文运”匾额，而取“开文”二字作墨店字号，并将“开运”作为屯溪分店的备用名。

在去世之前，胡天注曾立下分家“阄书”，规定海阳店和屯溪店分别由次子胡余德和七子胡颂德掌管执业，特别是屯溪分店不能“起桌”（制墨），只能作为一个销售门市部。按照“族规”，违祖命者当受到不许入祠祭祀之严厉惩罚。20多年以后，胡余德（1762～1845年）在其父订立的分家方案的基础上，又订了一个“续例”，再次重申了胡天注关于墨店的分配原则。胡天注父子的出发点在于保护胡开文墨店的质量和声誉。

胡天注在推出胡开文招牌之初，尚未摆脱汪氏的市场影响，故而有可能在其产品上多标“汪启茂墨”与“胡开文”联署字样。但就目前所见，这类“联名墨”的时代问题仍有疑问，尚待进一步考证。胡开文墨业在胡余德主持之时，墨店资金渐趋雄厚，推出了一批过得硬的产品（据说最为人称道的“御园图”集锦墨便是在嘉庆年间开始生产的，全套数量达64锭。尽管同类产品别家也有，如曹素功、汪节庵皆有类似题材的墨品），显示了胡开文墨业后来居上的态势。然此时能够判定为嘉庆、道光年间的胡开文墨真品仍需考证。道光后期，署有“苍珮室”款的文人订制墨开始突显。

休宁和绩溪两支胡天注的后裔共同打造了“胡开文”品牌。前期是胡天注祖孙三代（“老二房”、“老七房”）在休宁和徽州地区创造了“胡开文”的品牌;后期则是胡天注的绩溪一支（“老六房”、“老八房”等）走出徽州，把“胡开文”品牌推向全国的过程。其中的关键节点是在于胡开文第四代传人胡贞观主持海阳店时，为彻底解决各房之间因“胡开文”名号使用权而产生的矛盾，于是凭祖上的分家“阄书”立了两条不成文的规矩：各房均可在徽州本地或外埠设胡开文分店，但海阳老店使用的“苍珮室”墨品标记，其他分店不准使用；如果各房要“起桌”，只能打“胡开运”或“胡开文某记”的招牌。自此全国出现了不少由“老六房”和“老八房”子孙经营的胡开文墨店。由于各房后代以胡开文招牌开设的墨店不断增多，海阳老店不甘示弱，在外地相继设立起销售窗口，根据其随墨品出售的墨票可知：在清末海阳店已在徽城、芜湖、浙江、苏州、扬州、上海、安庆、广东、京都、汉口、武昌、长沙等地开了分店。此时的海阳老店多署“徽州休城胡开文制/造”以及“苍珮室”款识。相对而言，就目前存世胡开文墨的数量和质量上来看，海阳店的集锦墨产品自始至终要比其他支系略胜一筹。另外胡氏墨品上，多标着“顶烟”、“五石顶烟”、“贡烟”、“五石清烟”、“超顶烟”等有关烟料的文字。至光绪末年，海阳胡开文店的有些墨锭上开始特别注明“按十万杵法”、“按易水法”等有关工艺技术方面的文字。

清朝后期，全国制墨业普遍不景气。在这种极其萧条的情况下，唯有胡开文家族的墨业一枝独秀，远远超过众多的同行而保持着繁荣的局面。

现已查明，胡开文家族中最著名的有五家：海阳胡开文（“老二房”，又称“休城胡开文”）、屯溪胡开文（“老七房”）、海阳胡子卿（“新六房”，又称“休城胡子卿”）、芜湖胡开文沅记（“老六房”）及上海老胡开文广户氏（“老八房”）。这五大家支在经济上完全独立：它们在生产经营上是自产自销的，既做门市，又兼营批发。由于产销一体，市场情况比较了解，能根据市场需要安排生产，利于加速资金周转。各家支在创业初期皆以“胡开文”招牌及产品的低价利润来争取顾客并创立自己的品牌。在打开销路之后，各家支的销售对象便主要是士大夫阶层——他们需要的是高级墨，不但讲究质量，还要装潢美观、古色古香——多获利润。光绪三十一年（1905 年）废除科举后，由于市场需求的变化，胡开文各家支开始把主营方向从生产高级墨转为生产普通墨。销售方式也从以门市为主改为既做门市又做批发。

胡开文墨业在以“诚信”经营的过程中，十分注重产品的质量，力求杜绝伪劣产品流入市场。海阳老店制有相当数量的集锦套墨，除“御园图”外，尚有“四库文阁”、“民生在勤”、“棉花图”、“黄山图”〔图 1-4〕、“西湖十景”〔图 1-5〕、“新安大好山水”〔图 1-6〕、“五老图”〔图 1-7〕、“十二生肖”等。其中“民生在勤”、“棉花图”、“万年红”墨等曾被地方官员选作贡品进献光绪朝廷。除书画墨外，胡开文各家支还继承传统，采用名贵中药，制成名为“八宝五胆”的药墨，有豁痰开窍、平肝息风、镇惊安神、清热解毒等功效，深得远游的广大学生和底层商贩欢迎。

[图1-4] 胡开文制黄山图集锦墨

民国时期，胡开文与时俱进地推出了新作品。最著名的如“地球墨”曾于 1915

［图1-5］胡开文制西湖十景集锦墨

［图1-6］胡开文制新安大好山水集锦墨

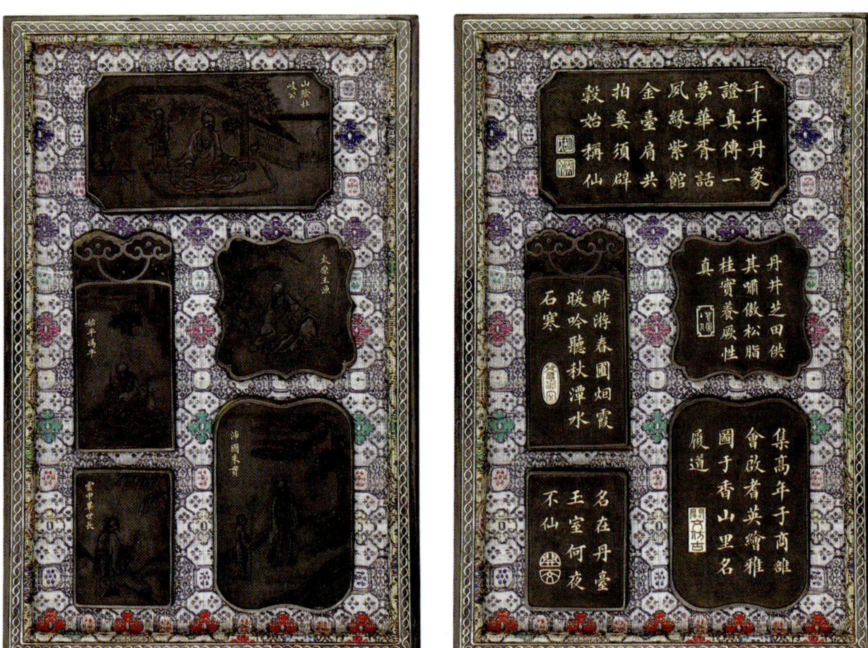

［图1-7］胡开文制睢阳五老集锦墨

〔图1-8〕民国胡开文制碧彩云天铭化学管羊毫笔

年在美国旧金山举行的“太平洋万国巴拿马博览会”上获金质奖章。无奈随着社会的变革与大势所趋，整个徽墨业都处于萎缩状态。为维持生计，一些胡开文后裔开始将“胡开文”的冠名权加以出租、出售。于是以“胡开文”招牌为号的墨店开始分布于全国各地。他们所生产的墨品多因摹仿而有雷同，并且由于成本压力的限制，几乎已经完全失去了工艺品的风韵。各家“胡开文”笔墨庄还多增设了现代文具、生活百货等代销业务〔图 1-8〕。

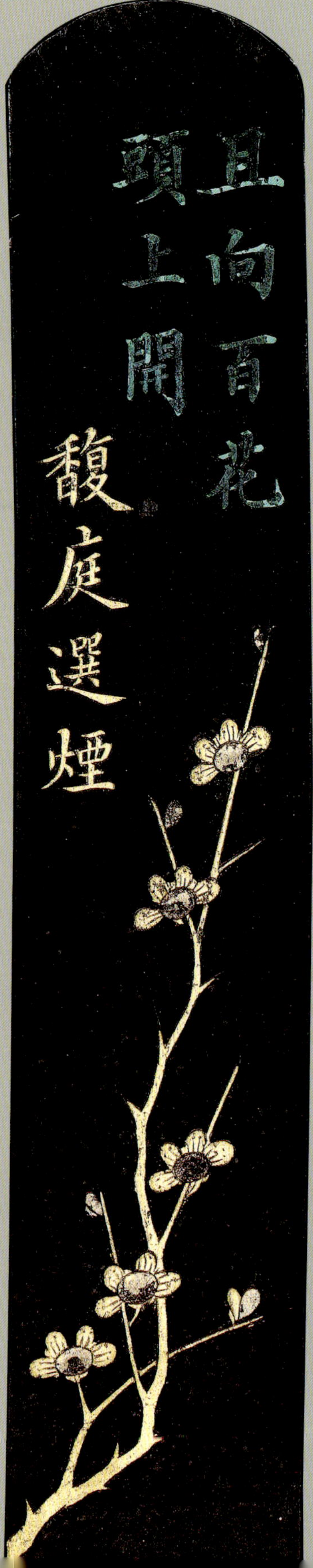
且向百花頭上開
馥庭選煙

# 第一章　胡开文墨业发展史概述

## 第一节　胡开文墨业初创时期的几个问题

故宫博物院现存若干被称作墨票的徽州文书，它们或多或少反映了徽州制墨家生平的基本情况。故笔者结合故宫博物院所藏胡墨品及其墨票，按《上川明经胡氏宗谱》（以下简称《宗谱》）世系，参照上庄胡氏世代所传的“天德锡贞祥，洪恩毓善良”等“行第”辈分，将胡开文墨业发展之中的一些问题进行一番初步探讨，以尽量弥补目前胡开文研究现状中所不能详尽的地方。

### 一　胡开文墨业的初创地点

墨票又叫仿单、访单。它作为包装附属品之一的一种广告册页，与精美墨盒一起赠与客户。它是中国近代制墨商人通过自己或他人之口，宣传自己墨品的质量超群、选料优良，深得用户信赖的一种方式。一般说来，墨票有两种形式：一是店家对于顾客的主动宣传或者关于产品的某个声明；二是某些顾客在享用到店家的产品和服务后，对于产品由衷的赞誉。由于其具有廉价、便捷的广告作用，深受制墨家的推崇。除此之外，墨票在客观程度上反映了制墨家产品及商业运作的基本情况，因而具有较为可靠的历史文献史料价值与文物价值。不过由于人们在认识上的局限，过去对于这种间接记录徽州墨商发展历史的文字材料注意不够，造成了大量墨票的损毁，故目前所能见到的残存墨票更加显得弥足珍贵。

现在可以知晓的是，清末胡开文各店已经采取了在产品包装中加入“顾客须知”。如当时有几种墨票载明海阳（休城）店为本号正宗，其中之一声明曰：

> 本号开休城大西街百数十年，天下闻名，只此一家，并无分坐。近有不肖本家，假造冒充，挨门投售，士宦购者每受其欺。今加此戳，布告大雅，以别皂白：凡赐顾者请至休城大西门正街，认明胡开文老店不误。

与本票相反，屯溪店另有一墨票却宣布自己为正宗：

> 本号先祖向在屯溪开设胡开文墨店，后又替开休城汪启茂墨店胡开文监制，共开两居。休城开文分授二房，屯溪开文分授七房，历今百数十

年，货真价实，天下闻名。今有派下不肖者，冒名充假，玷辱家声，故特加此访帖。四方大雅，须认明本号图记，殊不致误。徽州屯溪老胡开文七房孙佩五氏谨白。

孰是孰非，令人困惑。问题的关键在于后者中“本号先祖向在屯溪开设胡开文墨店，后又替开休城汪启茂墨店胡开文监制”一句。参考胡天注在嘉庆十四年（1809 年）春订立《胡氏阄书》的“原序”，我们可以看到：

……予未成童，怙早见背，兢兢业业，恐其不克自立以贻先世羞。娶室汪氏颇称贤德，生六子……初在屯开“彩章墨店”，期满后，开创海阳、屯溪两店，俾诸子各有恒业，庶不致游手好闲……十数年来，一切店务藉次子余德掌持，克俭克勤，颇有进益……店业：休城墨店坐次房余德，屯溪墨店坐七房颂德，听其永远开张，派下不得争夺。屯店本不起桌，所卖之墨向系休城店制成发下。嗣后不论墨料贵贱，仍照旧价，不许增减；屯店代休城店办买各货，照原买价发上，亦不许加增。屯店起桌自造，更换“胡开运”招牌，不得用“胡开文”字样。

胡天注从中曾经提到他“初在屯（溪）开‘彩章墨店’。期满后，开创海阳、屯溪两店”，目的是使得“诸子各有恒业，庶不致游手好闲”。可见，胡天注本人最初是在屯溪开始独立经营墨业的——承租屯溪“彩章墨店”的墨业。由于休城“汪启茂”墨店〔图 2-1〕经营失利，被迫转给一户叶姓人家。于是胡天注才在乾隆三十年借助在屯溪经营“彩章墨店”积累下来的资本与技术，重新将“汪启茂”墨店回购，并开始打出“胡开文”的招牌〔图 2-2〕。使用传统老牌号以凝聚的人气，待时机成熟后再另立新号，这是徽州古典文具业发展的一个传统。胡天注亦不例外。尽管墨肆已经易主，但是胡天注念及子婿岳父亲情、

[图2-1] 汪启茂、胡开文联名漱金家藏墨

[图2-2] 徽州休城胡开文墨店旧址（安徽休宁）

恩义，并借助“汪启茂”从前的商业名誉经营，进而取得成功。

胡天注的次子是胡余德，在其兄胡恒德（1757～1776年）去世后主持店务。他是胡开文墨业发展的另一位关键人物。例如胡天注在《阄书》中称赞他“十数年来，一切店务藉次子余德掌持，克勤克俭，颇有进益”。胡余德于道光十四年(1834年)再次主持分家。其具体情况是：

>……余忆乾隆四十七年，先父开创海阳、屯溪两店，命长兄恒德经营海阳墨店，命余管理……奈家运不齐，长兄病殁，三弟谅德、四弟骖德、五弟騋德相继而亡。先母竟以恸哭丧明，奄然弃世，痛何如也。六弟懋德素病痰迷，先父自是郁郁家居，无复他计，一切店事命余胜任。续妻继母钟氏生七弟颂德、八弟硕德……又将家产、店业清理分析。海阳墨店坐余开张，屯溪墨店议坐七弟，其余田地、山塘、屋宇等业，品搭均匀……

从文中可知，休宁海阳店此时是由长子恒德经营，屯溪店为七子颂德（1801～1834年，名敬，字肃臣）所有。然而由于众位兄弟的接连弃世，胡余德不得不肩负起监管全家事务的重担。由于此时“七弟颂德年方八岁”，对于所领的屯溪店只有名义上的所有权，其基本事务仍然由胡余德进行代管。

《阄书》的上述规定对胡开文墨业的发展至关重要，也对我们明确各店的开设顺序有所帮助。胡开文墨业初创时只有休宁一县之内的海阳、屯溪两店。墨店只能由“老二房”、“老七房”两房经营，其他子孙不许“争夺”。在胡天注的经营理念中，开店更名原本是单独针对屯溪店而制定的专门措施。例如《胡氏阄书 · 凡例》规定“屯店起店自造，更换‘胡开运’招牌，不得用‘胡开文’字样”，这就使得墨店的管理职责到人。其次，把海阳店作为唯一的生产基地，不准屯溪店“自造”。这既能使墨品能保持质量，维护了“胡开文”品牌，又同时说明了屯溪店对于海阳店的依附性。然而由于后来胡开文的影响越来越大，胡天注的后裔们皆有意“起桌”，而且不愿意丢掉这块招牌。对此，胡贞观在主持海阳店时，凭祖上的分家阄书立了两条不成文的规矩：其一是“新九房”均可在徽州本地或外埠设胡开文分店，但海阳店使用的“苍珮室”墨品标记，其他分店不准使用。其二是“老六房”、“老七房”、“老八房”的后人只能设“胡开文”墨品门市部，并且得从海阳店批发墨品，如果要起桌做墨，只能打“胡开运”或“胡开文 × 记”。

正因为如此，我们可以说胡天注所租屯溪的“彩章墨店”是其事业发展的开端。至于其更换为屯溪胡开文的招牌，时间相对要滞后于海阳店。只有如此，这才能与旧规中所规定屯（溪）店只准经销，不许“起桌”的规矩相一致。而胡余德接替其长兄恒德、代管七弟颂德店务的举动，既符合封建嫡长子继承制，又符合总店先于分店建立的商业运营模式。

至于第二份材料中所提“本号先祖向在屯溪开设胡开文墨店，后又替开休城汪启茂墨店胡开文监制”一句，本是屯溪“胡开文”二世传人的胡锡环等人，针对其兄、侄（三世传人胡锡熊－胡贞观系）坚持家规、对于堂兄弟实行商业打压、把持海阳店的做法颇有怨言，进而与其决裂的结果。他们突破当年胡天注－胡余德的禁令，开始点烟制墨。不仅如此，他们还利用其祖胡天注曾在屯溪“彩章墨店”创业的经历，故意混淆胡开文开办的先后顺序，公开与胡贞观主持的海阳店相抗衡，甚至放弃使用“胡开运”名号，另起新的“屯溪胡开文墨庄”。因此在清代后期，徽墨制造业中不再是胡开文家族与其他墨家诸如曹素功、汪近圣等的市场争夺，而是胡开文家族内部诸支的商业竞争。

## 二　胡开文墨业的初创时间

[图2-3] 休城胡开文老店一百五十年纪念墨

关于胡开文墨业的创办时间，也是学术界一直探讨的热点问题。目前在学术界主要有两说，即:“乾隆四十七年说”与“乾隆三十年说”。随着讨论的不断深入,不同学者根据文献资料和实物做出了自己的判断，并且后者开始占领上风。细考胡天注《思齐堂分析序》“初在屯租彩章墨店，期满后创海阳、屯溪两店”一句，所称时间只有一个“初”字。此时胡天注时年已 23 岁,其长子恒德已经 9 岁，次子余德也已 4 岁，在经营墨业中积蓄了一定的经济实力。所以，这时他自取名号，独立租赁经营墨业，是完全可能的。又故宫博物院藏有“休城胡开文老店一百五十年纪念墨”一锭。该墨侧款分别为“徽州老胡开文制”和“民国四年制”〔图 2-3〕。由“民国四年”（1905 年）上溯 150 年，正好是乾隆三十年。另外周绍良先生在《蓄墨小言 · 胡子卿造砚形墨》中认为“胡子卿墨肆在乾隆三十年已设立，制墨之技术已有相当水平”的结论虽为周先生臆断，反映的问题却是胡子卿创始人胡贞权等人对于海阳胡开文店传人胡贞观垄断胡开文墨业的极端不满，他们试图通过标明“乾隆三十年”的仿古手段来证明胡子卿墨店的历史悠久，从而为打破胡贞观 - 胡祥禾父子对于胡开文的垄断地位。这从另外一个侧面说明乾隆三十年作为胡开文墨店成立的时间，是得到了胡开文家族内部公认的。

## 三　“胡开文”名号的来源

关于“胡开文”的得名，胡氏后人历来有多种说法。其中夹杂着胡开文后裔不同家支之间激烈的商业利益之争。其中最典型者有三：其一，胡天注曾去南京售墨，看见贡院的明远楼上悬挂有一块“天开文运”的匾额〔图

［图2-4］南京贡院博物馆“天开文运”匾

2-4］，便取其中“开文”二字为店号；其二，胡天注在徽州府城（歙县）卖墨时，曾见到当地文庙中悬挂有“天开文运”的匾额，便取其中“开文”二字为店号；其三，胡天注往返于海阳和屯溪两镇途中，看见在居安村附近一石亭的门楣上刻有“宏开文运”四字，便取其中“开文”二字为号。就目前而言，胡开文来源于“天开文运”的说法占了相当比重，无论是学术著作还是民间传说，持此观点的不在少数。

综合来看，以上三种说法集中于三个地点（南京、歙县、居安村）、两块匾额内容（“天开文运”、“宏开文运”）之上。其中第一、二种说法的基本情节相同，只不过在地点上有所变化，进而显示了各家支在不同地域进行广告宣传的本质。在清代，南京贡院是当时江南地区最大的应举之地。胡天注－胡余德父子的文化程度并不高，据《宗谱 · 貤赠奉直大夫胡正同妻柯氏、侧室翁氏诰命一道（咸丰六年十一月初八日）》、《宗谱·貤赠中宪大夫胡正同妻柯氏、侧室翁氏、陈氏、何氏、吴氏诰命一道（同治元年九月初二日）》，胡余德（正）只能通过后人胡贞观（1825 ～ 1879 年，名桂森，字凫汀）的功名才拥有了“奉直大夫”、“中宪大夫”以及“资政大夫”的名号。故胡天注以举子或售墨者的身份能够亲身进入“贡院”、“文庙”观察到匾额内容的机会不大，至多是道听途说而已。不仅如此，胡天注的客户主要是休宁当地的举子和商贩，他无必要千里迢迢跑到南京去兜售自己尚不出名的墨品。同样据胡云先生回忆：他本人曾见过“宏开文运”的匾额，且认为胡天注识字不多，不可能参加南京乡试；如果说其去售墨，也无法进入考场之内，更无法见到南京贡院的“天开文运”匾额。

另外从胡开文墨业的地域发展来看，胡天注及其在休宁的子孙（“老二

[图2-5] “歙州胡开文造”

[图2-6] 黄山“梦笔生花”景区

房”、“老七房”）经营的胡开文墨店主要是在徽州地区，进而创造了“胡开文”的品牌。虽然他们也在徽州以外地区开设了属于自己系列的胡开文墨店，但成功的不多。到民国时期，两支胡开文更是业务不振，处境艰难。其各自的经营规模远远不及在徽州本地（如歙县胡开文）〔图2-5〕以及外省进行急剧扩张的本家（包括“老六房”、“老八房”在内）。由于经济地位的失落，前者继而丧失了在整个家族中的话语权。与此相反，南京是后者的主要销售市场之一，诸如“天开文运”或“梦笔生花”等的口号恰恰迎合了旧式举子渴望利用科举考试这一手段改变人生命运的殷切希望〔图2-6〕。这种商业广告成功的策划，相对于“宏开文运”，对任何顾客都具有更大的诱惑性和影响力。由此可见，“胡开文”作为一个知名品牌走向全国，并不是一蹴而就的，它的打造凝聚着胡天注派下几个家支数代子孙共同的心血。

## 第二节　实物中所见“胡开文”的诸位世系传人

胡天注是胡开文墨业真正的创业者。有《宗谱·善行》记载：

天注公：元首公派，从九品。貤赠奉直大夫。字柱臣，号在丰[1]。独修观澜阁下至杨林桥大路，建竦岭半岭亭，始创（胡）开文墨业。同治中重修祠宇，其子孙复守先志，合力捐钱五百千赞助其事。

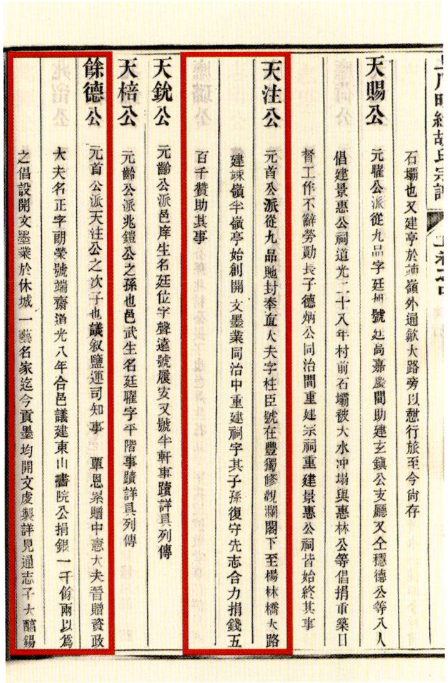

石壩也又建亭於竦嶺外通歙大路旁以憩行旅至今尚存
天賜公 元曜公派從九品字廷卅號赳高嘉慶間助建玄鎮公支廳又仝穩德公等入人
倡建景惠公祠道光二十八年村前石壩被大水冲塌與惠林公等倡捐重築且
督工作不辭勞勤長子德炳公同治間重建宗祠重建景惠公祠皆始終其事
天注公 元首公派從九品貤封奉直大夫字柱臣號在豐獨修觀瀾閣下至楊林橋大路
建竦嶺半嶺亭始創開文墨業同治中重建祠宇其子孫復守先志合力捐錢五
百千贊助其事
天銃公 元齡公派邑庠生名廷位字聲遠號履安又號半軒事蹟詳具列傳
天棓公 元齡公派兆鐀公之孫也邑武生名廷曜字平階事蹟詳具列傳
餘德公 元首公派天注公之次子也議叙鹽運司知事 覃恩累贈中憲大夫晉贈資政
大夫名正字朗榮號端齋道光八年合邑議建東山書院公捐銀一千餘兩以爲
之倡設開文墨業於休城一藝名家迄今貢墨均開文虔製詳見通志子大醋錫

[图2-7] **《宗谱》中关于胡天注、胡余德事迹的记载**

胡天注次子胡余德（1762～1845年）是胡开文墨业的继承者。《宗谱·善行》记载：

余德公：元首公派天注公之次子也。议叙盐运司知事，覃恩累赠中宪大夫，晋赠资政大夫。名正，字朗荣，号端斋[2]。道光八年，合邑议建东山书院，公捐银一千余两以为之；倡设开文墨业于休城。一艺名家，迄今贡墨均开文虔制〔图2-7〕。

他于道光十四年重新订立分家阄书，贯彻了其父胡天注的分家原则。之所以如此，当是秉承父命以及保护"胡开文"墨店招牌的需要。

## 一　海阳店传人

### （一）第四代传人胡贞观及其兄弟胡贞乾

[1] 另据《宗谱·分系六·元首公派世系表》："天注公：登仕郎，貤赠奉直大夫，名在丰，字柱臣，事迹见《善行》……"按照《宗谱·修谱总目》记载，本谱的总纂修为胡祥木（字近仁，更字堇人，号松臣，又号晓耘），元美公派后裔。"分系四"到"分系六"的具体纂修者之一为胡国衡（字文斋，号平如，行名祥鉴），元首公派胡天注"老八房"后裔，即"天津老胡开文"经理胡洪柱之父。相比较而言，后者对于其祖辈名号的记忆理应更为清晰。故本书中胡天注的名与字，取"分系六"中的说法，下同。

[2] 另据《宗谱·分系六·元首公派世系表》："余德公：议叙盐运司知事，覃恩累赠中宪大夫，晋赠资政大夫。名正，字端斋，号朗荣，又号开文……"

[图2-8] 胡开文监造鉴水斋珍藏墨

1. 胡贞观

胡贞观（1826～1879年）是胡开文第四代传人，也是胡开文墨业历史上承上启下的一位重要人物。故宫博物院藏“鉴水斋珍藏墨”一锭〔图2-8〕。长方形，上端委角。一面镂梅花一枝，右上楷题三行：“且向百花头上开。馥庭选烟。”楷书阴识填蓝。一面隶书“鉴水斋珍藏”，阴识填金；下镌“墨宝”二字篆文小印。一侧“咸丰壬子年”，一侧“胡开文监造”，顶“神品”二字，俱楷书阳识。周绍良先生曾记有一张墨票：

古有守黑之义，故《释名》训之为晦。然天下之养晦者，必有美在其中，韬其光而匿其采，以时出之，暗然日章，乃为可贵。夫墨亦犹是也。徽郡所产，与湖笔并称，近者非一，而贱工作伪，下品颇多，求其坚腻如玉，磨之而芬芳，书之而有色泽者，殊不易觏。今年秋，梁安胡君馥廷来省应试，以家传自制开文墨赠予，材美工良，深得廷珪遗法。胡君为予友沈君清渠之高第，英年好学，文采斐然，又善鼓琴，有明堂清庙之音，流水高山之志，重阳揭晓，已列贤书，而其家犹守祖父旧业，犀纹麝角，宝贵一时。且闻累世尊师重傅，讲让型仁，潜德幽光，积而必发，指示琼林高吉，登金门，上玉堂，和其声以鸣，国家之盛，翰墨馨香，发越正未有艾。倘所谓“有美其中，暗然而日章”者乎？因为之记，而系之铭。铭曰：蔼蔼绛人，元德日新；彼多作伪，此独守真。传之骥子，上有龙宾；固宜贡于天府，含和土采，而为华国之珍。咸丰辛亥（元年，即1851年）嘉平月上瀚，为廷新孝廉世讲属，琴山史孟和。

按照先生的推断，此墨正馥庭赴省应试，史孟和为之题词之前一年。史孟和文中提到的“馥庭”，即墨票上的“馥廷”，“庭”、“廷”在名号上固通用也。当即制此墨者。“苍珮室墨而具有署名不多见，此笏殊可宝也。”但是在针对“廷新”与“馥廷”究竟是什么关系的问题上，周绍良先生认为“殊难推断”，只能推测其为“应俱是道、咸时代胡开文墨肆主人”，而且是“同、光间胡开文墨肆主人胡健甫之前辈”。其实文中提到的“馥庭”即胡贞观本人。胡贞观，在《宗谱》上被称为桂森公：“……元首公派。字馥廷，号凫汀，行名贞观，由咸丰辛亥（1851 年）恩科举人，考取景山官学教习。丙辰（1856 年），援例补户部员外郎，迁户部贵州司员外郎。同治壬戌（1862 年）转为户部广东司员外郎。光绪己卯（1879 年）卒于官。”由《宗谱》可知，胡贞观并未真正投身墨业，但是他能够凭借自己的官宦道路，为自家墨业的扩大与发展提供一条成功的捷径。这在以贾儒结合为显著特征的徽商群体中屡见不鲜。特别值得注意的是，其入仕的时间恰为咸丰、同治、光绪三朝，此间恰逢胡开文从地方名店走向全国的关键阶段。结合此时胡开文墨品中出现大量清末政界、军界名人订制墨的现象，我们有理由推断胡贞观在此期间起到的关键作用。更值得注意的是，到胡贞观时期，胡开文墨店的产权和经营权实际上已经被胡贞观以上祖孙三代所垄断。对此胡贞观针对此情况所作出的变通虽然避免了整个胡氏制墨家族的分裂，但是也直接导致了胡开文家族内部激烈的商业竞争。

2. 胡贞乾

在胡贞观之下还有一个兄弟叫做胡贞乾。故宫博物院藏有“吴云两垒轩书画墨”一锭〔图 2-9〕：周身云龙纹，一面题填金行书“两垒轩书画墨”六字，阴识；一面题填金楷书“同治辛未（1871 年）仲秋胡开文精造”十一字，阴识。周绍良先生提到他曾见得吴云为胡开文所题的一张墨票，文曰：

[图2-9] 胡开文精造两垒轩书画墨

> 仲将论墨贵如漆，今其遗法传在歙；剂以龙涎纹以犀，去尽渣滓存津液。其质

坚而轻，其色黝而泽。十万杵成品最珍，砚池未到香已溢。胡氏世授选烟秘，艺至健甫尤精绝；凌方轹李跨当时，文房宝用同金惜。

周先生因而判断：

根据所书题词，知为胡健甫所制。当时皖南地方，经历了太平天国农民起义军一番战争，而苍珮室墨肆事业并没有衰竭下去，看来实赖胡健甫经营之功。由于胡开文一向不把个人名字标在墨上，所以很少有人知道其世系。健甫之名，端赖吴氏题词而传，这是一份重要的墨史资料。

胡健甫，原名胡贞乾（1831～？），名钦顺，字健甫。关于他的事迹见于《上川明经胡氏宗谱·善行》，文曰：

贞乾，元首公余德之孙也。候选光禄寺署正，诰封朝议大夫，覃恩晋封通举大夫，戴花翎。名钦顺，字健甫，善持家政，七代同居。同治中，重建宗祠，悯近支有丁口穷苦难缴祠捐者，为代纳捐钱二百余千。光绪季年，重改宗祠头门，复捐钱二百千以倡。

以上记载间接反映出几个信息：此时胡开文制墨家族凭借其雄厚的经济实力，不仅能够借以捐官的举动提高自己的社会地位，而且在整个宗族之中具有相当的话语和支配权。如以上材料中“光绪季年，重改宗祠头门，复捐钱二百千以倡”一句，又有同族人、现代学者胡适之父胡传（1841～1895年）的回忆提供佐证：胡传（铁花）为修复宗祠事操劳数年，但族人对此事并不十分热衷，故捐钱复建事一拖再拖。情急之下，胡传提出不捐钱者不得参加祭祖活动，从而激起众怒〔图2-10〕。

……□□□□钝夫者，曰：“闻群不逞之徒各领铁匠制刀，期与□□□争。子不急转圜，危矣。”钝夫不为动。越数日，言此者益众，并有查明某某等共八十余人已制利刀八十余口告者。钝夫自思，事已如此，惧则其势益张，乃急购大杉板，雇工人为制二棺，意以其一位先妣百年后之备，

[图2-10] **胡适故居（安徽绩溪）**

一即自备以待众人之刀也。先妣闻其事，诘责严切。钝夫从容解譬而勉慰之……（光绪元年）十月，惇汝伯（即“新三房”胡锡翰之子胡贞大）、健甫叔偕其昆弟群从二十余人自休宁归，闻其事，颇咎众人卤莽。乃以好语来为族之贫者求宗祠恩免，冀仍得行其私见。钝夫笑曰：“勿复言求也。众人已制利刀八十余口，吾亦预备棺木一口，专待诸公以决一死……”惇汝伯语塞，健甫叔急为众人剖白并无制刀之事。时众人随入宗祠观听者数百……钝夫复笑而问众中之欠捐者曰：“子等新制□□□□□□。此时可动手矣！”健甫叔恐激变，急叱令众退□□□曰：“子疑吾等来与子拼命耶……”

按徽州旧俗，这种“尚气好胜”之风由来已久，特别是以宗族械斗为代表的诸种陋习，常给宗族中的每一个人添加了许多不安全的因素。徽州虽号称礼仪之邦，但是宗族械斗远非一时、一族的个别现象。宣统元年（1909年），歙县绅士鲍鸿曾叙及当地人群的性格：“歙民尚气好胜，遇拂意事，短见轻生者，间亦有之。”即便绩溪人被当时徽州人公认为“最老实”者。据《宗谱·拾遗》交代，道光中“族中械斗之风颇深”。由胡传（铁花）的《回忆录》来看，这种情况在光绪年间依然存在。胡铁花曾经为筹集修复上庄胡氏宗族祠堂的款项而辛劳十一年，屡遭到同族人的打击，因而采取了铤而走险的过激方式。其间多亏胡贞乾等长者从中斡旋，才避免了事态的扩大。由此可见，此时海阳胡开文墨店主人在实质上已经承担了整个宗族中本不属于自己分内事的相当一部分义务。

[图2-11] 胡开文精造大潜山房墨

### （二）扬州“休城胡开文”墨店创始人胡祥醴

故宫博物院藏“大富贵亦寿考墨”一锭。长方形，俱阴识填金。一面上端隶书“大富贵亦寿考墨”，阳识；下楷书小注三行：“同治壬申年（1872年）夏，胡开文按十万杵法制。”阴识填金。一面隶书“亦陋室主人钧赏”，下楷书小注两行：“受业胡祥醴谨呈。”顶“五石顶烟”，楷书阳识。又“十年如石一点如漆墨”〔图2-11〕，长方形。一面阳识隶书“十年如石一点如漆”，一面楷书“大潜山房”阴识填金；下楷书小注二行：“同治壬申（1872年）省三属开文主人选烟。”阴识填金。又“省三”印一。两侧隶书，阴识：“匪涅其淄，何伤匪玷，其磨斯臧，暗然而日章，是为君子之光。亦陋室抚古选烟。胡开文精造。”此墨订制主人为刘铭传。据《清史稿·刘铭传》载：刘铭传曾追随曾国藩、李鸿章镇压过太平天国、捻军、陕西回民等农民起义，军功卓著。后参加中法战争，官至台湾巡抚，一等男爵，太子少保，兵部尚书衔。赠太子太保，谥壮肃。著有《大潜山房诗钞》。关于此墨的制造者，周绍良未得解，只能推断“胡祥醴仕履未检得，既自称‘受业’，想亦是想依附铭传者”。然而事实并非如此，结合两墨中关于“同治壬申省三属开文主人选烟”与“胡开文精造”的记载，以及订制者——“亦陋室”主人刘铭传——同时、同店订制墨品的举动，“受业胡祥醴”应当为扬州“休城胡开文”墨店创始人胡祥醴。所谓“受业”，当其相对胡开文上一代传人胡贞观、胡贞乾兄弟而言，或对贵客刘铭传的谦称而言。胡祥醴（1844～1890年），按照排行，应为胡天注后人之第五代，与海阳店第五代传人胡祥禾是堂兄弟：“元首公派桂森（胡贞观）之子也，字寿泉，号少汀，光绪中以廪贡生援例补授都察院经历。光绪庚寅年（1890年）卒于官。”又“癸酉（1873年）就拔萃科试祁学使批。字冠六邑”。

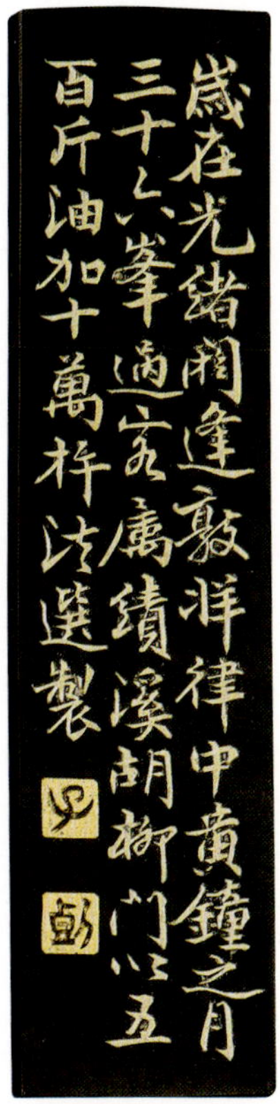


[图2-12] 屯镇老胡开文造润州招隐山房书画之墨

### （三）第六代传人胡洪椿

周绍良《清墨谈丛》记载：安徽安庆“胡开文正记”墨店曾仿制过同治款“黄山墨”，其为瓦形，仿明代方于鲁所制“黄山墨”。正面上端镌刻一瓦形“黄山”二字，下做行书三行：“烧松烟，摹汉瓦，价无价。洪钧持赠。”下钤小印“仿古”二字。俱阴识填金。背面有行书三行：“同治六年（1867年）之冬，徽州胡开文正记，仿方于鲁无胶超等松烟加十万杵。曹镛臣监造。”铭文阳识，署名四字阴识填金。侧款“上川胡洪椿刊”，顶款为“大卷墨”，俱楷书阳识。本墨侧款上所镌“胡洪椿”，实为胡开文休城店第六代传人。地名“上川”，即胡开文家族的原籍上庄村。关于胡洪椿（1893～1961年，字智甫）的记载，《宗谱》的记载较为简略：“洪椿公：元首公派。祥清之兄也。光绪间南汇籍附贡生。”胡洪椿于1908年才开始执掌店业。尽管周绍良先生对于胡洪椿的身世有所怀疑，但是不可否认他作为徽州休城胡开文墨店的老板已经得到了社会的广泛承认。按照陈希先生的考证，此时的休城店已经悬挂了“休城起首老胡开文墨店发行”及“休城胡开文按易水法制”两块匾额。

## 二 屯溪店传人

故宫博物院藏有“润州招隐山房书画之墨”〔图2-12〕，为清末文人戴启文在屯溪胡开文墨店订制。墨为长方形，一面有漆框，篆文两行：“润州招隐山房书画之墨。”阳识涂漆。一面行书三行：“岁在光绪阏逢敦牂（1894年）

律中黄钟之月三十六峰过客属绩溪胡柳门以五百斤油加十万杵法选制。”阴识填金。一侧为楷书“徽州屯镇老胡开文造”，阳识。另有连珠小方印一。周绍良先生认为“胡柳门当是屯镇老胡开文主持业务之胡氏后裔，惜也无考，仅留名氏而已”。其实，所谓“胡柳门”即屯溪胡开文第四代传人之一的胡贞堤。胡贞堤（1855～？，名镔，号柳门）与其兄胡贞奎（1839～1900年，名文照，号聚星）一道，继承其父胡锡环的事业，将屯溪胡开文墨店的业务做大做强。关于胡锡环，周绍良先生曾有一张墨票中有“佩五”字样。按照他的推断：“此名‘佩五’者为七房之后，但不知为开文几代孙也。”据《宗谱》记载，所谓“佩五”，乃胡天注第七子胡颂德之子胡锡环。其事迹：“元首公派。国学生。名云衢，字佩五。同治中仝弟锡畴捐钱四伯七十千，重建宗祠。”早在胡开文创立之初，胡开文的创建者胡天注与其子胡余德即规定：“屯店本不起桌，所卖之墨向系休城店制成发下……屯店代休城店办买各货……屯店起桌自造，更换‘胡开运’招牌，不得用‘胡开文’字样。”至胡锡环亲理屯溪店务时，屯溪墨店依然是休宁墨店的一个门市部，只销售不生产。胡锡环很想对祖制进行变更，但遭到胡贞观的反对。胡锡环于是举家由海阳迁往屯溪，并违背祖制，继续使用胡开文的名号实现产销自给。

### 三　结论

仅就故宫博物院所藏胡开文墨品及相关文献所述而言，我们可以确定胡开文墨业历代传人并非周绍良先生所说的“不求闻达，只埋头于业务中”，也并非“盖过去商店，多注意店铺之名号，而对经营之当事者，包括其子孙世系，均不注意大多湮没无闻”。事实上，到了同治、光绪年间，胡开文子孙便不断突破祖训，在墨品中嵌入自己名字。此举为后世了解胡开文家族的制墨历史提供了参考意义。

## 第三节　胡子卿生平及其墨品考述

随着时代的发展，胡开文墨业最终分裂为休城胡开文、屯镇胡开文、休城胡子卿、芜湖胡开文沅记与上海老胡开文广户氏五大支系。其中胡子卿是唯一遵从“祖训”改名经营的墨店。胡子卿同样为墨肆名，1862年设肆于安徽休宁县城海阳镇。其创办人为胡贞权(1832～1906年)，名秉衡，字允中。胡开文第二代传人“新六房”胡锡瑄（1814～1861年，名云庆，字舜祥）之子。由于当时休城胡开文第四代传人胡贞观坚持家规不允许，他便打出胡子卿招牌，设“奎照斋”经营。进而成为同、光时休宁派墨业后起之秀。有人评价其制墨“不落俗套，是清末徽墨制造业中的一朵奇葩”。然而长期以来胡子卿墨业一直笼罩在胡开文墨业的光环之下，并未得到时人应有的注意。

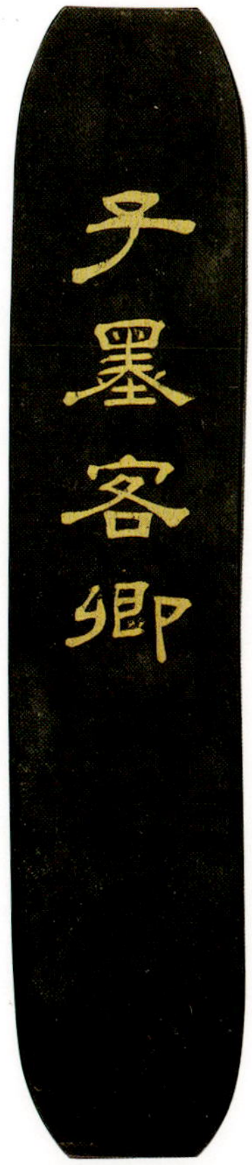


[图2-13] **胡开文制子墨客卿墨**

## 一　得名

关于“胡子卿”的得名历来没有记载。但根据“胡开文”源于“宏/天开文运”的传说，故而“胡子卿”亦可能来源于“子墨客卿”的典故。胡开文墨业中多有“子墨客卿”墨〔图2-13〕作为普通市易墨出售。“客卿”本为春秋战国时期的秦国官名。秦王请其他诸侯国的人来秦国做官，其位为卿，而以客礼待之，故称。后亦泛指在本国做官的外国人。《战国策·秦策三》记载：“秦昭王召见与语，大说之，拜为客卿。”又《汉书·扬雄传》载：“雄从至射熊馆，还，上《长杨赋》，聊因笔墨之成文章，故藉翰林以为主人，子墨为客卿以风。”后以“翰林子墨”、“子墨客卿”泛指辞人墨客。在未见到其他材料之前，故执此一说以备参考。

## 二　选料特色

胡子卿创业之初，徽州墨业高手如林，强大的休城胡开文墨店便是其最主要的竞争对手；如何能够引人注目并争得市场一席之地便成为胡子卿主人的当务之急。他们为推陈出新，首先在用料上试图有所突破。从制墨的原材料选择上来看，胡子卿制墨主要表现为：制墨用料精细考究，坚持以“古法”炼烟。

[图2-14] 胡子卿造
环海纪游图墨

1. 顶级松烟料即“清烟”的运用

中国书画墨大致分为“油烟”和“松烟”。松烟起源甚早，至汉代已有名贵松烟。特别是当时扶风隃麋的墨非常有名。至唐代则以河东易州和潞州的松烟尤见名贵。然而自北宋以来由于松树资源被大量开采，获得“松烟”已属不易。苏轼曾感慨“徂徕无老松，易水无良工”。可见当时北方的森林资源已经遭到彻底破坏。“油烟”亦作“油烟墨”，是用油烟等原料制成的墨。生活于五代至宋初期间的易水人张遇继承并发扬了“油烟墨”制造的技术，由此开辟了制墨材料来源一个新的时代。此项技术在张遇之前已经流传了很长时间，但是烧制油烟墨的过程非常艰苦，其成本也较高。故有“辛勤破千夜，收此一寸玉”的说法。自宋代以降，随着“点烟”技术的提高，油烟墨代替松烟墨的使用已经成为一种大的趋势。然胡子卿反其道而行之，其中最大卖点便是“清烟”的使用。

在胡子卿诸多墨品的顶款上，大多标有“清烟”、“五石清烟”等字样。如近代著名诗人王咏霓订制的“环海纪游图”墨〔图2-14〕，一面“环海纪游图”，一面“道西斋日记墨”，顶款为“清烟”。又“宝苑堂”墨，顶款为“五石清烟”等。所谓“清烟”，应当有双重意味。其一，“清烟”是针对墨迹在纸张上发散出的光泽度而言。早在宋代，古人便以墨色呈现“湛湛如小儿目睛”为佳。诗人苏轼曾提到：“世人论墨多贵其黑而不取其光。光不黑，固为弃物。若黑而不光，索然无神采，亦复无用。要使其光清而不浮，湛湛如小儿目睛乃为佳也。怀民遗仆二枚，其阳云‘清烟煤法墨’，其阴云‘道卿既黑’而光如前所云者。书以报之。”其二，“清烟”是针对烟料的细腻度而言。古人在采松取烟时不仅对松材的选择十分讲究，而且对于获取烟料的质量也有优劣之分。烟料的烧制与收集具有很高的技术要求。古人通常将远离灶膛的烟室中扫取的烟料称为“远火煤”或“远烟”。

顶烟距灶膛最远，用这一部分制成的墨品颗粒最小，质量也最好。一般而言，颗粒较细的烟都比较轻，这才能飘到较远的地方。《天工开物》也有相关记载："凡烧松烟，放火通烟，自头彻尾，靠尾一二节者为清烟，取入佳墨为料。中节者为混烟，取为时墨料。若近头一二节者，只刮取为烟子货，卖刷印书文家，仍取研细用之，其余则供漆工、垩工之涂元者。""清烟"颗粒最细，用于制造最上乘的书画用墨。

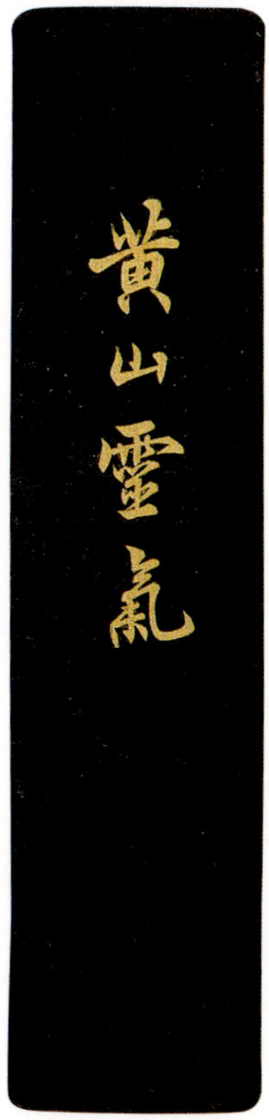

[图2-15] 胡子卿精选黄山灵气墨

2. 调和"油烟"与"松烟"的不同效果

松烟与油烟墨各有优、缺点。松烟墨的特点是色乌，暗淡无光泽。尽管重用胶漆也改变不了这个缺点。而油烟墨的特点是色泽黑亮，有光泽，在使用过程中可能会比松烟墨的使用感觉更为细腻。这恰恰弥补了松烟墨的不足。然油烟的表现力不及松烟。由于松烟墨和油烟墨在书画创作中各有特点，胡子卿的主人们便有意识地调整了两者的配比，使其墨品无论是从颗粒度大小、耐水性，还是从光泽度等理化指标等方面都得到了改善，以创造出一种尽量为大多数人所满意的产品。例如胡子卿制"印龛写经"墨的侧款为"中元甲子造用松烟三成漆烟七成和剂"。由此可见胡子卿曾适度掺和三成松烟七成漆烟捣制，试图达到理想的境界。又如靳方锜订制"黄山灵气"墨一锭〔图 2-15〕，通体云纹。侧款为"光绪纪元，徽州胡子卿精选黄山松烟仿南唐李廷珪先生法制大卷墨"。周绍良先生曾对"大卷墨"做过专门解释：

> ……清代书家习以松烟合细混磨使用，谓书大卷纸既黑且光，此铭识中历以提及"大卷墨"也。但松烟不便久贮，故传世日稀，靳氏此笏足见其深于墨者，因深宝之。子卿制墨用料颇精……墨为松烟，但似已合胶，因之质地不显一般松烟松散气息，非纯松烟墨也。

[图2-16] 胡子卿选烟蚧剑图墨

故宫博物院藏有李秉衡赠张廷銮“蚧剑图”墨〔图2-16〕，其侧款为“光绪癸卯（1903年）仲春，元和、廷銮属（嘱）徽州胡子卿精选黄山松烟四成、顶烟六成和剂”。另有“双莲花馆写经之墨”，题为“上元癸亥乐堪选烟用松烟三成清烟七成和剂”。由此可见，除了烟料的选择外，胡子卿擅用松烟与油烟混合剂，以满足不同偏好的买家的特殊要求。

## 三　遵循古法制墨

从目前所见胡子卿墨来看，相当数量的墨品在款识中都标有“法制”、“按十万杵”、“李廷珪先生”等字样，例如“同治於逢庵茂（1874年）古歙叶韵笙选烟属同郡胡子卿法制”、“师竹友梅馆主人倩（请）徽州胡子卿按十万杵法制”、“光绪癸未花朝海阳俞氏允吉倩（请）同邑胡子卿精选顶烟按十万杵法制”，以及“徽州奎照斋精选黄山松烟仿李廷珪先生法制大卷墨”、“仿南唐李廷珪先生法选，光绪壬寅冬月属（嘱）徽州胡子卿监造”等。无论怎样，都是在表明遵循了“易水法”的古例以示正宗。“易水法”本指五代之前流传于河北易水流域的松烟制墨法。自其被李廷珪南迁带到歙州以来，便成为后世千百年来徽墨制作技术的基本准则，世间也将“李廷珪墨”公认为不可逾越的徽墨制作巅峰。“易水法”的核心技术在于三点：动物胶的使用、香料的添加、“十万杵”的捣制。其中以第三点尤为突出。

在传统制墨工艺中，“捣练”这一过程至关重要。历代制墨，皆以“杵多益善”为法则。古法一贯有“十万杵”的说法，即将烟料与配料和成烟料团，用铁锤锤击烟团“十万杵”。而古人所推崇的所谓的“烟细胶新、杵熟蒸匀”、“九蒸回泽、万杵力扣”等都说明他们已经充分认识到足够的捣练对提高墨质量的重要作用。现代模拟实验也证明，墨坯经过成千上万次的捶捣之后，墨坯中胶的颗粒随着捶打的次数不断增加而逐渐由大变小、由粗变细，最后变成纤维状分布，而烟的颗粒也逐渐向胶体内分散，最后填充在胶的交联网络内，形成特殊的网状结构。在这个网状系统内，烟、胶两相的分布十分均匀、彼此渗透，也就是古人所谓的“杵熟”。若杵捣不够，烟胶间的空隙大，不但研磨时墨色不匀，且墨块也易崩裂，更无法长期保存。

## 四　关于胡子卿墨的造型

太平天国战争之后，歙派徽墨已经全面衰落。此时徽墨除低端市场为婺源派詹氏、查氏等制墨家族所占据之外，徽墨的大部分中、高端市场已经为胡开文家族垄断。出于与同属胡开文制墨家族各支墨店之间争市场、拼价格、聚人气的商业目的，胡子卿推陈出新，并没有沿用胡开文墨品款式，而是开模雕刻了一批新颖品种。其雕工极为精良，能够在装饰上突出端庄典雅的一个“秀”字。特别与后期海阳胡开文老店产品的质量相比，雕刻墨模者的制作态度显得极为认真。关于其墨型设计的灵感，主要来源有二：一是仿制，二是独创。

其一，仿制。由于徽墨制作技术的广泛传播和入行门槛不高，晚清徽墨的题材趋同性很高，如“龙翔凤舞”、“棉花图”、“百寿图”等，其工艺水平也参差不齐，但在造型、尺寸、装饰色上大体主题一致，形式相同。研究者若看不清款识，有的器物便很难区分。胡子卿亦不能免俗。但相对而言，还能保持一丝不苟的态度：如款印规矩，字体工整秀美，图案镌刻精细，墨面细腻，边角平直光滑等。周绍良先生曾记载“砚形墨”一笏：

> 高 13.5 公分，阔 6.8 公分，厚 1.3 公分。面四周粗框，中镌瓶形，以瓶口做水池，麻地；背平素。阴楷四行：“砚砚理犀，通灵纯，苍玉质，为瓶形。数其典兮德寿，兴我怀兮守口。乾隆御铭。”下小方印二“几暇怡情”、“得佳趣”，俱朱文填金。一侧“乾隆三十年造”，一侧“徽州胡子卿制”，楷书阳识……

事实上，此墨并非乾隆年间胡子卿所造，它不过是仿乾、嘉时“御制仿古砚”的原型而已。胡子卿即便使用了与同属海阳一镇胡开文墨店相同的题材，也要在质量、名气、标识上试图有所作为。值得注意的是，故宫博物院

［图2-17］胡子卿造君子砖墨

［图2-18］胡子卿造知白墨

的清宫旧藏中有一套不完整的胡子卿制款“棉花图”墨。在这套墨中，第1锭“布种”的款识为“奎照斋选烟”，第16锭“练染”的款识为“徽州胡子卿制”，除“灌溉”、“轧核”现无存外，而其他墨锭无款识。尽管目前的实物材料还无法证实胡子卿的墨品是否已经被当做贡品进入宫廷，但是其以“徽州胡子卿制”的款识引起市场的注意，以“棉花图”题材证明自己制墨实力的办法，去争夺业已形成的由海阳胡开文墨店操纵的制墨市场是有可能的。这样做的目的是起到了商业广告的作用，可谓用心良苦。

其二，独创。胡子卿墨的款识多“造”，而非“制”，说明其的创新能力较强。故宫博物院藏有汉“君子”砖墨一锭〔图2-17〕，一面阳书砖文涂漆“君子”二字，中间以格界之，背阴文填金楷书“镐青氏仿汉河间献王君子馆砖式制”两行。下钤篆文小印“吉父”二字，侧款为“同治甲戌冬月”及“徽州胡子卿造”，顶“顶烟”二字，俱楷书阳文。又“知白”墨〔图2-18〕，长方形，一面篆书“知白”二字，下作两行楷书“光绪戊子年（1888年）监制”。下钤连珠小印“寿”及“农”两枚；一隶书“自求斋主人持赠之墨”，俱阴文填金。侧款为“济宁郭氏属（嘱）”及“徽州胡子卿造”，顶“五石清烟”，俱楷书阳文。再蝴蝶式墨〔图2-19〕：两面俱有花边，作蝴蝶状。一面阳文草书“笔墨灿发好深穿”七字，其下楷书阳文“临虞永典”四字落款；另一面镂三蝶飞舞图，另有阴文隶书“咏滕王”三字，旁“子卿”印一。此墨形制奇特，为胡子卿仿生墨中之佳品。另安徽博物院藏有胡子卿“如意”墨：如意形，分上下两节，可拆可装。通长 47.5 厘米、最宽处 9.8 厘米、厚 1.2 厘米，重 300 克。两面各有“有虞十二章，如意兮其色黝，其光莹，其形如龟钮。君子有德，知白而墨守，何以祝君五福锡畴之九莘叟铭，光绪十六年（1890 年）岁次上章摄提格孟春月，海阳胡子卿集古法制，宜尔多福，大富大贵亦寿考，子孙永宝用”等字样并钤印“莘叟”及“奎照斋”印两方。其上图案有福禄寿三星送子、牡丹、山水、松石、猴马、蝙蝠等，寓富贵长寿、多子多福、马上封侯等吉祥祝颂之意。此墨为特制的礼品墨，精雕细镂，富丽堂皇，可谓佳作。

［图2-19］子卿印蝴蝶形墨

总体说来，胡子卿的产品不仅质量上乘，而且在墨型设计上也新颖别致。其作品精细平谨，富于徽派版画艺术中的线条美。特别是在造型上，长方形、碑形、柱形、舌形以及各种仿生形比比皆是。在题材上，多吉祥图案，通体构图讲究对称；在纹饰上，有仿古夔龙纹、蟠螭纹、水波纹、云纹、夔龙戏珠纹及百寿福禄万代、瓜果秋实等吉祥图案，显得或繁缛精美，或简洁古朴。如前文所述“印龛写经”墨，墨面镌刻一尊南北朝时期佛像，通体潄金，虽微小之处，仍清晰悦目。

## 五　对于名人效应的广泛利用

迨至光绪年间，“奎照斋”以其完美的产品，博得众人交口称赞，诸多社会名流相继嘱托制墨。仅据《蓄墨小言》介绍，胡子卿的墨品中多现清末政界、军界、文坛知名人士身影，如尹耕云“心白日斋”墨、靳方锜“黄山灵气”墨、李玉田“人磨墨”墨、聂士成“一品富贵”墨、叶韵笙“说剑龕”墨〔图 2-20〕、绍诚“三百端溪砚斋书画”墨、刘世珩“玉海堂”墨〔图 2-21〕、俞樾“春在堂”墨〔图 2-22〕等。

此时，又有大量具有广告性质的胡子卿墨票作为墨品的附属品面世。它们从另外一个方面证明了胡子卿墨的盛行。例如旗人、安徽布政使、书画家

［图2-20］胡子卿法制说剑盦藏墨

［图2-21］胡子卿法制玉海堂墨

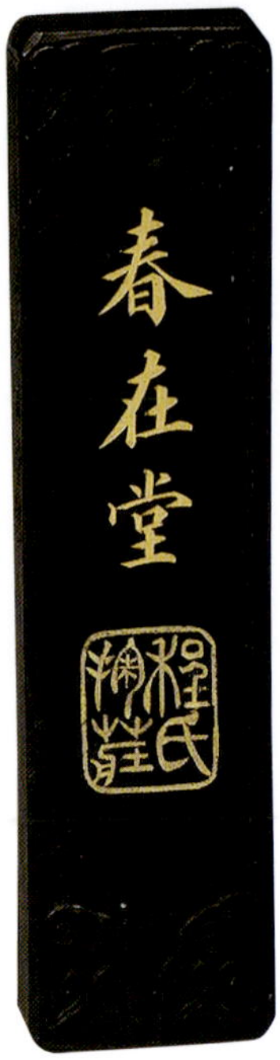


［图2-22］胡子卿制春在堂墨

绍诚曾为胡子卿题词，文曰：

同治辛未春：古色莹莹，烟香缕缕。铸化大夫，策名文府。染三万毫，捶五千杵。结契图书，尚友陶楮。淋漓洒金，浓淡点雨。号锡榆麋，灰宝秦炬。能守不矜，摛藻玉汝。云龙旧衲题。

纸上另钤“奎照斋”、“胡氏子卿”、“选烟法制”等诸朱印。故宫博物院另外藏有的《奎照斋墨赞》赞曰：

珍同于鲁，制仿廷珪。其坚如玉，其文如犀。袭以豹皮，调之麝角。芝云作凝，松烟不落，管城仙史，离石乡侯，渐摩即久，胶漆相投，易水波澄，庐山黛翠。待谱铙歌，磨之盾鼻。同治癸酉三月听香室主人书。

又一份墨票赞曰：

宋太室常何善制墨，其曰："紫霄峰造者尤良。岁久磨处真可截纸，及其子遇不顾五百年后，名减胶售俗。"何蘧谓其如江南徐熙作《落墨花》，而子崇嗣作《没骨花》取悦俗眼，败其家法，可见墨之善者贵备其法，尤贵备其材也。易水遗法流传新安由来久矣，余家素得其秘，而又不惜赀本，广储其材，漆欲其净也；烟欲其轻也；胶欲其抡也；香欲其烈也。酒而之以眠，其色泽之匀也；捶而坚之，以眠其肌理之细；色范而肖之以眠，其意态之工也。世之善鉴赏者展纸濡毫以试其妙，似春云无知□露诗凭文心囙之有□定，以余言为不谬云。

另加盖"胡氏子卿"、"选烟精制"两阳文红印。可见，胡子卿的品质得到了清末文坛的广泛承认并形成固定的客户群。例如在故宫博物院藏品中有同一订制者反复出现的迹象：例如有"抱瓮轩龚氏"，曾多次以不同名义如"抱瓮轩"、"福寿堂"、"仰蘧氏"、"姚江小小村人"〔图 2-23〕、"平梁龚氏"等向胡子卿订制墨品，充分说明了其对于胡子卿的喜爱。与此类似的还有"延陵仲甫氏"，同样留下了以"荫余书屋主人"、"海南氏"等为名的胡子卿墨。

[图2-23] 胡子卿制姚江小小村人藏墨

### 六　结论

胡子卿墨店从同治初年创业，至光绪年鼎盛，历经胡贞权、胡祥振（1858～？，字稚岩）等数代人最终于1938年歇业，一共历时70余年。由于整个时代的变化，导致市场对笔墨需求锐减。面对造价更为低廉的“洋烟”，胡子卿一贯所推崇的古法炼烟，造成其生产成本压力与日俱增，最终因入不敷出而最终走向衰亡。

清代咸丰、同治年间，由于战乱和社会的变迁与转型，徽州制墨业逐渐衰退，名家、名品的声誉也随之冷落。此时唯有胡开文一家独呈一时之秀，一直保持着兴盛的局面。胡氏家族善经营，至清末民初，“胡开文”字号已遍布全国各大城镇。胡子卿墨号的产品推陈出新，别具一格，自成一家。它是胡开文制墨家族随着商品经济的发展而发生分裂的一个典型产物。胡贞权虽是胡开文裔孙，但是完全放弃了“胡开文”以及“胡开运”的字号，改弦更张，另创字号并取得成功。它与胡开文其他几大家支一起，分别在不同时期、不同地域延续了胡开文的辉煌。

## 第四节　民国时期胡开文墨业在各地的经营与分布

从“胡开文”墨业的地域发展来看，胡余德及其子孙经营的“胡开文”墨店主要是在徽州地区。自同治初年以来，大批以“胡开文”为号的本家墨店开始广泛分布于徽州以外的各大城市，尤其是长江、京杭运河沿岸。为此“徽州休城胡开文”墨店被迫四处出击以占据其有限的市场份额。曾有两张墨票记载〔图2-24〕：

> [一]本号开设徽州休宁县城内大西门正街百数十年，货真价实，虔制贡墨，中外驰名。近有无耻之徒减料假冒；更有不肖本家到处悬挂本号招牌，沿门投售希图渔利。士宦未知者误假为真，受欺不少。今本号于郡城、京都、汉口、武昌、安庆、扬州、姑苏开设分号。大雅光顾请认明图记不误。光绪四年八月。胡开文起首老店谨白。
>
> [二]本号开设徽州休宁县城西门正街百数十年，货真价实，虔制贡墨，中外驰名。近有无耻之徒，减料假冒，更有不肖支丁，到处悬挂本号

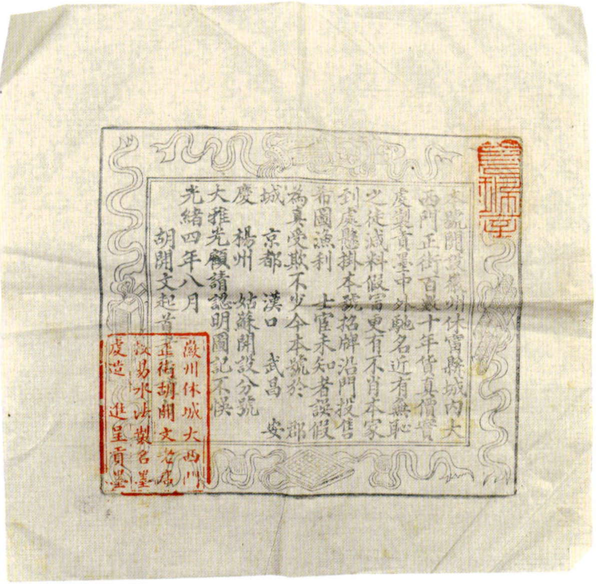

[图2-24-1] 徽州海阳（休城）胡开文墨店发行的墨票之一

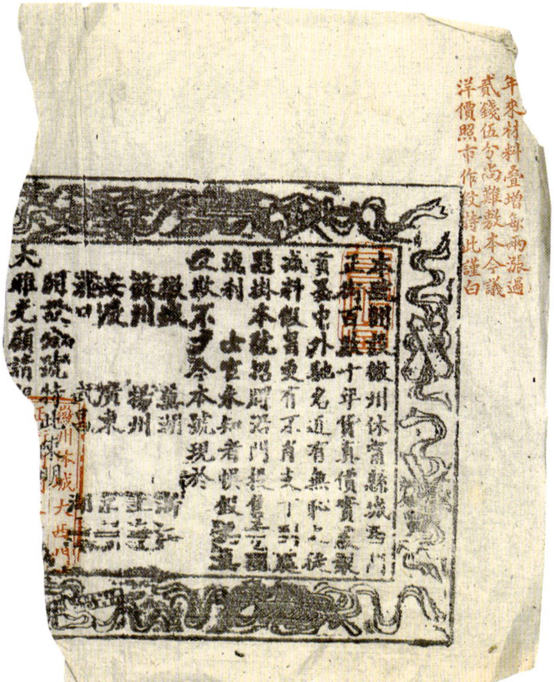

[图2-24-2] 徽州海阳（休城）胡开文墨店发行的墨票之一

招牌，沿门投售，希图渔利。士宦未知者，误假为真，受欺不少。今本号现于徽城、芜湖、浙江、苏州、扬州、上海、安庆、广东、京都、汉口、武昌、湖南开设分号，特此陈明。大雅光顾，请即认明，庶不致误。胡开文起首老店谨白。

周绍良先生对此评论道："这里提到'到处悬挂本号招牌'，但并未具体点明哪些设立分号十二处，也未明白提出有什么标识。俱个人所制，它是加有'记'或'氏'以示支派……"而在事实上，墨票中所提到的12处，皆为"休城胡开文"在各地的分号，其中除北京分店、武昌分店由于当地档案馆资料记载不全，广东分店因故尚未查索外，其他各处皆有流传。另有传说"休城胡开文"在镇江、武昌、沙市等地亦设分店。以下便对其中十处加以简短介绍：

## 一 "休城胡开文"墨店在各地的经营与分布

歙县休城胡开文：同治初年[1]，"新九房"胡锡焕（1834～1890年，名云章，字汉臣）裔孙胡祥暹（1882～？，字蓉舫）在歙县开办"休城胡开文"[2]，后传独子洪序。胡洪序（1909～？）于1942年将店典盘给绩溪上庄乡瑞川人程根炳，其店于1956年入歙县老胡开文墨厂。

芜湖休城胡开文：创办于民国初年，同样是"新九房"胡锡焕裔孙的胡祥裕，曾在芜湖开设门庄，与"胡开文沅记"进行竞争。但至抗战前已是旺川曹氏经营。抗战后又成了股东店，而大部分股东都是外姓人。

杭州休城胡开文：胡贞观四弟胡贞照（1833～1861年，名桂芬，字立中）之子祥钰（1854～1909年，字季湘）于同治末年设"休城胡开文"于杭州，后传与子胡洪福（1901～？，字舜荪）。也在抗战时歇业。有一封胡克家用"休城胡开文笔墨庄用笺"所写成的吊唁信函（民国二十年七月二十

[1] 目前关于歙县胡开文墨店开设的时间有三种说法：1863年，1865年，1902年。其中邵宝振先生认为其开设于同治三年（1865年），初挂"休城胡开文墨店"的牌子。详见邵宝振：《歙县胡开文墨店纪略》（《徽州文博》2012年第1期）。

[2] 陈希先生认为其开设于1902年，参见陈希：《胡开文墨业史略（下）》，《徽州社会科学》1986年第3期。

四日），据信笺之下的地址，胡开文笔墨庄位于杭州保佑坊大街（今中山路与惠民路的转角处），并注有“浙省只此一家另无分设”。至 1948 年，其子胡恩荣把胡开文笔墨庄盘了回来，又在中山路租了一个二层小楼，开始接手祖业，建立“休城胡开文笔墨庄”。胡家的店铺在今天中山路与惠民路的转角处，前店后厂，旧时店面一共两开间，后院是做笔和墨的作坊，楼上则为家眷居所。墨庄于 1954 年歇业。

上海休城胡开文："新八房”裔孙胡祥泰于（1845 ～ 1891 年，字廷英，号继昌）光绪初年设“休城胡开文”于上海，后传与子，于抗战期间歇业。安徽博物院藏有《休城老胡开文开设上海河南路 82 号分店鉴定仿单》一件。其上有“开设上海英租界四马路老巡捕房南首商务印书馆斜对面即河南路 82 号，电话中央 1840 号”以及“南洋第一次劝业会及巴拿马赛会奖给最优等文凭”等字样，左右首另有“真不二价”、“童叟无欺”等。至抗战前，此店由同村人胡洪发经营，但他不是胡天注嫡系子孙。此人另设胡开文发记。

苏州休城胡开文：胡祥泰的三弟祥厚（1857 ～？，字涵卿）于光绪间设“休城胡开文”于苏州，后传给其子胡道南，也于抗战间歇业。安徽博物院藏有《姑苏察院场北苍桥西开文墨庄价目仿单附货真价实广告》，其上有“徽州苍珮室笔品，休城胡开文鉴定”字样以及笔品《价目仿单》。另有“胡氏”、“开文”等章印。

安庆休城胡开文：1878 年，“新八房”裔孙胡祥厚设“休城胡开文”于安庆，后传子孙辈胡紫厚、胡来发二人，于 1953 年歇业。

扬州休城胡开文：据扬州市档案馆相关资料，本店创办于 1872 年。第一世为胡祥醴（胡贞观长子），开设于扬州运司街 48 号（今国庆路）。虽然本店传至其孙胡恩松即已歇业，但是“胡开文”的名号尚存，有人以之进行烟酒贸易。

汉口、长沙休城胡开文：胡贞乾（胡贞观二弟）之子祥光（1880 ～？，字子鹤）从光绪末至抗战间，在长沙、汉口同时经营“休城胡开文”墨业。至新中国成立后社会主义改造之前，长沙仍有私营独资的“休城胡开文起首墨庄”，店址在坡子街 56 号。经理为徽州人余慎修。此店后并入湘江文具社。

南京休城胡开文：开业及歇业时间不详。不过时至 1939 年，南京仍有“休城胡开文”墨号。其经营者为江西人陈翰卿（1891 ～？），店址在中华路胡贞一的另一个侄子胡祥龙(1857～？，字云阁)则在安庆经营“胡开文立记”。胡贞一还在江西九江开设“胡开文亨记”,为节约成本,在此作煤油点烟制墨试验,后以失败告终。芜湖胡开文的第二代业主是胡祥祉[1]（1849～1909年,名本立,字丙荣）,第三代业主为祥祉之子胡洪昭（1887～1956年,名文砚，字鉴臣，号观爽）,第四代业主胡恩森（胡洪昭次子，名仲涛）则于1941年接管店务。1952年，作为胡天注后裔的第七代传人胡恩森（1914～2013年）联合其他同业组织（洽记胡开文、友记胡开文、老胡开文、新华书局、大华文具社、华泰文具社、复新文具社）等，拟组建芜湖市私营胡开文教育用品股份有限公司。其业务范围：一为自造自销徽墨；二为加工销售毛笔；三为经营其他文教用品”等。1956年，芜湖“胡开文沅记”、“休城胡开文”、“胡开文协记”、“胡开文筱庄氏”四家胡开文墨店联合申请公私合营，组成“芜湖市胡开文墨厂”。胡恩森被组织上安排为墨厂厂长，并当选芜湖市工商联副主席，后担任芜湖市工商联主委。

## 四　上海“老胡开文广户氏”墨店在各地的经营与分布

上海“老胡开文广户氏”是胡天注子孙中开设较晚的一家。胡开文“老八房”胡硕德裔孙胡祥钧(1871～1935年,名国钧,字秉成)及兄弟于1900年左右到上海河南路抛球场创设“老胡开文广户氏”。有趣的是，虽然“广户氏”属于胡开文五大家支中出现最晚者，却一直以“老胡开文”著称。为此“休城胡开文”墨店曾与胡祥钧打官司，争夺“老胡开文”的使用权。宣统二年（1910年）,胡祥钧凭借出色的营销手段，并试用工业炭黑制墨成功，极大地降低了生产成本，获利颇丰。

胡祥钧之侄洪开（1904～1958年,号菊圃）为第二代业主。胡洪开在其叔父故后，遵嘱接受经营权。他不仅在上海开了数家分店，还先后把分店扩展到南京、杭州、汉口、重庆、成都、北京、天津、沈阳、汕头、成都、重庆、万县等地，并于宁国县、贵州创办制墨烟厂。其产业用名甚多，据上海市档案馆相关材料，其在1947年称作“广户氏老胡开文笔墨庄有限公司”，又被称作“老胡开文笔墨庄”，还有“广户氏老胡开文总店”、“公私合营广

[1] 在《宗谱》中，胡祥祉被写作胡祥址。

户氏老胡开文总店”等。后来，上海十几家胡开文并入“胡开文广户氏”，后“曹素功”也加入，联合组成“上海墨厂”。

据天津市档案馆相关材料，天津老胡开文由胡祥鉴（1867～？，名国衡，字文斋，号平如）三子胡洪柱（1901～？，字砥甫）任经理，开设于天津锅店街90号，后传给侄子胡恩覃。

［图2-26］南京老胡开文广户氏制松鹤呈寿墨

又老胡开文北京店，据曹立先、胡金兆等先生回忆，其于1911年（北京档案馆的材料注明是1910年）设在北京东琉璃厂250号，经理曹孔修。其自幼在杭州老胡开文店学徒，后于1920年调入上海总店工作，1924年任天津分店经理，从1930年起任北京分店经理。周绍良先生也曾回忆："如其中有‘广户氏’者，记得即属北京分店，故北方各文具店所售胡开文墨，都具有‘广户氏’款。"据北京市档案馆相关材料，此店所经营徽墨由上海来货。直到“文革”之前，其所产徽墨的特点依然是“又黑又亮，又细，经过水浸不变，不易碎，无臭味”。北京知名的某湖笔品牌即在老胡开文斜对门路北。由于两者经营内容基本相同，在经营上的特点："既前店后厂，又批零兼营，经营比较灵活。"不仅如此，这两家“一直是由浙江、苏州、善琏等地购进湖笔”，故于1957年被合并在琉璃厂文化用品商店里，对外仍保有老胡开文的字号。不过二者在1963年又重新分列。然此时“老胡开文”已无店面。故北京市第一商业局专门请文化局协助安排老胡开文门面用房。经过协商，组织上将老胡开文安排在东琉璃厂55号及55号甲，并且规定老胡开文以经营徽墨为主，兼营没有经过加工的大路货的湖笔，直至“文革”爆发以后，在东琉璃厂50号歇业。另外在北京琉璃厂还有一家胡开文笔墨店（租用牌号，非胡开文嫡传），开设在姚江会馆夹道路口（今姚江胡同），经理胡宗楷。

据南京市档案馆相关材料，南京老胡开文位于南京市太平路397号，以胡祥润为经理〔图2-26〕。抗战胜利后的经营人为汪竞成。1947年，胡洪开与其本家胡洪钊、胡洪儒、胡洪钟四人在同址合伙经营。

汉口老胡开文位于花楼街百子巷口。宣统元年（1909 年），在武汉劝业奖进会上，汉口胡开文香墨获三等奖。据武汉市档案馆相关材料，新中国成立后汉口老胡开文店址位于花街楼 272 号。经理崔吉棠，代表人胡饶龄。其于 1957 年上季遵照上级指示由五家墨厂（老胡开文、鲍乾元、周天开元、严天元、张开文）合并为武汉市公私合营老胡开文制墨厂，位于武汉市汉口江汉区花楼街 8 号。

重庆老胡开文：开设于 1927 年，招牌为“徽州老胡开文笔墨庄”，是晚清进士谭延闿书写的颜字体。据《老广告》一书介绍，其店主利用不断翻新的手段来吸引买主。他们不仅在报刊刊登“解决饭碗问题找老胡开文”的广告词以吸引眼球，而且还特别注重细节，如在装货的纸袋上印招牌，重视潜在消费市场的培养等。

另据《绩溪县志》记载，清末胡祥钧在上海开设总店、支店、制墨厂、文具社 7 处；进入民国后在南京、汉口、天津、北京设立支店 6 处；胡洪开于 1932 年又在重庆、成都、昆明、汕头、万县、遵义等地开设墨店及烟厂 19 处，并九江特约经销处一处。究其原因，其中重要的一点，是胡祥钧用“西烟”（工业炭黑）制墨。用这种原料制成的墨，不仅光泽度比松烟好，而且墨色度也不亚于油烟。在当时严格的保密生产下，这种极为低廉的生产成本能够使得其他之大家在残酷的市场竞争中先后倒闭，而“广户氏老胡开文”却能够逆势而上，呈现出一种极为罕见的繁荣。由此可见，上海广户氏老胡开文以其灵活之头脑，资金之雄厚，分店之多，不仅在民国时期的“胡开文”墨业及徽墨业中堪称第一，而且在当时整个文具行业中成为不可小视的力量。

## 五　其他冠以“胡开文”名号的墨店

周绍良先生曾收集到九家涉及“胡开文 × 记”或“胡开文 × × 氏”的墨品。由于史料的缺失，在他看来，这些墨店“是否俱（胡开文）所设分店，抑有冒名者，皆不可知”。即便如此，他依然承认“胡开文在晚清末期影响是相当广泛的”。持此同样观点的还有赵正范先生：“……到了第 5 代，全国开了很多分店，有的只打‘胡开文’印记的，就无法知道是哪家分店所制了。”不过根据某些学者的考证以及一些新史料的发现，我们目前还是可以找到一些线索的。另据目前上海档案馆所藏胡开文档案显示，仅在“公私合营”之前，在当地笔墨业中具有“胡开文”名号的笔墨店便有17家，它们分别是：胡开文总店、胡开文一支店、胡开文二支店、胡开文三支店、屯镇胡开文、胡开文发记、胡开文堂源氏、胡开文益记、胡开文诚记、胡开文诚记大房、胡开文复记、胡开文洽记、胡开文和记、胡开文林记、胡开文乾记、胡开文金记、胡开文茂记。其中绝大多数为外姓经营。

[图2-27] 南京胡开文利记制五百斤油墨

### （一）胡开文×记

“胡开文×记”是休城胡开文第四代传人胡贞观按照徽商惯常做法提出的解决家族内部“胡开文”名号纷争的一项举措。由“胡开文”字号后加×记，以示胡开文诸墨店之间的区别，抑或为防假冒加以甄别。在此规定下，各家冠以“胡开文”的店铺都有自己的专营，各自对于本家的产品做质量保证，故易为人接受。现已查明，目前已知大部分“胡开文×记”属于屯镇胡开文、芜湖“胡开文沅记”、上海“老胡开文广户氏”这三大家支的衍生墨店。另外，还有一些“×记”与同族、本乡人租用“胡开文”冠名权开设商号有关。此时，这三大家支已经摇身一变，成为总店，而“×记”则分别成为各自家支系列内部的分店。

1.“沅记”系列

（1）胡开文亨记

胡贞一在江西九江开设的分店。光绪十八年（1892年）前后，胡贞一在“亨记胡开文”作煤油点烟制墨试验，结果失败，亨记胡开文也因此收歇。

（2）胡开文利记

胡贞一在南京开设“胡开文利记”，位于南京三山街建康路口。分别由自己外甥曹认仙、内侄柯礼庭（后升任芜湖“沅记”总店经理）担任经理。墨品由沅记总店供应，后来由于业务的发展，开始起桌做墨，并且有利记墨存世〔图2-27〕。如《清墨谈丛》中有“天然如意”墨，背面刻“飞谷飘采”，一侧为“徽州胡开文监制”，顶刻“梁臣氏”。1933年胡开文利记承顶了南京中华路上的汪近圣墨店，并将其改为胡开文利记中华路分店，1937年南京沦陷后，利记中华路分店收歇。到新中国成立前，胡开文利记笔墨店（建康路77号）的经理为其孙胡鉴臣[1]（洪昭）。先后担任利记胡开文经理的有胡祥祉（胡贞一子）、胡梁臣（胡祥祉次子）、胡鉴臣（胡祥祉三子）、胡恩涛（胡鉴臣长子）、汪智成（聘用管事）、胡毓芬（胡恩涛子）。1956年，南京的"胡开文利记"并入南京市工艺美术服务部，业主胡毓芬任经理部副经理。

（3）胡开文贞记

本为芜湖胡开文沅记在汉口花楼街的分店。有人误传为"真记"。故宫博物院藏有"胡开文贞记"墨，长方形，面背俱有框，涂漆；面砖文"新安朱氏临池之墨"八字；背镂瓦当，俱阳识涂漆。一侧"徽州胡开文贞记造"，楷书阳识。芜湖胡开文源记老板胡贞一派其侄儿胡祥善担任经理。后盘给其侄胡祥善。其第二世为胡祥善三子胡洪震（1886～1936年，字春泉，号三开）。洪震曾在汉口一地开设多家店铺。至解放初，胡开文贞记已经改为合资店，继续经营笔墨纸砚。经理为王姓，安徽绩溪人。店址在花街楼216号。

（4）胡开文立记

按照安庆市档案馆的资料，胡贞一弟胡贞安（1836～1861年）之子胡祥龙于1925年在当时的安徽省会安庆四牌楼地区（国货街，今倒扒狮街）开设"胡开文立记"[2]。故宫博物院藏有"吟陆草堂藏墨"〔图2-28〕长条形，面背俱有漆框；面阳文隶书"吟陆草堂藏墨"，背行书"莲敷选烟"四字，阴识填金。一侧"徽州胡开文立记造"，顶"云华氏"，俱楷书阳识。另有（胡开文）立记云华氏法造"龙翔凤舞"六角形矩锭墨存世。胡祥龙去世后，由子胡洪读（1888～？，名观衡）、孙胡恩泽（1911～？，名肇发）先后继承

[1] 按照南京市档案馆提供的工商业档案资料，此店后由安徽人汪子勤主持，地点不变。但是这一说法被胡开文沅记的后裔胡毓骅先生否认。

[2] 宣统元年（1909年）胡开文沅记业主胡祥祉逝世，"胡开文立记"由胡祥祉的堂弟、原"胡开文立记"的聘用经理胡祥龙承顶，此后"胡开文立记"更名为"胡开文正记"。《上庄村志》有一张胡祥龙66岁时写给各地的胡开文家书（内容不全），上写"曾祖懋德公-祖锡庚公-父贞安-五世祥龙开设安庆正记胡开文五房（其父是锡庚公的五子）云阁。案：胡祥龙于咸丰丁巳年（1857年）出生，66岁时是1923年。这说明1923年以前，胡开文立记已经更名"正记"。

[图2-28] **胡开文立记吟陆草堂藏墨**

[图2-29] **胡开文正记墨票戳记**

店业。胡开文立记后由江苏泰州人葛雁秋盘下。有人称其为郭雁秋，实误[①]。其曾任“休城胡开文”经理 30 年。此店后经合资改为“胡开文（纸张文具）商店”，于 1955 年 6 月重新开张，店址位于安庆利民街 22 号。

（5）胡开文源记

“胡开文沅记”曾在芜湖下长街陡门巷开设直营分号“胡开文源记”，专门出售价廉的实用性墨品。

（6）胡开文正记

安庆胡开文正记创设于 1914 年，是胡开文立记的更名店〔图 2-29〕。创办人同样是胡祥龙。经理为徽州人曹镛臣，位于原安庆国货街 45 号。故宫博物院藏有胡开文正记“黄山”瓦形墨一锭。周绍良曾推断此墨：

> ……造墨者“徽州胡开文正记”，显然是影射“真正胡开文”而言。

① 詹寿祯：《徽商在安庆经济活动之概况》，政协安庆市文史资料研究委员会、安庆市编史修志办公室、安庆市档案局编《安庆文史资料》第八辑（内部发行），第 124 页，安徽人民出版社，1984 年。

> 胡开文墨肆自太平天国乱后，失业随身发展，但其家族似已因分产关系，各自经营，不独有“胡同文”、“胡秀文”等影射店名，且更分为“老胡开文”、“休城胡开文”、“屯溪胡开文”、“海阳胡开文”等等名号，此“胡开文正记”亦其中之一。但由此墨可知“胡开文正记”似由曹镛臣设立，故称“监造”。

此处，周先生由于史料所限，不仅将民国墨提前到晚清，而且将其经理曹镛臣误认为“曹镛”，将休城胡开文最后一代传人胡洪椿误认为“刻工”，谬也。

（7）胡开文友记

关于芜湖友记胡开文，又称“休城胡开文（友记）”。该店系七人合资经营。其店址在芜湖中长街40号，经理汪棣淦。目前仍有实物墨在世，例如“香草龛主人珍赏”墨。其前身是原芜湖休城胡开文墨店（一说为宣城胡开文），其在芜湖的业务一直没有什么发展，因原店东无意经营，到抗战前夕盘给了绩溪同乡汪棣淦。1937年冬，日寇侵占芜湖时该店被炸毁。战后，休城胡开文墨店向胡开文沅记赊进一笔货并添设资本才恢复经营，并改为合股性质，胡开文沅记的店主也参加股份。自此，芜湖的休城胡开文改为胡开文友记。

（8）胡开文洽记

从光绪十六年（1890年）起至抗战胜利（1945年）止，芜湖只有两家胡开文，一为“休城胡开文”，一即“胡开文沅记”。到了抗战胜利后，又增设了“（筱庄氏）老胡开文”与“胡开文洽记”两家。芜湖“胡开文洽记”又称“胡开文洽记笔墨庄”，或“（芜湖）胡开文（洽记）起首老店”，是芜湖一家租用“胡开文”招牌的笔墨店。经理曹民能。由老胡开文筱庄氏职员曹民能、胡开文友记职员曹端甫和股东李琢如等于1947年合股开设的。到解放初，合资经营股东为五人。该号原在本市中长街83号，1951年迁至中长街107号，再迁至101号。

2.“广户氏”系列

（1）胡开文发记

上海胡开文发记，又称老胡开文发记或胡开文发记笔墨庄，自己生产墨锭产品。店址位于上海市黄浦区河南中路184号。负责人胡洪发。它设有制墨工场和门市铺面两个部分。“该单位产品墨锭，由中文中央站收购后，只是远销国内各地，并不出口……”在生产、经营上并无特色，其“自制墨锭，商品名称正副减胶系大路货，其他制墨单位单位都有同类产品。在配料上，亦与其他单位完全相同……”门市铺面只是出售碎墨以及经营一些普通文具之类的商品。经营状况一直不好，由于资不抵债，且业主年老多病，无心经营，故私方人员胡洪发主动申请，经并由有关部门批准，于1956年9月撤销并于上海屯镇胡开文墨店及光华、文华两笔庄。原址由文华、光华二户笔店迁入营业。

（2）胡开文合记

南京胡开文合记，又称“合记胡开文笔墨庄”或“（南京）合记胡开文分店”原负责人姚士杰，后由江苏泰州人严锦波负责；其原在苏北泰州开过文具店。地址在南京市珠江路234号，后迁移至珠江路14号。合伙人严锦波、胡品香（女，曹民权妻）。后“合记胡开文”与利晶、宏文及曹秀文笔墨投资合并成立光明图书文具经销店。地址依然为玄武区珠江路14号，主营文具笔墨纸张，并在中山路183号设分支专营图书。

3.“屯镇胡开文”系列

（1）胡开文俊记

屯溪胡开文俊记于民国年间开设。其后分别由胡祥春（贞奎子）、胡祥镛（贞堤子）继承。胡祥镛死后由胡连生顶替，易名为“胡开文仁记”。

（2）胡开文仁记

“胡开文俊记”由同族上庄人胡连生（恩荣）顶替后更名为“胡开文仁记”。今黄山市屯溪胡开文墨厂藏有新中国成立后由安徽贵池人民印刷店寄来的明信片一张“我店在二月十二日购的墨子，请再添购墨屑一斤，一并寄来，此致敬礼。二月十四日”。邮寄所致地址为屯溪中街34号。

（3）胡开文义记

义记是由绩溪人胡洪波、休宁人胡观贵发起创办的合资店。原为“屯镇老胡开文”的股东店。到1948年下半年，“屯镇老胡开文”的最后一代主持人胡洪道带着模具加入了设在屯溪的股东店“胡开文义记”。故宫博物院藏有两锭胡开文义记墨。其一长方形，面背俱有框；面行书“明礼义”三字，阴识填金；背篆书“徽州胡开文制”六字，阴识涂漆；一侧“徽州胡开文义记制”，楷书阳识。其二：面背俱回纹框，面隶书“挥毫落纸如云烟”七字，阴文填金，一侧“徽州胡开文义记制”，顶“五石顶烟”四字，俱楷书阳文。安徽博物院藏有上海寄往屯溪胡开文义记的信封一件，其上有收信人“胡广祺”字样。

（4）胡开文大记和胡开文仲记

与胡开文同属绩溪“明经胡”的“胡同文”第四世胡祥淦之子胡仕伯、胡仕仲墨于解放前就在屯溪业墨。其肆名分别为“胡开文大记”、“胡开文仲记”，于 1956 年均并入“屯溪徽州胡开文墨厂”。

4. 其他

除了以上这些可以见到的“胡开文 × 记”外，全国还有若干持续时间不长的小店。其中绝大多数是租用“胡开文”的牌子。据苏州市档案馆相关资料，在苏州，胡开文郁记 / 郁文氏最早开业时间 1933 年，又称“郁氏（郁记）胡开文墨庄”、“老胡开文郁记笔墨号”等，老板是安徽绩溪人冯郁文、冯志泽兄弟二人。他们于 1947 年迁到苏州金门内 10 号。到了 1956 年，门市部位于苏州市阊门外上塘街 25 号，作坊则在金门内口。1956 年批准合营时企业名称为“郁文氏胡开文墨庄”，后改为“公私合营胡开文郁文氏墨庄”以及“胡开文文具纸张商店”。胡开文芳记位于苏州城内东中市 17 号（崇祯宫桥东首），胡开文公记于 1949 年 5 月 1 日停业。

在上海，胡开文益记又称“（起首）老胡开文（益记）”由黄吉文、胡德基开创于河南路，另有胡开文复记、胡开文乾记等。又胡开文茂记，即“胡开文（茂记）笔墨庄”创业于 1930 年 5 月，店址位于上海市静安区新闸路 588 号。后改组为公私合营胡开文茂记文具商店，负责人郎富良。

在歙县，胡开文镜记于 1929 年由胡锦祥创立。

### （二）胡开文 ×× 氏

与大部分“胡开文 × 记”相同，“胡开文 ×× 氏”多为“屯镇”、“沅记”、“广户氏”三大家支的衍生墨店，或与同族、本乡人租用“胡开文”冠名权开设商号有关。如胡开文仁山氏的业主为歙县人周仁山。芜湖的胡开文筱庄氏又称“老胡开文笔墨庄”或“（芜湖筱庄氏）老胡开文笔墨庄”，是绩溪七都中屯人曹筱庄独资经营的。曹筱庄曾任胡开文沅记的经理，1938 年因故辞职，后租用胡开文的招牌在泾县开设墨店。1945 年抗战胜利后迁到芜湖。

其店址在芜湖中长街 66 号。

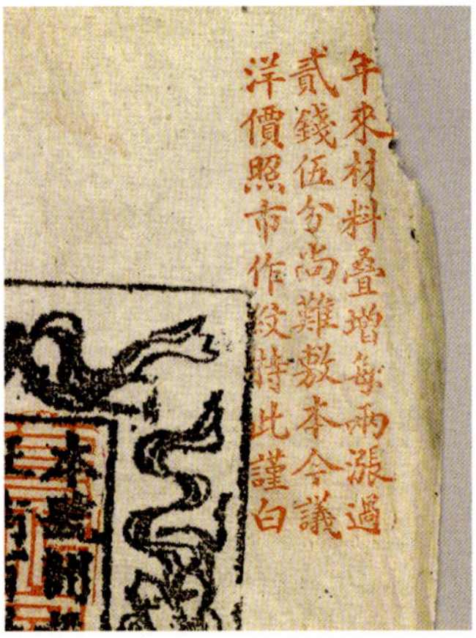

[图2-30] 胡开文墨票声明

故宫博物院还藏有若干署有“胡开文××氏”的晚清、民国墨，其来源尚待考证。暂且分列如下：例如胡开文广一氏款“龙翔凤舞墨”，六角形，周身一龙一凤绕之。面行书填金“龙翔凤舞”四字，背楷书“胡开文监制”，阳识。顶“广一氏”，楷书阳识。胡开文永记/广尹氏款“五百斤油”墨，长条形，面背俱有粗框，涂漆；面行书“五百斤油”，阴识填金；背楷书“徽州胡开文永记法制”九字，顶“广尹氏”，俱阳识。又一笏，方柱形，面楷书“十二神”三字，阴识，下钤小印“永记”二字，朱文；背阳识“徽州胡开文监制”，顶“广尹氏”。胡开文汉文氏“五百斤油”墨，长方形，宽漆边，面隶书“五百斤油”，阴识填金；背镂一龙戏珠。一侧“徽州胡开文制”，顶“汉文氏”，俱楷书阳识。另一笏，面背俱有框，面“五百斤油”四字隶书阴文填金，背“钟离少农珍藏”，楷书阴文填金，一侧“徽州胡开文制”，顶“汉文氏”，俱楷书阳文。

另外还有“胡开文梁臣氏”（沅记所属）、“胡开文文成氏”、“胡开文成记/守元氏”、“胡开文清河氏”等存世。

据《绩溪县志》记载，至抗战前，本府同乡人已经将“胡开文”墨店开设到了全国各地，如北至济南、锦州、沈阳，南至兰溪、广州。到新中国建立之初，在全国 28 个市镇中冠以“胡开文”名号的笔墨庄共有 84 家，职工近千人。

## 六 民国时期胡开文墨业反映出的一些问题

民国时期，如何面对徽墨业衰败不堪的局面，在困境中求得发展，是当时“胡开文”诸墨店所要解决的最大问题。由于科举制度被废除和国民消费习惯变化的影响，特别是新兴印刷工业发展对于传统笔墨业产生了巨大冲击。当时诸家需要直接面对三大威胁：一是生产成本的不断增加；二是销售渠道的日益狭窄；三是制墨技艺后继乏人以及旷日持久战乱的破坏性影响〔图 2-30〕。诸“胡开文”主人们采取了以下一系列措施：一是极力降低各项生产成本；二是积极采用股份制以争取更多资金投入；三是出租品牌冠名权；四是不断推出新品；五是经营范围的无限扩大；六是销售对象不断扩大等。

从资本来看，末代胡开文家族的资本是商业资本和产业资本的结合。在清末民初胡开文家族多采用在全国各地广泛开设分店的做法来扩大内销和占领市场。这些总店与分店（尤其是“休城”、“屯镇”、“沅记”、“广户氏”四大家支）之间属于领导与从属的关系，因为无论是哪一家支系列的墨店，皆集墨品生产、批发、零售于一体。其分店出售的商品，皆由总店生产，分店只能经销。总店的负责人会根据各地不同的情况来安排生产，针对不同客户人群进行有意识的定向销售活动，以便使得利润最大化并保证产品质量。

### （一）分店设立与营业场所的租用

胡天注在创业之初，便在海阳镇设立胡开文总店，并在同县的屯溪镇设立分店。从此以后，整个胡开文制墨家族分别在各自总店系统以外独立设立了不少分店、墨厂。这种规模化的统一行为，无论是在徽州商人中，或是在其他徽墨业商家中,都是少有的。这些墨店不仅有彼此相互独立的品牌商标、原料基地、加工工厂，还有连锁经营的销售门市部。到民国，以租房形式设立分店的做法得到普遍运用，极大降低了运营成本。例如光绪十六年（1890年），沅记胡开文的店址由鱼市街迁到西门外上长街井儿巷口。此房为李鸿章家族（李淑兰堂）在芜湖长街开发的商用房，两年一签约，续租时应更立新约。现有1939年沅记从芜湖泰昌号获得担保，以“每月行租洋三十三元〇角”，“租借到李漱兰堂名下芜湖升平铺井儿巷41号……坐南朝北市房一所”的租约一件。至1946年12月，胡恩森以法币二万六千元购买了原租用李淑兰堂的房产(新中国成立后房屋估价时估值人民币一万四千三百元)。除此以外，民国十八年（1929年），沅记还在芜湖陡门巷开设了一个分店，增加了七八个人手，专门制作价格低廉的“副牌货”以供门市。而老店专做正牌货供应批发。这种加大市场竞争的生产、经营、管理方式在清末乃至民国期间得到了广泛应用，并被其他衍生墨店，是租用“胡开文”名号的非胡天注后裔的外姓商家所使用。它已经不仅仅是商品流通领域里面的买贱卖贵的活动，而是将商品经营和商品生产完全结合在一起。与此同时，它们在各地所设的分店，既占领了广大的市场，又为总店建立了信息网络。进而赚取更多的利润，规避了许多投资风险。与“胡开文沅记”的做法相似，外姓胡开文墨店同样采取了临时租用铺面的做法，进而降低了经营成本。又如开张于1948年的南京胡开文笔墨文具社，系绩溪县旺川人曹民权创设。到1949年2月，曹妻委托较为熟悉业务的同县人汪从周负责独资经营，并租用位于南京珠江路292号的一间小铺面。两年后（1951年），因房屋租期将满，环境不佳，且“为了搞好业务，在国营经济领导之下逐步走上工业道路计”，汪从周于是向上级部门申请，租定本市二区中山东路108号店面屋一间继续营业。此时文具社已经改为合资经营，股东有汪从周、洪光勋、曹民权（家属）等。又南昌胡开文笔墨庄，其店位于子固路117号，营业用房同样是租用性质。

当然，某些墨店因为地理位置好，租金暴涨，从而导致老板与房主之间的矛盾，甚至诉至法庭。据天津市档案馆资料，1946年在天津发生了瑞蚨祥鸿记老板刘越千状告老胡开文墨庄老板胡克民及其侄胡恩覃拒绝腾房（天津锅店街90号）案。后经法院调解，以胡恩覃增交租金为条件才得以了解。

相对而言，民国时期冠以“胡开文”名号的墨店多为外姓人的合资股份制企业。例如南京“合记胡开文”，最初由四人合股经营，后有两人退股。后“合记胡开文、利晶、宏文及曹秀文笔墨投资合并成立光明图书文具经销店”，股东则又变为四人，分别是江苏泰州人严锦波（股东兼经理）、安徽绩溪人汪从周、洪光勋和胡品香。其间各股东的权利和义务多有不同：其中有实际经营经验且出资巨大者在合资中的话语权较大。即便如此，他们积极寻资的原因动力，在于其墨店经营在“资金人事”上面的不景气，故而他们在笔墨经营的同时，还兼营图书业务以弥补巨大的资金亏欠。

### （二）原料产地与“点烟”场地之间的关系

关于胡开文店的总店、分店之争，一直是学术界争论的焦点之一。然从实际情况而言，胡天注将胡开文总店设立在海阳镇而非屯溪镇的相当一部分原因，除了其总店所在的西大街靠近休宁县城中心位置〔图2-31〕，将销售对象定位于未及第书生外，还在于海阳镇位于屯溪镇之西，更加临近墨料的产地——位于休宁与婺源交界，且盛产传统松烟料的浙岭以及黟县的渔亭。当时，胡天注令其子胡余德在渔亭开办了一爿正太烟房，利用渔亭一带丰富的优质松木，精炼松烟，这就为优质产品提供了重要的原料保证。而屯溪镇则为商贾云集之所，在地理位置上更加临近交通便利的新安江〔图2-32〕，故

［图2-31］中国状元博物馆

［图2-32］屯溪新安江畔

屯溪店作为专供商业用墨的场所是极为适合的。从实际情况而言，拥有一家具有独立法人资质的制墨工厂是企业在市场上立足的根本。目前虽无直接材料表明胡天注的开店选址思路，但是上海市档案馆存有一份解放初期上海曹素功墨店的报告揭示了经营奥秘：

> 上海市第一商业局：我属曹素功墨厂，专业生产各种黑墨，各种产品具有一定信誉，行销国内外市场，但由于生产高级墨，厂房狭小，点烟车间又远在安徽歙县，运输环节较多，由此影响出口任务和国内市场需要，现拟新建点烟用建议厂房200平方米左右。以介（解）决生产上最迫切问题，特此申请土地半亩请予批复（地点最好在闸北、黄埔二区或闸北区近郊也可）。

由此可见，在交通不便的古代，原料产地与“点烟”场所的距离远近关系，会直接影响到其商品的生产成本和资金流转周期。同样由于生产成本的增加，沅记老板胡贞一又在四川万县建立了一座规模较大的桐油点烟房。又如上海广户氏老胡开文总店在公私合营之前，其负责人胡洪儒在上海具有自己独立的制墨工厂，厂址位于上海市闸北区南山路128弄30号和129弄。由于“厂房经常修理，虽使用年久，因保养好故相当新”。故而“公私合营广户氏老胡开文总店”仍可继续维持生产。其产品除了供本店使用之外，还出售给同行，既减少了中间环节的盘剥，又可从中获取一部分利润。当然，当时在全国范围内还有一些小的冠以“胡开文”名号的墨店，其商号属于来料加工性质，维持不易。如南昌胡开文墨店制墨所用的烟与胶来源很杂，“有国产制松柴烟，台湾墨烟，英美产之西烟及国产之广东牛胶”等，尤其是“牛胶在贸易公司买，土松烟有浙江客人做来……”

### （三）“胡开文”冠名权的出租与出售

随着文化事业的发展，民国一些新开的墨店考虑到另立招牌难以与“胡开文”竞争，因此就租用胡开文的招牌开墨店。据说在 1937 年前后，“老八房”裔孙胡祥运（1881 ～？ ）、胡祥英（1883 ～？ ）等开始出租和出售“胡开文”招牌给同姓同宗子孙，或外姓外地人士。芜湖市档案馆有材料表明：“凡旁系或外姓要用这块招牌，须与胡开文嫡系子孙所开设的胡开文事先洽妥，订立租用契约，一次交纳一笔租金或逐月交租始可用此。租金多寡不等，须视墨店规模大小与当地教育事业发展的情况而定。另外对租用的年限也有关系，如果是一次交租，期限长些，租金就贵一些。而分月交租差别亦较大，有交二三十元一月的，也有交十余元一月的，主要看营业大小来决定。”可是在胡天注的嫡系子孙中开设墨店的很多，究竟谁有权力来出面订约收租呢？据知情人回忆：“谁要在甲地用胡开文的招牌开墨店，就找甲地的胡开文交涉，在乙地就找乙地的胡开文交涉。假如当地没有胡氏嫡系的胡开文，就找附近的胡开文也行。”再有一种情况，假如当地有两个嫡系的胡开文，又怎么办呢？遇到这样的局面，照例是“先下手为强”，谁先抓住就归谁。据说当时各地嫡系胡开文对此全力是抓得很紧的。这不仅是为了租金收入，同时也为了防胡开文越开越多，以致生产过剩，影响本店的销路。由于以上原因，“胡开文”的名号一时遍及全国。其中最为有名的便是成都“胡开文”。1924 年，安徽桐城人李润伯与安徽芜湖胡开文沅记立约，租用了“胡开文”招牌以专销其所产徽墨。于是在成都青石桥街开设胡开文笔墨店。1926 年后，成都胡开文又在春熙路开设分店。因其经营独具特色，很快成为当地书画界名店。

总体而言，“胡开文”招牌的出租与出卖导致异姓开设墨店的情况渐多。这些小墨店都是自产自销，与当时“胡开文”四大家支毫无产品之间的关系，也没有技术之间的往来。而这种行为所带来的直接后果是“胡开文”的名号虽开遍全国，但其质量相差悬殊，以至于鱼目混珠。更为严重的是，这种行为扰乱了徽墨市场秩序，对于本已脆弱不堪的徽墨业雪上加霜。当然，大批异姓“胡开文”的出现，恰恰在某种程度上复制了胡开文创始人胡天注的某些做法——先后利用“汪彩章”、“汪启茂”的名号打开销路，聚集人气。待到时机成熟再另立新号，从而为新字号的推广和经营获得了相当的市场声誉与技术支持。

### （四）笔墨业同业公会的普遍建立与各家胡开文墨店之间的关系

1. 联系

自近代以来被开放为通商口岸的长江沿岸诸多城市多为外地移民云集之所。此间各类商业企业的一个特点便是某些行业由来自某地的客商垄断经营。例如在传统文具业中的笔墨庄主要由徽商经营。这些商家相互依傍，彼此声援。这种有民间结社性质的一些同业团体组织，曾一度发挥行业管理的作用。这些团体进而随着商业的发展和移民数量的增长，已经演变为一种具有管理职能的行业组织，即同业协会或同业联合会。一些大的徽墨商人已经作为新兴的资产阶级居于社团的领导层，表现出对发展资本主义经济和整体利益的追求。例如上海以及南京的广户氏老胡开文老板胡洪开，曾在新中国成立之前组织过南京市笔墨业同业公会。又芜湖胡开文沅记业主胡恩森，曾一度主张建立芜湖市笔墨业同业公会。据相关材料：这些公会对业内企业起着指导、监督和协调的作用。“不过约束力有限，同业中因业务竞争，仍时有违反议价情事。同业公会也只好置之不理，听之任之。”当然，同业行会之间的制约力是有限的，但是毕竟是一种进步。特别是各地相关同业公会的建立以及股份制、承包 / 租赁制的广泛实行，说明随着长江沿岸诸城市的经济发展，已经有相当部分的徽州移民融入当地社会，初步具备了自我保护的意识和力量，他们已经开始重塑社会角色，并且已经起到了相当鲜明的社会功能。

至于胡开文和本市、外地胡开文同业之间的联系。从表面看，似乎胡开文诸墨店彼此各做各的生意，只有商业上的竞争，而无任何联系，但因某地各店的工人之间的互相往来，沟通消息，就成为这些墨店之间实际上的联系者。因此，不论在对待职工的工资待遇方面和产品的规格与售价方面一般地保持同样的水平。纵有差别，也是很微细的。至于不同地区的胡开文与胡开文之间，平时在业务上亦很少发生关系（四大家支的总店与分店之间不在此例）。只在其他地区的胡开文的人经过时（不问因公因私）尽其东道主之谊，招待食宿而已（并不限于胡开文的人对别的同行、同乡也是如此）。间亦有委托原料产区的胡开文代办少许原料的（大宗原料，一般都由企业派人在产区采办），这就需要事先通信洽妥并把货款汇去（少数款项也有代垫）方行。

另外，各家支胡开文间也有联手合作之时：即有外姓未经胡天注后裔同意擅自开设胡开文墨店的话，各家嫡系墨店会联合起来追究其法律责任。例如在 1928 ～ 1929 年间，曾有歙县人郑某在合肥未签租借协议便开设“胡开文”墨店，被胡天注后裔发现后诉至法院。郑某败诉，被迫将其店名改为“正开文（含有正牌胡开文之意）”。

2. 竞争

从另一方面来讲，同业之间为了多做生意，多得利润，彼此钩心斗角，相互竞争倒是常有的事。就芜湖市几家胡开文来说，他们之间的竞争就是很激烈的，据说胡开文沅记老板胡贞一决定同时在长江沿岸几个城市开设分店的根本原因，便是防止“徽州休城胡开文”总店抢夺“胡开文沅记”在长江下游的市场份额。兄弟擂台，必会两败俱伤。除此之外，为了扩大客源，除胡子卿外，四大家支还有其他举动：一是诸墨店的门市业务多为现金交易；而面对批发大客户或重点客户，竞相争做赊销交易，并延长放账期限，以资金的赊欠拉拢各种客源。在这种境况下，资金充足者为优。二是请客送礼。三是贬价推销。四是挖雇技工。例如据芜湖市工商联《关于“胡开文墨厂的创设、发展和改造”的补充材料》中：工人汪智成（系学徒出身）在沅记每月工钱 2.8 元，后被汉口胡开文以每月 6 元的工钱挖走[1]。“不过这样的情形很少，特别是在同一地区的胡开文，彼此碍于情面，不好意思这样做。”

## 七　小结

民国时期政局动荡，经济发展畸形，受西方文化影响导致国民书写习惯变化等原因，徽墨业的发展面临种种障碍。作为当时徽墨最大的生产者，胡开文家族在困境中艰难地寻求发展。他们采取了一系列措施，其中有些甚至不失为具有现代企业惯例的意识。虽然取得了一些效果，但是其始终面对的资金缺乏问题一直未能解决。这些墨店在内部采取的诸种商业经营方式从总体上仍在市场竞争中处于不利位置。这种状况一直延续到新中国成立之后，最终在党和政府的号召下于 1956 年实行了“公私合营”。更为严重的是，民国时期诸多冠以“胡开文”名号墨店的出现严重扰乱了徽墨市场秩序，对于本来已经脆弱不堪的徽墨业雪上加霜。但是从另外一个方面而言，这种行为无疑是胡开文创始人胡天注在其创业时期经历的翻版。

[1] 胡贞一后裔胡毓骅先生对此并不认可。他认为汪智成曾是南京胡开文利记的经理，一直在南京。

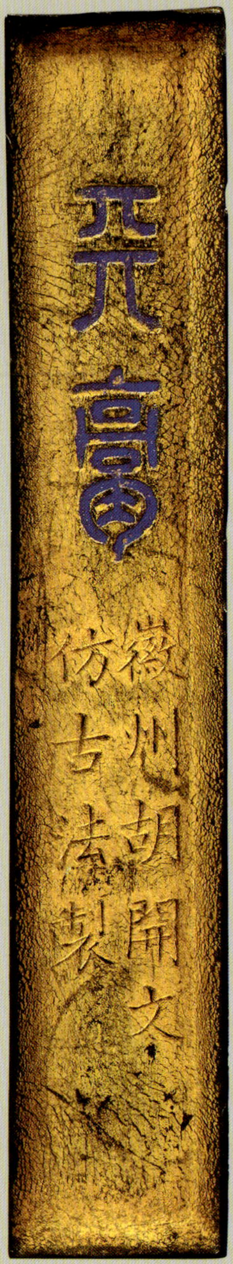
徽州胡開文
倣古法製

# 第二章　胡开文药墨与清代徽墨的配料

［图3-1］胡开文法制天膏墨

［图3-2］胡开文法制天膏墨

传说胡开文选料奇特、独具匠心。其中有一种叫做“八宝五胆”的药墨，选用多种珍贵中药材，具有消炎解毒、活血止痛、凉血止血、消肿软坚、防腐收敛等功效。它既是我国传统的工艺美术品之一，又兼具传统中医药的特征。时隔多年,“八宝五胆”药墨仍有不少收于民间藏家手中。例如目前仍可见“徽州休城胡开文虔制”款和“徽城胡学文依古虔制”款“八宝五胆药墨”。

除“八宝五胆药墨”外，历史上同样属于药墨系列的徽墨还有不少。例如故宫博物院藏有胡开文款“天膏”墨〔图3-1〕一锭：长方形，四周起框，通体涂金，一面阴文填蓝篆书“天膏”二字,其下阳文楷书“徽州胡开文仿古法制”，一面阳文楷书“烟非烟而非烟玄而玄玄之又玄以为膏鲜以黑也妍以为传也偌是以系事由天”，顶楷书“药墨”阳文二字〔图3-2〕。其实，早在胡开文墨尚未成名之前，徽州已经有许多较为出名的药墨问世，例如故宫博物院藏有曹素功后裔曹尧千及曹德酬的“八宝龙香剂”墨〔图3-3〕。其为长方形,两面俱亚字栏，涂金。额间嵌一珠，楷书“珍墨”二字，下篆书旁注“重二钱五分”，另一面楷书“八宝龙香剂”，俱阳文填金。侧款分别为篆书“咸丰己未年”及楷书“徽歙曹素功八世孙云崖造”，顶楷书“尧千虔制”。另一锭与前者全同,唯顶款为“德酬虔制”四字。又詹子云款“八宝药墨”一锭〔图3-4〕，长方形，一面回纹框，楷书阳识“八宝药墨”，填金，另一面镂云蝠纹，侧款分别为“乾隆甲子年（1744年）”及“詹

[图3-3] 曹云崖造
八宝龙香剂墨

[图3-4] 詹子云监造
八宝药墨

子云监造”，俱楷书阳文。

长期以来，世间对包括胡开文“八宝五胆墨”在内的中国药墨成就缺乏较为深入的研究。一般读物，特别是在民间传说乃至文艺作品中往往对药墨的疗效过于夸大，且不能反映此种墨品的基本面貌。甚至是得出与事实不相符，或是缺乏依据的臆断。与此相反，有些人的看法则又完全否认药墨的疗效，甚至认为药墨的概念本为臆造：“墨不入药，故《本草纲目》中无其目。但俗习相传，墨可止血，如小儿鼻血不止，取故纸涂墨塞之自愈，亦有谓妇女经血不调取墨和水服之。故墨虽不见于药典，但药店不可不备，常采自墨肆。”以上两种倾向究竟孰是孰非，令人费解。更值得注意的是，任何事物都有一个萌芽、成长、成熟、衰亡的过程。所谓胡开文“八宝五胆药墨”制作精良，工艺水平高超，已经处于中国制墨史上的成熟阶段。

## 一　关于“药墨”

实际上，目前仅是关于“药墨”的概念仍旧含糊不清，特别是“药”与“墨”是什么关系，究竟是“药”还是“墨”等，学术界尚无固定的说法。但大部分人在讨论这个问题时，都将它视作“墨”而非“药”。即便近年来有些学者对药墨的概念进行辨证，认为加入一定中草药的墨才算作药墨。例如“药墨是一种墨家在制墨时加入一定的草药使其除了能书画外还兼具有一定药用功能的墨。药墨均以松烟为基本原料”。又有人认为“药墨，即制墨时加入一定的中草药使墨具有亦书亦画亦药用之功能”。这个观点的出现，给人直观的印象便是只有加入中草药的墨才是药墨。然而事实并非如此。

松烟墨是我国较早年代的制墨法。李时珍曾对松烟墨本身的药用价值记述甚详：墨又名乌金、陈玄、玄香、乌玉玦。其气味“辛、温、无毒”，除了用于主治“利小便，通月经，治痈肿”的功效外，他还引《开宝本草》的记载：“止血，生肌肤，合金疮。主产后血运、崩中卒下血，醋磨服之；又止血痢及小儿客忤，捣筛温水服之。又眯目物芒入目，点摩瞳子上。”有学者认为：“……盖其止血是胶及烟之功；生肌肤，合金疮乃胶及珍珠之力；墨中熊胆、麝香、冰片、珍珠等均有去翳明目、开窍醒脑之功效，故可治目眯及小儿客忤之证。”

由此可见，即便是墨料本身，便有一定的药用价值。除松烟、油烟等黑墨外，中国古代还有朱砂墨及其他色墨的存在。朱砂墨系以朱砂研细加胶而成。朱砂又名丹砂、辰砂。历代医家多对其功能有所阐述，例如《本经》记其“养精神，安魂魄，益气，明目……”《别录》：“通血脉，止烦满消渴，益精神，悦泽人面，除中恶腹痛，毒气疥瘘诸疮……”《本草纲目》则记为：“治惊痫，解胎毒、痘毒，驱邪疟，能发汗。”可见其珍。故而“墨”具有“药”的功能毋庸置疑。

张伯元等先生曾在《文房四宝》一书中对药墨定义为“当做药物治病的墨。一般是松烟墨，有些署墨家名款，有些直接署药店名款”。而《文房四宝手册》则定义为“具有医疗作用的墨”。同书又有“制墨用药”条：“制墨加入一定的不同性能的药料，既能增加墨的香味，也有防腐之作用，又有治病之效能。”上面三条涉及药墨的辞目，明确将“药墨”定义为用于书画的文房用具；其次，墨是有药用价值的，具有医疗作用；第三，墨由不同的原料制成，而且随着增加药料的不同，所起到的作用也呈多样性。综合上面的论述，本人倾向于将“药墨”归属于普通书画墨的概念之内，而并非特制的药物成品。

## 二　关于徽墨的配料

所谓的药墨，应当是指中国历史上由松烟料为主料的，由胶黏合成的，其间加入若干种不同功效的中草药，以改变墨品书写、绘画效果的文房用具之一。那么，事实情况是否如此？

其实，在制墨过程中，药物运用必不可少。据称，清代胡开文坚持按“易水法”的严格要求，配方、操作精益求精，使用十几种贵重中药原料精制而成书画墨。类似的记载在中国制墨史上不少。古人出于解胶及改善墨的黏度、硬度、色泽、气味及防腐、驱虫，有利于长久保存的目的，常常在墨料的加工过程中添加一些原本用于治病的药物添加剂，进而间接增加了墨品的整体价值。配方各异，使得各家制墨呈现了多样性；效果不同，使得制墨家体现了高超技艺。时至今日，各家制墨配方仍然秘而不宣。

一般说来，人们习惯于将药墨的发展归结于南唐墨工李廷珪的功劳。李廷珪是中国制墨史上最受推崇的人。据《徽州府志》记载，正是由于其使得易水制墨技术在徽州获得了空前的发展，因而被历代徽州墨工们誉为徽墨宗师。不过早在李廷珪之前数百年，人们已制墨过程中使用药物。据史料记载，三国时制墨家韦诞（仲将）曾“用真（珍）珠、麝香二物”，首开以贵重药物入墨之先河，但其目的不是药用。又北魏贾思勰《齐民要术》的制墨配方可说是相当完备，因而对后世制墨工艺影响深远：“……墨一斤，以好胶五两浸梣皮汁中。梣，江南樊鸡木皮也。其皮入水绿色，解胶又益墨色。可以下鸡子白去黄五颗，更以真朱砂一两、麝香一两别治细筛，都合调，下铁臼中，宁刚不宜泽，捣三万杵，杵多益善。”更值得一提的是以上两种墨法都使用中药作为制墨辅料，并论证了所添加辅料的作用，这也是制墨工艺的另一重大突破。同样未提到墨品可治病。不仅如此，与贾思勰同时代的墨工张永与“冀公”亦着意强调了配料对于墨品品质的影响。例如张永的麻子墨法：“……入龙脑、麝香、秦皮末，和之捣三千杵，搜为挺，置荫室中……”另《墨谱（法式）》载“冀公”墨法：“松烟二两，丁香、麝香、干漆各少许。以胶水搜作挺，火烟上薰之，一月可使。”《文房四谱》记载与之类似，但有补充：“入紫草末，色紫，入秦皮末，色碧，其色俱可爱。”到了唐代，制墨对于取材、选料多有拓展。如元代陆友著《墨史》记载墨工王君德采用酢（疑为“酸”）

香，不知为病损色，且上甑一蒸之后，香气全无，用之何益？惟入蔷薇露者，其香经久不歇，其次则丸擀之时旋入脑、麝。天气冷时隔宿浸药，暖时当日五更浸药……不可全藉乎药也。

由此可见，药物添加剂对于墨制品的使用效果有利有弊，例如青黛等添加剂如果使用不当，就会使墨的质量下降，甚至使得制墨失败；巴豆使用过多则会损墨色光彩；乌头使墨的黏结力下降；麝香、鸡蛋白等容易使墨受潮；石榴皮、藤黄等使墨色减黑；鱼胶、牛胶能够增加墨的黑度，但是如果含量太大就会增加胶的黏度；另外，各种香药可以消解动物胶的不良气味，但是有可能损害墨本身并且对颜色不利。故而墨工在添加配料时应该极其谨慎。甚至特别强调“不可全藉乎药也。”

## 三　入药

古人对于墨配料本身的药用价值早有认识。例如龙脑香，其名出自《唐本草》。在中医学上一直用于芳香开窍药。又麝香，同样属于香料。《本草纲目》记载其“通诸窍，开经络，透肌骨，解酒毒，消瓜果食积，治中风、中气、中恶、痰厥、积聚征瘕”。由于历朝墨工在制墨过程中往往辅以多种名贵中药材，再加上墨本身的药用价值，所以成品墨锭具有一定诸如清热止血、镇惊去痛的药物功效，用以治疗各种对应疾症。其用法既可内服，亦可外涂。除此之外，李时珍还在《本草纲目》中还记载了十数例以墨入药的配方，用以治疗多种疾病。可见用墨治疗出血、目翳、痈肿、淋闭诸疾，确实具有方法简便易行、疗效快捷显著的特点，深受广大百姓的喜爱。这表明迟至在明代晚期，医家以墨入药已经从理论和实践上形成了完备的体系。

药墨在民间广为流行，无非在于墨的配料基本囊括了治疗常见病、多发病的多种中药材，且的确医治过不少人的疾病。这类墨可用于书写，又能治病；既可外用，又可内服。由于墨锭携带方便，当时的商贾、学子等外出时身边亦随时备用，故而又有人制成与“八宝五胆”药墨齐名的“八宝万应锭”等，众墨家多有出品。如故宫博物院藏有胡韵清制“万应药墨”一锭〔图3-5〕：长方形，四周起框，通体涂金，一面阴文“万应药墨”四字，一面“徽城胡学文孙韵清氏依古虔制”，其下钤长方形“苍云室”印一，阳文篆书。一侧凹底阳文楷书“五石顶烟”。社会上另有徽州詹斗云监制“八宝灵丹”墨,“八宝陈玄”等药墨，同样深得普通民众的欢迎。

## 四　结语

追溯中国古代书画墨的使用，可大致分为天然墨的使用和人工墨的使用两大阶段。人工制墨最初采用的原料即松烟。用人工烧制的松烟取代天然的石墨等颜料，使人工制墨成为可能，进而为书画墨药用价值的发掘创立了条件。中国传统制墨业又一次重大工艺突破是以胶作为黏结剂为开始。但选择一种合适的黏结剂，难度显然要大得多。古人曾对于各种植物汁液进行过多种尝试，最终确定将动物胶作为墨粉黏合剂。

中国传统的制墨工艺中，最具特色的环节就是在制墨过程中添加以名贵中药材居多的各种辅料。其直接原因是缓和调制动物胶时散发的臭气和改善因用胶而改变的墨质。尽管此举一直存在争议，但某些中药材的添加确实起到了增香和提升墨质的辅助作用。从另一方面讲，这些墨的药用价值得以无限扩大，并从此开始了古人以墨入药的无意尝试，进而最终形成专供医药用者，并使得某些商家以此为卖点。实际上，我国古人制墨加药，对后世的影响，更多的不是体现在中药材对墨质的提升方面，而是在于形成了一种中国所特有的文化特色。

[图3-5] 胡学文孙胡韵清制万应药墨

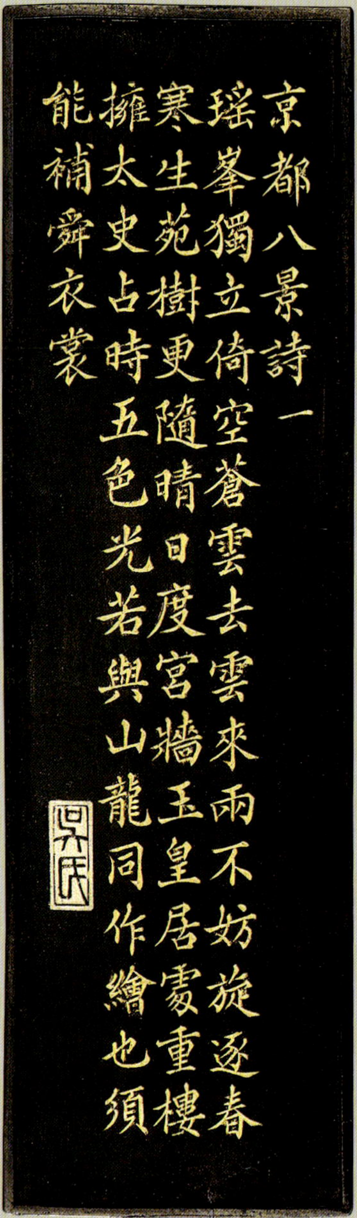
京都八景詩一
瑤峯獨立倚空蒼雲去雲來雨不妨旋逐春
寒生苑樹更隨晴日度宮牆玉皇居處重樓
擁太史占時五色光若與山龍同作繪也須
能補舜衣裳
吳氏

# 第三章　胡开文墨设计研究

自宋以后，“文房四宝”作为文人案头的欣赏把玩之物，不仅要求质地精良，而且注重形式与装饰的美观，这种风气在明代后期发展到了极致，有证据表明，文人阶层的参与对于当时徽墨的装饰设计起到了重要的指导作用。他们希望通过墨品的独特设计，来彰显自己的品位。清代徽墨制作的成就较明代更大，不仅质量精而且数量多、装饰题材也更加丰富和完美。胡开文墨作为最后兴起的徽墨代表，汇总了历代徽墨设计的成就。

## 第一节　装饰与设计

### 一　造型

徽墨造型在明代晚期已经发展到极致，仅以明代制墨家方于鲁的《墨谱》为例，此书共收集385种墨式，并分为五大类：规、萬、挺、圭和杂佩。在这五类之下又有许多细目。而同时代的程君房也设计、搜集了500多式墨样，收于其编辑的《墨苑》之中。这样制作出来的徽墨，已纯粹成为一种鉴藏赏玩的艺术品了。

按照墨形，胡开文墨一般可分为规则几何形与异形。

#### （一）规则几何形墨

规则几何形，在墨品实物中是指具有一定规则，按照一定规律构成的平面或立体图形。该图形本身没有进一步的象征含义。如单一圆、方形等几何形体，或者是由两个或多个几何形体组合而成复杂几何体，皆属于这种类型。

1. 长方形墨

［图4-1］胡开文监制潄金家藏墨

长方形是徽墨的基本造型，也是最为常见的徽墨造型之一。它在晚清墨中为数众多，造型最为实用〔图4-1〕，且节约成本。它的长宽尺寸没有规定，一般以适宜于手握研磨为准。这类墨多采用直立式图案构图，除了适合形制外，还与古人的欣赏审美习惯分不开。一些近似长方形的图形，也可通通视为规则的几何形。另有一些以长方形为基础进行简单修改的墨品造型，如边缘处理，如委角长方形〔图 4-2〕等，变化灵活多样，不一而足。

[图4-2] 委角长方墨

2. 圆形墨

古人有时用“饼”作为墨的数量单位，乃源出于圆形墨像饼的缘故。明代制墨，力求在外观精美，多以出奇制胜为准则。而在尺寸、规格、形制等方面不太考虑是否方便研磨，由于使用极为不便，清末已经很少见了，至多以工艺品或小型化的面目出现。除民国初年的“地球”墨〔图 4-3〕外，还有如集锦墨中的“延年”墨、“山河影”墨等。

3. 柱形墨

有圆柱、扁圆柱、四棱柱、六棱柱形等几种。如圆柱形的“铜柱”墨〔图 4-4〕以及六棱柱形的“龙翔凤舞”墨等。前者仿铜柱形，是对以前圆柱形墨的巧妙改进。

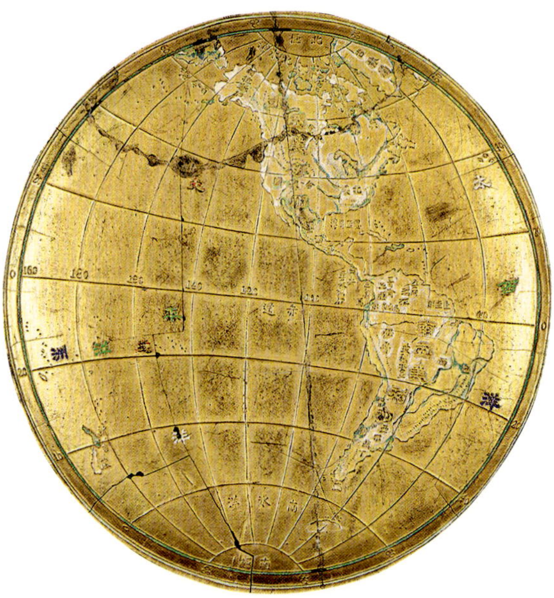

[图4-3] 老胡开文造地球墨

[图4-4] 屯镇胡开文造铜柱墨

［图4-5］胡开文听香墨

4. 椭圆形墨

在墨的造型中，椭圆形墨又被俗称为牛舌形墨。此种类型似乎来源于宋元时代。牛舌形墨锭更加符合人体生理学的原理。其在被使用时，人们可以缓解因持墨而导致的手指疲劳感。如“听香”墨〔图 4-5〕的造型小巧，使得磨墨的过程特别顺畅便利。

（二）异形墨

明清徽墨的装饰题材相当丰富，集中反映了时人对于整个世界的认知——包括物质世界与精神世界两个方面。其中物质世界可以划分为自然界和人类社会两大类；而精神世界即人们精神上的寄托、道德上的约束，或者对未知世界的想象与再现。这种以记录信息的方式在相当程度上迎合了文人内心的诉求。这类墨遵循了“道法自然”的理念。在造型大致可分为两类：一是仿自然界中天然之物（自然物），二是仿人造的各类器物（人造物）。

1. 仿自然物

在仿自然物的墨品中，表现最多的是仿动、植物式。如有仿人形墨，如“八仙”墨、“墨磨人”墨〔图 4-6〕等。如后者仿造人型，题有篆书“人磨墨墨磨人”的墨名，通体着金。其形象逼真精巧，独具匠心。仿昆虫形墨：如胡子卿制“咏滕王”墨的造型为一蝴蝶。有趣的是，在竹刻艺术中，艺术家们尽管以竹作为基本素材，但是在作品中尽量使其摆脱自然形态；而在徽墨设计艺术中，艺术家追求的却是尽量还原竹子的自然形态。在胡墨中，有若干墨品刻意模仿各种竹子的不同形态或部位，如“青琅玕”、“艺林珍赏”、“竹策”墨等。明清时期是中国古代竹文化的繁荣时期，许多带有竹造型乃至竹理念的艺术品被文人雅士作为书斋案几清逸脱俗的陈设，乃至抒情遣怀、审美意趣的载体甚至人格理念、品行操守的象征。这一时期的徽州制墨名家，遵循应物造型的艺术法则，将所创竹题材徽墨作品达到臻于极物之体、尽物之神、得物之趣的境地。

〔图4-6〕胡开文造人磨墨墨磨人墨
（安徽博物院藏）

2. 仿人造物

（1）仿古

制墨的造型、题材与装饰图纹反映了社会的喜好，这是清墨造型的突出特点之一。在金石考据学的盛行之下，晚清文人的兴趣所致依然是仿古题材，如古泉墨、石鼓墨、汉瓦墨等甚为风行。其一，仿刀币：仿制东周时流行于齐、燕、赵等国的货币以及后世刀剑，此类墨形、纹饰、尺寸完全仿照刀剑，造型如龙泉五色刀币墨〔图4-7〕。其二，仿古碑："小巫山樵"书画墨，仿碑形，因北宋宣和年间有此墨形，故称宣和式。又如"金壶仙液"墨〔图4-8〕。其三，仿圭式：如"既翕堂"墨〔图4-9〕。其四，仿古物：如"建初铜尺五寸墨"仿尺形〔图4-10〕。"秦权"墨〔图4-11〕仿秦权。秦权为秦始皇统一天下后的法定衡器。此墨仿造古代的石鼓文造型，以形式独特，制作精良而闻名。

（2）仿生活用品

徽墨的设计离不开日常生活的创意。故而在徽墨中有屏风、通景画设计。如"富贵图"集锦墨〔图4-12〕，五锭一套。每锭墨皆长方形，合装一锦盒

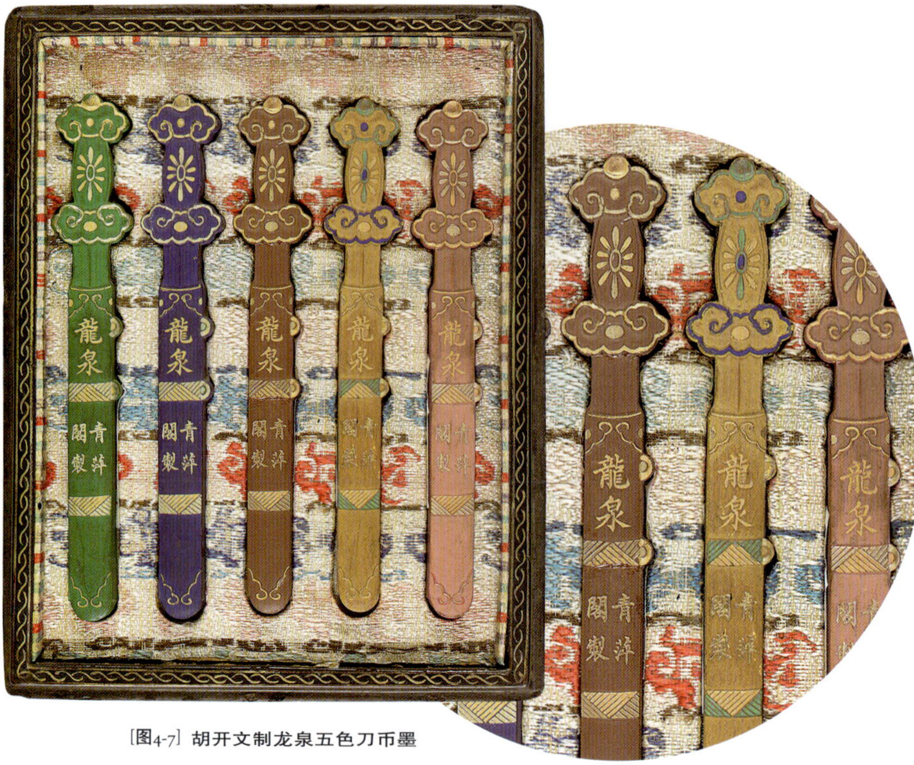


[图4-7] 胡开文制龙泉五色刀币墨

[图4-8] 胡开文按十万杵法金壶仙液墨

[图4-9] 胡开文造既翕堂墨

[图4-10] 胡开文造建初铜尺五寸墨

[图4-11] 胡开文监造秦权式墨
（安徽博物院藏）

[图4-12] 胡开文造陈士绶谨呈富贵图集锦墨

［图4-13］瓦砚式墨

［图4-14］印章式墨

内，并且拼合组成通景牡丹图，另一面则是填金篆书百寿字。非常华丽精致。另有仿砚式墨〔图 4-13〕、仿琴式墨、仿笔管墨、仿印章墨〔图 4-14〕以及仿纺锤形墨、仿书卷形墨等。

### （三）组合设计的墨

除以上可归类的几种墨的造型外，还有许多墨，将各种造型组合设计在一起，这样的墨当首推集锦墨。清末集锦墨以品种之繁多，图文之精致，装潢之考究，达到了空前绝后的程度。集锦墨又称“瑶函墨”或“豹囊丛墨”，它是把不同的名品，形式虽同而款识图案各异的名品集结在一起成为套墨。它是我国实用性生活品向观赏性工艺品方向发展的产物。它的问世，推动了制墨业兴旺和繁荣。清代后期，胡开文开始在“集锦墨”上博采众长。其代表作有“御园图”墨、“四库文阁”墨、“十二生肖”墨、“八宝奇珍”墨、“艺林珍赏”手卷墨〔图 4-15〕等。

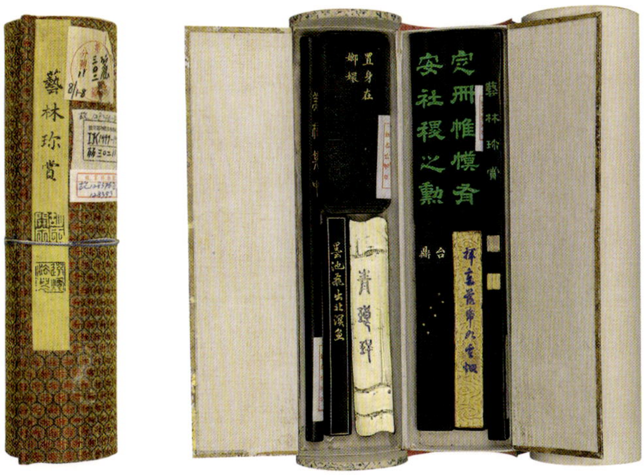


[图4-15]“艺林珍赏”手卷墨

## 二　装饰图案

徽墨的装饰构图是设计者依据墨形或墨面装饰部位的基本形状，对单独个体墨锭进行通体装饰而创造的合适构图。大体可分为通体构图和分面构图两种。

1. 通体装饰构图

通体装饰通常用在构思巧妙的纯粹艺术墨上。在墨体表面上，几乎没有任何装饰性环带分割，这样使主要纹样自由伸张铺展在墨体表面，特别是一些单独连续性纹样，如莲瓣纹、云纹、水波纹、几何纹等，不受外形和任何轮廓线的限制单独使用。如“黄山灵气”墨中以一个或几个单位的水纹样所组成一个单元纹样各向两方反复连续蔓延，与文字相联系，相互呼应。又如

［图4-16］胡开文监制龙翔凤舞墨

“龙翔凤舞”墨〔图 4-16〕，整条龙以 S 形曲线沿着顺时针方向作有力度的离心式运动，形成一种有节奏的流动感。另外还有文字性纹样，如体现在“秦权”墨上的几十个篆字，可以视作连续纹样式。它们在墨面在圆面上呈现一气呵成之势，充分显示出徽墨制家因型制宜、随形布势的高超技艺。

2. 分体装饰构图

一些装饰纹样在墨品的一定范围内以连续的形式呈现。同、光年间墨面装饰趋向简单，繁缛的装饰被取代。这些装饰纹样大多对称或为平衡组合形式，如此时的流行样式有回纹框、素线框、螭纹框、西番莲纹框、几何纹框等。另外还有小型的花边、角隅纹样辅助纹饰和美化。在实际应用中会因每种构成方式本身的变化而产生出许多不同的式样。运用这种构成方法产生的纹样，往往用来烘托主要纹饰，在整体上给人轻松而愉悦的感觉。

应当说，徽墨的装饰构图中几乎包括了中国画的所有画幅形式，从立轴、长卷、扇面到册页屏风等一应俱全。并且在各方面都表现出一种巨大的灵活性，充分体现出中国传统绘画取象布局、欣赏习惯以及适应场合等情况来决定画面比例的创作态度。如在“大富贵亦寿考”墨中，这种既有变化又有统一的单独纹样的构图，能从整体上给人以一种明快和谐、健康、丰富多彩的效果。长方形墨中常见有带边框者，图案的整体形态在框内一览无余，非常完整。徽墨上的场景描绘与传统中国画的构图一样具有多点透视构图法的特点，是受我国传统艺术风尚和欣赏习惯影响的必然结果。特别是集锦墨中的每一锭墨中都有自己的一个主题纹样，有利于表现人物故事及场景。如“瀛洲图”墨〔图 4-17〕、“二十四孝图”墨〔图 4-18〕等，画面随以现实对象为基础，往往是墨体的周身描绘的是某个民间故事或神话传说等。人物描绘清秀，神态逼真，如同在纸上作画。但又不局限于生活，而是依照内容的需要着重强调造型中的某些元素，因而具有很强的装饰性。当然这类构图中的纹

[图4-17] “瀛洲图”墨

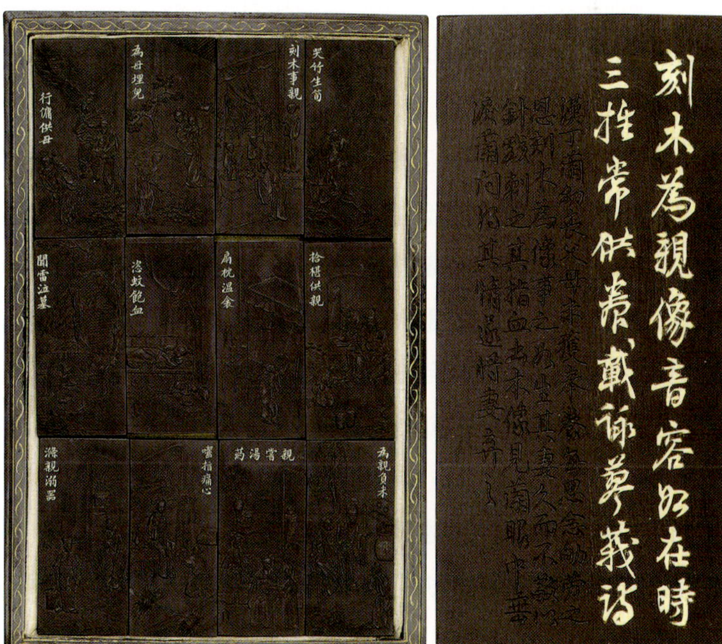

[图4-18] “二十四孝图”墨

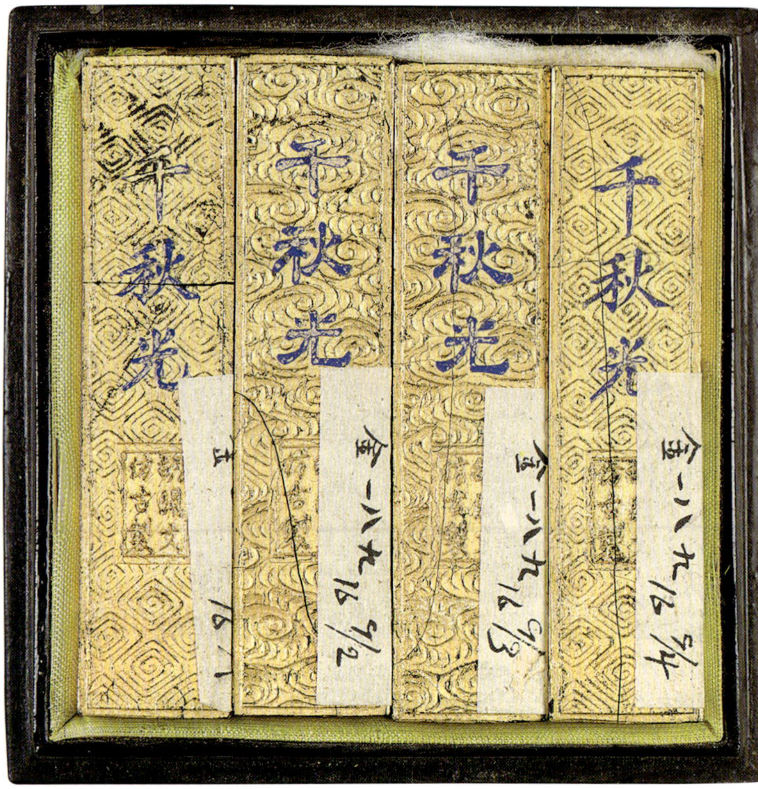


[图4-21] 胡开文制千秋光墨

“龙宾”、“骊龙珠”、“惜如金”、“十万杵”、“峄山桐”、“南海松煤”、“五百斤油”等；有标明个人用途、斋名的“棣华诗屋”、“如不及斋”、“三十树梅花树屋”等；表明个人志向的“几生修得到梅花”、“我守我黑”等；反映人生哲理的“墨磨人（非人磨墨墨磨人）”；抒发个人忠君报国思想的“捷书夜到甘泉宫”等。寄情于山水的如“湖桥乡思”、“黄山图”、“西湖十景”“浔州八景”、“燕京八景”、“新安大好山水”、“御园图”等；表明个人兴趣爱好及收藏赏玩的，如“建初铜尺五寸”、“汉建昭砖”、“黄山瓦”等。另外，还有引用古代诗句的墨名如“轻胶万捣元霜”等句。

3. 民间题材

徽墨主要题材源于民间，不仅描绘百姓日常生活的江南山川风物，而且包含了老百姓所喜闻乐见的一切题材，特别是那些人民生活密切关联的题材。它的装饰可以完全出于造墨者自己的内心审美需要，同时结合市场销路去创作。其装饰的题材广泛地借鉴于民间艺术，如雕刻、年画、剪纸、刺绣等，极富民间乡土气息。另外，徽墨的装饰具有丰富的祈福纳吉的内涵，它迎合了使用者祈求读书有成、福禄有加、或大吉大利等美好愿望。

4. 新时代的创新

一些反映重大历史变革的现实性、写意性政治、军事题材的墨品在清末民初开始出现。反映了新旧时代背景之下文人喜好的多元化倾向。例如在光绪末年各家分别推出了“铜柱”墨。其墨恪守造型艺术的基本要求，按中俄边界铜柱的比例缩制。为体现墨锭的庄重性，墨模图以雅洁流畅的对称纹饰，将雄健的“疆域有共国有维，此柱可立不可移”铭文衬托出来，产生了庄重、典雅的效果和浓厚的民族特色。深刻反映了当时世人对于内忧外患的焦虑。又在民国时期出现了时事性很强的政治性纪念墨，如“共和成立”墨便是如此。另外还有是店庆纪念墨或者是与商业伙伴进行的合作的纪念墨，反映了胡开文与当时各行业联营合作的实际情况。

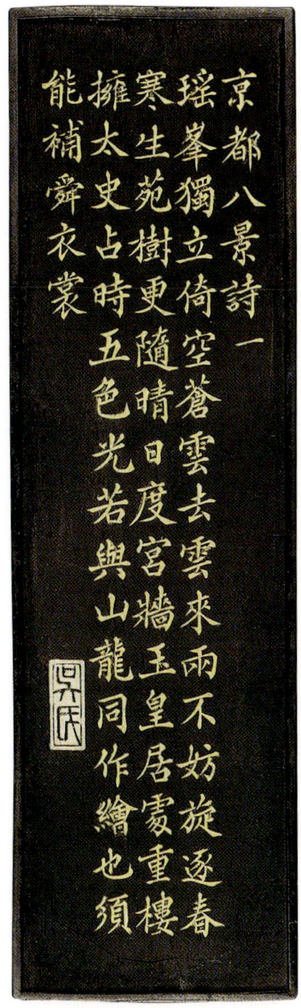


［图4-22］乾隆御制诗（楷书）

## 四　文字

中国的文字不仅有叙述的功能而且也有装饰的作用。墨品上字体的造型风格会根据不同的销售对象而有不同的针对性。大体说来，内容比较庄重严肃的，一般用楷书来写〔图 4-22〕;内容比较典雅、古味或文气的用篆、隶书来写；其他内容的则用行、草书来写的。墨工根据不同类型产品的需要，把文字元素表现在产品上。墨上形态万千的书法字体及语句有大有小，有长有短。如“君子”字墨整面只有“君子”二字，而“夫子璧”或“朱子家训”墨〔图 4-23〕的雕刻字数则多达上百个，且小如蝇头，充分显示了墨模刻工的高超技艺。这些墨面上形态万千、伸缩自如的装饰文字与情文并茂的内容相得益彰，给人们以传统法书的艺术享受。

一般而言，在表现墨品主题时，若主题字为阳文，则不加颜色装饰，而

［图4-23］朱子家训（楷书）

其为阴文，则会加涂颜色。有的墨面是全文字式的；有的是正面为画，背面文字；更多的是同面字画结合、相映生辉。作者姓名及器物的画意都写在款识中。徽墨在汉字构形中还存在图与底的关系。这种阴阳交替观念在字体中灵活运用，会起到视觉扩张、信息的渲染和识别的作用。不仅如此，墨上的题款和文人题词还是断订制墨年代的重要依据。

## 五　用色

徽墨的装饰色彩同样遵循了阴阳互补的色彩运用。

1. 黑色

在中国传统绘画中人们常以笔迹的运动和笔墨浓淡干湿的变化来表现宇宙间的阴阳之道，以及他们对自然与生命的体验。而在江南，包括徽州在内的主色调就是人们所认知的粉墙黛瓦，这种传统质朴的黑白灰色调，不仅没有给人单调的感觉。而且给人一种简洁流畅，优美而矜持的感觉。

2. 金色

制墨工匠大量运用金黄色作为装饰字体的色彩配置，金黄色的使用不仅让墨品本身产生了光明、华丽的视觉效果。而且使其表现出优雅、高贵的价值。当然，金粉的色泽和等级也有区别。墨家会视墨品的等级而施以不同的金粉，通常高级墨施金厚，低级墨施金薄。相对而言，清墨的金色因时代的不同而由黄且亮向黄中带白乃至泛青转变。

3. 其他颜色

徽墨上的装饰色彩还多用银白。同样，红色也是一种常用色彩。至于绿色，则在传统五色观中象征生命或良辰，总之，徽墨上的色彩装饰遵循了冷暖对比色交替运用的原则。它们相互对比、交替使用，组成了变幻莫测、丰富艳丽的色彩世界。当然，除了黑色单色墨外，还有了其他多色墨。多色墨一般以红（朱）、黄、蓝、绿、白五色为多，如“大富贵亦寿考”墨〔图4-24〕，

[图4-24] 胡开文造大富贵亦寿考五色墨

为长方形，分朱、黄、蓝、绿、白五色，造型、纹饰和上面的字体都相同。这件套色墨以用天然朱砂、石青、石绿、石黄、雄精等不同的矿物原料配以胶精制而成的。

## 六　包装

除了墨本身外，墨的包装也独具匠心。从消费者的角度来看，墨品包装要求符合以下三个条件：是否方便使用、是否适合长途搬运、是否可以长久保存。不仅如此，盒的形制和大小还需要根据墨品的内容和流派而定。实践证明，有些早年间的集锦墨至今完好如初，墨香袭人，良好的包装功不可没〔图 4-25〕。之所以如此，是因为其设计综合了纸包装〔图 4-26〕，漆器、木器等多种工艺加工技术。尤其是一些高级集锦墨多采用造型精巧，便于保存和携带的楠木盒或黑漆描金匣，盒内分匣，匣内糊黄、白或蓝色绢绫，墨锭装入锦盒。可以说，墨包装的不断完善，为研究清代的多种工艺和徽州包装技巧提供了重要的实物资料。

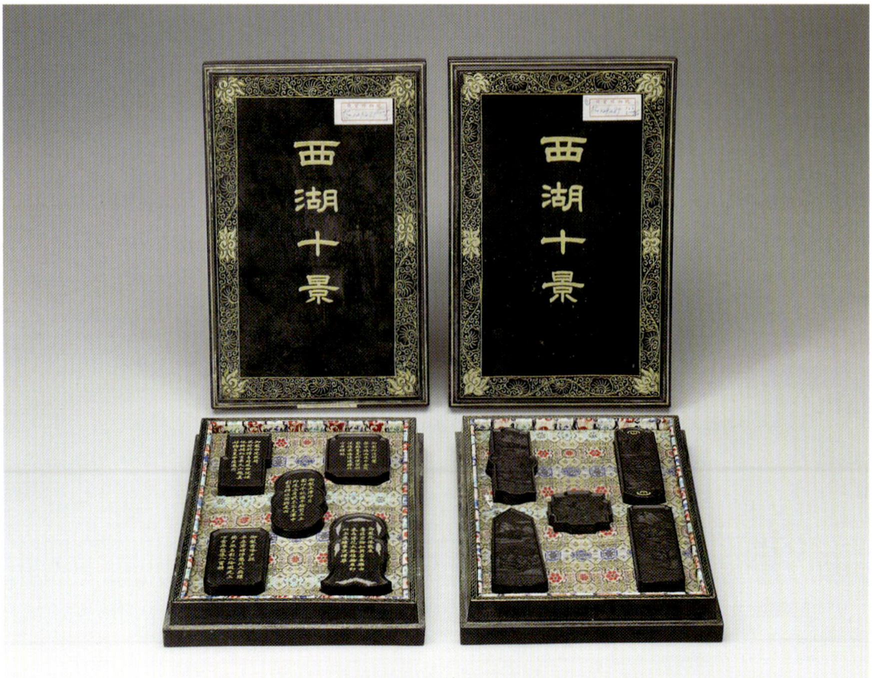


［图4-25］胡开文西湖十景诗墨

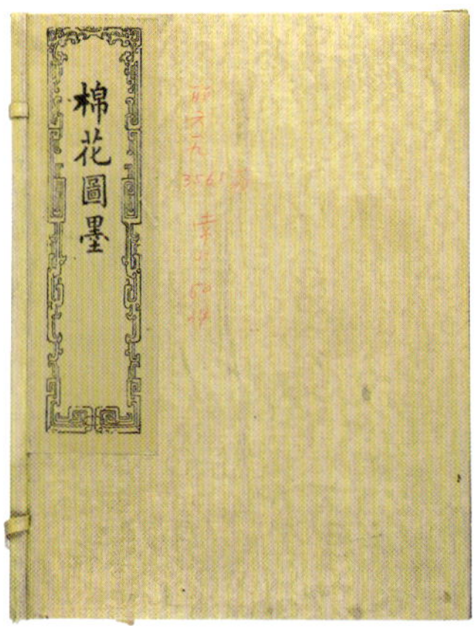


［图4-26-1］纸包装

［图4-26-2］纸包装

## 第二节　特点

### 一　具有浓郁的地方特色

1. 反映当地的人文、自然风貌

徽墨的装饰艺术是徽州民俗文化的载体，不仅与当地人的生产、生活形影相随。而且展现了当地的历史文化、世态人情、道德信仰和审美情操。徽墨上有不少以风景名胜和民生百态作为装饰题材的。如“民生在勤”墨，运用连环画形式表现了自给自足的封建社会形态下农民男耕女织的生产劳动过程。徽州山色之胜首推黄山，碧水之媚则无如新安江。胡开文的“黄山图”〔图 4-27〕和“新安大好山水”集锦墨〔图 4-28〕便是将徽州的山川风物、松柏飞鸟、田野人家等浓缩于墨上，给人清新、典雅的心理感受。

2. 徽州教育事业的发达

徽州历来重视教育，例如“青云路”集锦墨〔图 4-29〕，共 8 锭，每锭的背面多有一副图案，分别用两个字点明画意：“囊萤”、“刺股”、“邺架”、“负薪”、“鸡窗”、“映雪”、“焚香”、“挂角”。每个图案都是出自一个典故。

[图4-27] 胡开文制黄山图墨

［图4-28］胡开文制新安大好山水墨

例如“囊萤”说的是个读书人无钱买油点灯，以萤火虫囊之照明读书；“刺股”说的是苏秦读书欲睡，用锥子刺自己的大腿。8锭画面组成了“十年寒窗”的艰辛，以之告诫每个读书人：只有这样才能青云得路，走向美好的前程。

3. 当地特种手工艺事业的发达——墨模的制作

上好墨品的艺术表现力在相当程度上来源于墨模雕刻品质的表达。墨模也称墨印或墨范。“徽墨”制作工艺的技术关键便是在于墨模的制作。墨模雕刻属于特种工艺，制作难度极大。它的风格或工艺特征的演变恰恰与同期的漆、竹、木、牙器等各门类的雕刻保持着相同的流变方向。砖雕、石雕、木雕素被称为徽州民间雕刻工艺“三绝”。可以说，墨模的制作是“三绝”微型化、集中化的一个代表。

徽州的墨模刻工往往数代相承。他们在承袭祖辈技艺的同时，必须有坚实的书法、绘画功底和纯熟的运刀功力。另外，他们又在生产实践中不断创新和发展着自己的技艺。这是因为有些墨图直接选材于绘画作品。特别是画家们为了使自己的画作不致在刻工手中有损神韵，常将自己创作意图详细地

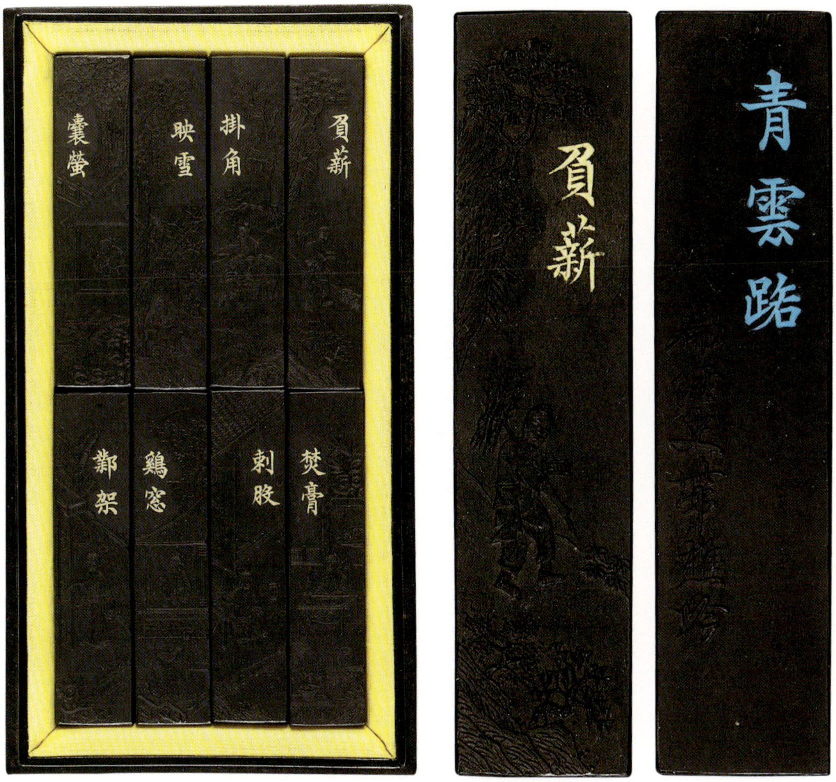


[图4-29] 胡开文监制青云路墨

解释给刻工们听。特别是那些神形必到之处，画家与刻工更是达到心灵交融的地步。刻工们因而能充分发挥浮雕的表现力，在忠于画稿的基础上，以刀具代笔，运用各种技巧，补助画作的不足与疏漏之笔。这种画家与刻工互为补充、相得益彰的合作精神，是徽墨创作中的闪光点。故此，我们谈论徽墨装饰设计时，既要看到它与徽州文化其他内容的相通、相融之处，又要看到它自身的特殊的技艺要求和非同平常的艺术功力。

## 二　儒家伦理的宣扬

以徽墨为代表的文房四宝本身就是中国儒家思想影响下出现的特色产品。人们把审美的情感与道德伦理融合在一起，集中于文具之上将枯燥的说理、教育化作艺术的启迪与引导。于是徽墨题材在选择中吸收了大量的历史故事、宗教信仰与神话传说。制作者善于运用“寓教于美”的形式给予雕刻艺术作品以“助人伦，成教化”，进而揭示了我国古代审美的伦理性本质。

### 三　文人的好恶

历史上，古代文人对徽墨的影响大大地促进了制墨工艺的改进和提高，同时文人学士在诗文书画方面的特殊爱好和孤傲个性，也在无形之中影响着制墨家们的志趣和爱好。因此，徽墨的图绘设计，处处都明显地反映出丰富的传统文化内涵和文人的闲情逸致。另外由于文人、画家影响甚至直接参与制墨的缘故，使得墨品设计借鉴了中国写意画和书法用笔，都能激发和利用人的想象力，给人们呈现出一幅具体、生动、多彩的物像神态。

## 第三节　结论

以胡开文为代表的清代晚期徽墨，相对来说不仅注重墨的质量，而且还极力讲究墨的外形。与清代前期的徽墨一样，清代晚期的胡墨仍作为具有更多社会属性的文化佳品，以一种文艺化、鉴赏化的方式反映和表达着儒家美学。在图纹题材上，写实风格的黄山、白岳、西湖十景等风景画式的装饰，常用常新；反映清廷治国策略的棉花图、耕织图题材经久不衰；双龙、双螭以及边框式的装饰纹，在当时继续普遍使用。在金石考据学的盛行之下，文人性趣所致，仿古题材的古泉墨、石鼓墨、汉瓦墨为一时之盛。这个时期雕刻墨模，则用刀浅平、娟细，极力表现纤丽、柔美的工艺特征。同时，清墨大多为小巧别致的造型，与灵秀精美的雕刻工艺相契合。

九洲清晏

三希堂

# 第四章　胡开文墨款识研究

## 第一节　引子

时至今日，学界对于胡开文墨业发展诸问题的研究成果已有不少，但是对于其具体产品乃至其款识的研究上却裹足不前。下面仅举三例为证：

［图5-1］屯镇胡开文造润州招隐山房书画之墨

### 一　时人对于胡开文家支的混淆

周绍良先生在《清墨谈丛》中提到：长期以来，“由于胡开文一向不把个人名字标在墨上，所以很少有人知道其世系”。这种情况即便是在清光绪年间即有混淆。例如“润州招隐山房书画之墨”〔图5-1〕的主人戴启文，字子开，丹徒人（今江苏镇江），祖籍徽州，清同治年间曾任乐清知县、温州知府。著有《招隐山房诗钞》十二卷。光绪甲午年（1894年）“作为旅外新安游子的后裔，戴启文藉赴徽州督查盐务之便，于公务余暇，格外留意与祖籍故里的风土民情。因此，他在徽州的宦游阅历，实际上也是一次特殊的寻根之旅”。在徽州，他自称“三十六峰过客”，与海阳的胡开文主人胡贞乾过从甚密，曾写下《止宿胡君健甫家赋赠》一诗：

主人世业工制墨，如服先畴食旧德。相承一百有余岁，肯播肯堂尽阙职。溯从墨派初归歙，罗氏传门造诣极。建元继起足超罗，后此宗风渐衰息。方今去古愈遥遥，苍璧元圭求不得。君家遗制信有真，知白仿妨受其黑。不胫而走半天下，遂令文房增宝饰。繄余偶过休阳城，与君相逢乍相识。殷殷下榻款陈蕃，净几明窗新拂拭。高斋信宿遂淹留，杯酒深淡忘晷刻。儒生事业旧家风，古道照人在颜色。羡君艺成德亦成，莫谓生涯仅货殖。

不过令人尴尬的是，戴启文虽然受到了海阳胡开文主人（胡健甫）的盛情

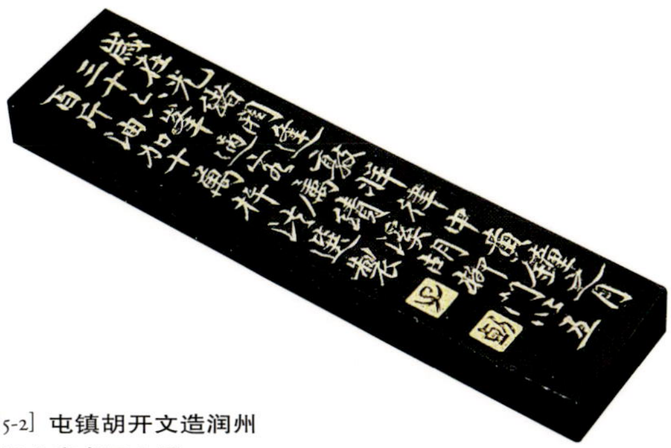

[图5-2] **屯镇胡开文造润州招隐山房书画之墨**

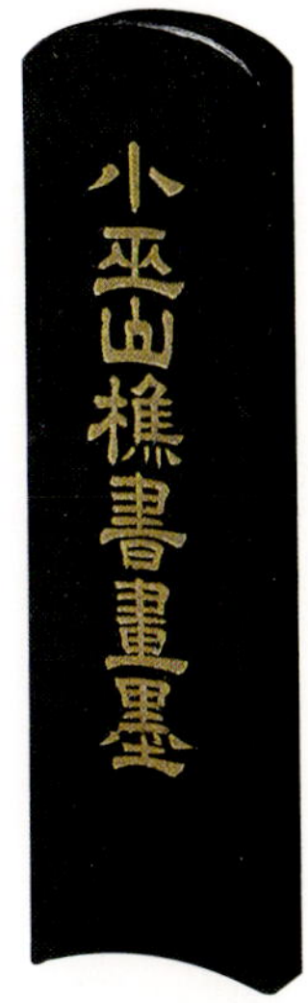


[图5-3] **胡开文制小巫山樵书画墨**

款待，却跑到屯溪胡开文主人胡柳门处订制墨品〔图 5-2〕。戴启文曾著《题自制招隐山房书画墨》诗：

> 久传墨派归徽歙，尚有专家继李罗。万杵元霜新捣出，一丸白日待消磨。笔床砚匣随身伴，画癖书痴细意摩。黄海来游添长物，不虚三十六峰过。

这种行为对于此时因为商业竞争而已经成为对手的海阳店与屯溪店而言却是一种难堪。

## 二　墨品订制者与店家之间的年龄悬殊

有胡开文制“小巫山樵书画墨”一锭〔图 5-3〕，收录于周绍良先生所著《蓄墨小言·孙蟠墨（一）》之中。“小巫山樵书画墨”的主人孙蟠本身便是乾隆年间著名的制墨爱好者。关于孙蟠：

> 安徽寿州人，乾隆年间制墨最多之人。据张子高先生统计，其所制墨，大约总近百种，可云盛矣！就我所经目者，大约有十多种，形式各异，造型亦佳。据《孙氏家谱》，孙蟠原名士撝，字十洲，号石洲，一号

小巫山樵。孙珩（字艮园）次子，贡生，候选知府。生雍正五年（1727 年）十一月初七日，卒嘉庆九年（1804 年）十一月十六日，年七十八岁，有《乐老堂百二寿印谱》。

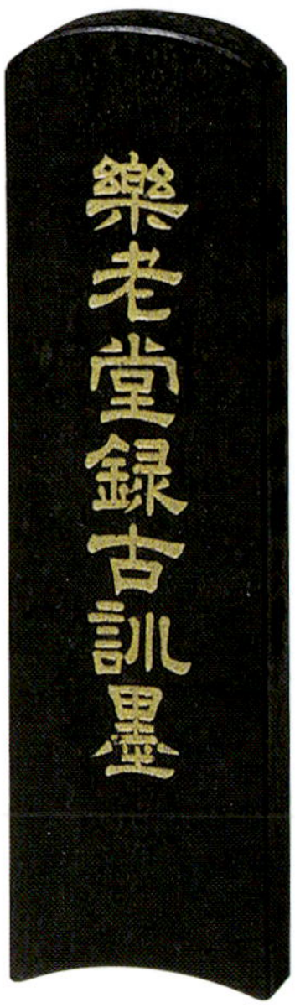

［图5-4］胡开文制
乐老堂录古训墨

据周文，“小巫山樵书画墨”乃丙寅年（1746 年）“徽州胡开文法制”，是年墨品主人孙蟠（石舟）20 岁。然而当我们参阅《上川明经胡氏宗谱》中的记载，问题就似乎显得特别严重了：

天注公，元首公派……生于乾隆壬戌年（1742 年）六月二十七日未时……始创开文墨业。

显而易见，丙寅年（1746 年）的制墨主人“胡开文”仅仅 4 岁。20 岁的客人向 4 岁的店家订制墨品，实乃笑谈。又《文房四宝 · 笔墨》中所录的“胡开文小巫山樵书画墨”与周文所述墨品的形态特点几乎完全相同，唯一差异只有题款的不同，即墨侧款为“徽州休城胡开文制”。另有胡开文制“乐老堂录古训”墨〔图 5-4〕，其墨侧款为“徽州休城胡开文制”。综上所述，署有“徽州胡开文法制”、“徽州休城胡开文制”的所谓“胡开文”是否真正为生活在乾隆年间的名士孙蟠制作过墨品，值得怀疑。

两者比较，孙蟠比胡开文的创始人胡天注大 15 岁，他既不可能，也无必要请求胡天注为其制墨。周绍良先生也承认，孙蟠“所制墨虽多，但具有纪元干支者甚少”，至于具有“徽州胡开文法制”款识的“小巫山樵书画墨”，也只是其“见到孙蟠墨唯一有制墨家款识墨”。

### 三　周绍良先生的困惑

周绍良先生谈到：仅以其个人收藏而言，胡开文墨的署款在同治六年（1867 年）一年中便有 7 种之多。由于其形制和内容极其繁多，且又几乎同时存在于相对较短的同治、光绪一段时期之内。因此周先生自己也颇感困惑：

“据箧中所有胡氏诸墨，颇有一怪异现象，即同一年中，所制墨上之署款，乃各不相同，殊不解其故。”

以上实例从另外一个方面彰显了揭开胡开文墨及其款识不解之谜的必要性和紧迫性。值得庆幸的是，胡毓骅先生曾在《清代徽墨大家胡开文墨题款探源》中对胡开文墨的署款问题进行了一些尝试性研究，但是在某些方面仍有深入探讨的余地。

## 第二节　胡开文款识研究

款识又称铭文，俗称落款、题字、题款等。本意是指古代钟鼎彝器上铸刻的文字。《汉书 · 郊祀志》载："……鼎细小，又有款识。"颜师古注曰："款，刻也;识，记也。"后引申为瓷器、书画、工艺类等文物上的题铭文字，往往涉及订制者、收藏者、监制者、制作者的姓名、创作时间、创作地点、籍贯、作坊名号等。从现有文献资料看，我国古墨的款识最早现于唐代。后经上千年的演变，至明清时期，其款识内容已经发展完备，形式也多种多样。徽墨款识既是我们今天研究确定墨产地及其制作年代的依据，同时也对我们了解不同历史时期墨的生产、经营和管理等相关制度具有重要的参考价值。

### 一　款识分类

总体看来，胡开文墨的款识按照内容大致可分为店名款、室名款、地名款、人名款、选料款、制法款、纪事款、印章款、吉言款、职官款、纪年款、家族分支款、其他款以及寄托款等。在实物中既有每类单独出现，又不乏组合出现的例子。落款的位置多在墨品的正、反、侧面及顶部等处。其字体以楷书居多，兼有隶书、篆书等。字数少则二三字，多则数十字。

#### （一）店名款

所谓店名款，是指店家只署自己名号的款识，省略一切繁文俗语，即“胡开文”店名本身。署款位置多在抢眼处。归如此类的还有店家在署名之后附以简短的文字，如“仿制”、“监制”、“虔制”、“精制”等，以说明其作品的内容属性。具体内容有“胡开文造”、“胡开文制”、“胡开文铭”〔图 5-5〕、“胡开文监造”、“胡开文监制”、“胡开文精造”、“胡开文精选”、“胡开文选烟”、

［图5-5］ **“胡开文铭”**

［图5-6］ **“胡开文虔制”**

“胡开文选烟制”、“胡开文选料”、“胡开文仿古”、“胡开文仿古制”、“胡开文精制”、“胡开文虔制”〔图 5-6〕等。另有民国时期的“胡开文老墨厂”以及“胡开文墨局”等特例出现。这种方式一般都有多种考虑：一是墨面图画设计较满，题字多会影响整体效果；二是店家尚未成名，此时并无类似其他店家对其作品加以仿制；另外还有胡开文别支后裔以此掩盖制墨技术欠佳，混淆视听的目的。由于胡开文是中国历史上规模最大且分布最广的徽州制墨商号，后世仿冒情况严重，故而单单从“胡开文”这一店名上来获取相应信息较为困难。

### （二）室名款

室名款又称为堂名款、斋名款、斋堂款等。大凡制墨家，除了有自己的招牌店号外，均有其特制的钤于墨品之上的标记。“苍珮室”是胡开文休城店历代传人沿用最长久的室名。传说此名本为胡天注的岳父“汪启茂”墨店的老板所有，胡天注后来得以继承，并作为海阳胡开文墨店的专属。它的使用在实际上起到了广告商标的作用。一般说来，带有这类款识的墨品都是精巧的订制墨品。

海阳胡开文墨店的墨品上常见有“苍珮室”、“苍珮室制”、“苍珮室造”、“苍珮室题”、“苍珮室仿古”、“苍珮室主人选烟”、“苍珮室主人制”、“苍珮室主人仿古”、“胡氏苍珮室”、“海阳苍珮室选烟”、“徽州胡氏苍珮室监制”、“海阳胡氏苍珮室选制”、“新安苍珮室选”、“苍珮室主人集古法制”等。而以“苍珮室”为名的印章款，多出现在墨品的正、背面。从目前所见同治以前胡开

〔图5-7〕“苍珮室造”

〔图5-8〕“苍珮室珍藏”

〔图5-9〕“苍珮室主人制”

文墨上，“苍珮室”的使用频率较高，而“胡开文”名号却较为少见。如童濂“瓶花书屋”墨的侧款为“苍珮室”。又吴坤修“讲信修睦”墨的侧款为“海阳苍珮室选烟”。

由于经济利益的驱使，胡天注的子孙曾一直为其他各房能否用“胡开文”及“苍珮室”字号起桌做墨之事争执不休。同治初年，胡天注各系房会议曾特别议定：“苍珮室”为海阳胡开文墨店所专有，其他房支不得使用，或者只能使用“苍佩室”。但某些材料表明，此规似乎并未得到切实遵守（以屯溪一支尤甚）。不过“苍珮室”依然是光绪年间海阳胡开文所制文人墨中最常见的款识。例如“长洲彭氏”订制“天涯过客”墨与“好事多磨”墨题为“光绪二十有八年（1902 年）十月天涯过客属（嘱）苍珮室主人选烟”。再谭献“湖桥乡思”墨侧款为“故乡新友劳相忆旧作隃麋当尺鳞，光绪戊寅仲仪所贻苍珮室制”。又“苍珮室造”〔图 5-7〕、“苍珮室珍藏”〔图 5-8〕、“苍珮室主人制”〔图 5-9〕等。

### （三）地名款

所谓地名款，本文特指历代胡开文制墨家族各支开设店铺之商号款与徽州府县大小地名的不同组合。胡开文墨中常见的地名款有徽州、新安、休宁、海阳（休城）、屯溪（屯镇）、歙县（邑）、徽城等。总体说来，这几个地名本指同一地区。传统意义的徽州是指“一府六邑”，包括绩溪、歙、休宁、黟、祁门和婺源六县。秦代以前，徽州地区分属吴、楚各国。晋太康元

［图5-10］“新安胡开文造”

［图5-11］“徽州胡开文造”

［图5-12］“徽州屯镇老胡开文造”

年(280年)被改为新安郡。唐武德四年(621年)改新安郡为歙州，宋宣和三年(1121年)改歙州为徽州（治歙县，又称徽城）。至于休宁（海阳）、歙县等则是徽州府之下的诸县，皆以制墨闻名于世。自“歙州”改“徽州”以来，八百余年间徽州府虽经若干政权更迭，但其辖境基本不变。其间，徽州一系列学术流派和著名文化品牌不断崛起。故而徽州并不仅仅指代一个地理名词，更是一种具有地方特色文化概念的历史认同和社会认同。在清代徽墨中，常见具有地名款的徽墨大都把“徽州+县名”这一府县地名组合放在店名之前，从而形成如：地名+店名，地名+店名+制(造)，地名+店名+选材，地名+店名+制法，地名+店名+选材+制法等。如“新安胡开文造”〔图5-10〕、“新安胡开文制”、“歙州胡开文造”、“徽州胡开文造”〔图5-11〕、“徽州胡开文制”、“徽州胡开文易水法制”、“休宁胡开文法制”、“休宁胡开文造”、“休宁胡开文监制”、“休城胡开文按十万杵法制”、“休城胡开文造”、“休城胡开文制”、“休城胡开文法制”、“屯镇老胡开文监制”、“屯溪胡开文易水法造”、“海阳胡开文监造”、“海阳胡开文制”、“徽州休城胡开文监造”、“徽州休城胡开文造”、“徽州休城胡开文制”、“徽州屯镇老胡开文造”〔图5-12〕、“徽州屯镇老胡开文制”、“徽州休宁胡开文按易水法制”、“徽州歙邑胡开文按易水法制”、“徽州绩溪上庄胡开文制”、“休邑胡开文造”等数十种变化，不一而足。

### （四）人名款

人名款是指在墨品上所署的作坊主、墨工、订制者、被馈赠者等的姓名或字号。人名款是研究古代社会制度、生产关系及人际交往等的珍贵资料。在某些胡开文墨的款识中，除具体的监制者、设计者的信息外，还反映了若干胡开文传人的传承情况。就故宫博物院藏品而言，曾有如下几种：

1. 胡开文传人款

关于此方面内容，请见前文。

2. 订制者款

这类款识在胡开文墨中为数众多，在周绍良先生的《清代名墨谈丛》、《蓄墨小言》、《清墨谈丛》乃至尹润生先生的《墨苑鉴藏录》中，多有关于订制者的生平考释〔图 5-13〕。这些订制者多涉及晚清政界、军界、商界、文艺界等各阶层。关于此方面内容，请见后文详述。

### （五）选料款

选料款是制墨者标明其作品墨质来源优良的款识。胡开文墨中的选料款多为顶款，同时也有侧款存在。目前所见款识有“顶烟”〔图 5-14〕、“选烟”〔图 5-15〕、“贡硃”〔图 5-16〕、“清烟”、“五石顶烟”〔图 5-17〕、“五石清烟”〔图 5-18〕、“超顶烟”、“纯漆贡烟”、“极品贡烟”、“精选清烟”等。除此之外，还有在某些墨品的铭文中特别注明了烟料的成分和来源，以此显示墨品来源的正宗。此类款识同样以“地名＋店名＋选烟”的组合存在。如：“徽州胡开文精选松烟”、“徽州胡开文选烟”〔图 5-19〕、“徽州胡开文五石选烟”、“徽州休城胡开文选烟”、“徽州胡开文精选松烟”、“徽州胡开文用轻胶远烟净香和剂”、“休城胡开文选烟”、“胡开文选烟”、“胡开文选料”、“胡开文

〔图5-13〕胡开文精造十年如石一点如漆墨

〔图5-14〕“顶烟”

〔图5-15〕“选烟”

〔图5-16〕“贡硃”

〔图5-17〕“五石顶烟”

〔图5-18〕“五石清烟”

［图5-19］“徽州胡开文选烟”

［图5-20］“订制”款

精选”、“胡开文仿古选烟”、“开文主人选烟”等。

更有甚者，店家对于墨料的说明不厌其烦，他们还要在已经注明“选材”款的基础上加上了“制法”款，以示其制法完全遵循古法，以便在市场销售中更胜一筹。诸如此类的有“徽州休城胡开文选烟按十万杵法制”等。

### （六）纪事款

这类墨的铭文与约定俗成的有固定形式的规矩款识有别，但应视为一种有情节的“记事铭文”，用以表明订制者自己与他人的友情、个人历程、明志抒怀等，是研究文人墨制作缘由的重要资料。由于订制者可以将时间、订制者、地名、制作原因等杂题于一起，故亦可称之为“订制”款〔图 5-20〕。它虽然随意性较大，形式多样，但是在实物中并不少见。其内容的基本组成部分如下：

1. “时间 + 订制者 + ‘属（嘱）’ + 地名 + 店名 + 制造”

如“同治戊辰（1868 年）师竹室主人属新安胡开文制”；“同治戊辰（1868 年）仲春月属新安胡开文精制”；“同治甲戌（1874 年）属徽州老胡开文精制”；

2. “时间 + 订制者 + ‘属（嘱）’ + 地名 + 店名 + 选材 + 制法”

如“咸丰八年（1858年）胡氏小吾从军斋安属胡开文精制”；“同治壬申（1872年）冬月秋芳属开文主人制”；“同治十二年（1873年）夏默成摹式寄新安胡开文制墨”；“光绪丙子（1876年）春原属开文选隃麋清烟按十万杵法制”等。

3. “时间＋地名＋‘属（嘱）’＋店名＋选烟”

如“光绪甲午（1894年）秋属休城胡开文选顶上烟膏”；“中华民国二十二年（1933年）岁次癸酉合肥方慎庵属休城胡开文制”〔图5-21〕。

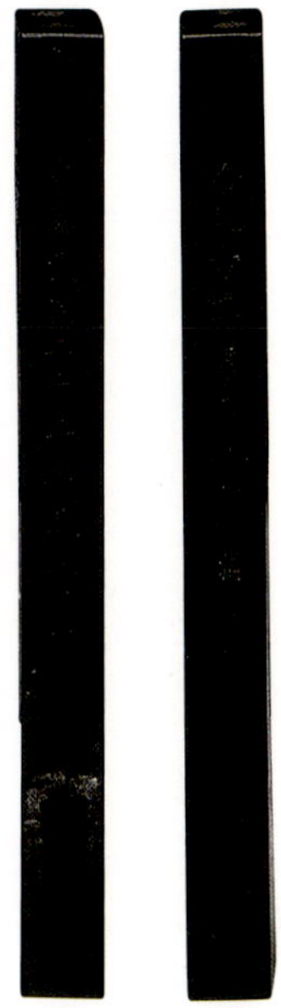

[图5-21] 合肥方慎庵属休城胡开文制意云室藏烟墨

4. “时间＋籍贯＋订制者＋经历＋地名＋（制法）”

如“同治六年（1867年）嘉平月金陵善甫氏制于海阳官廨”；“同治戊辰（1868年）冬仲熊氏韵臣制于新安传舍”；“光绪三年岁在丁丑（1877年）作吏皖江仿易水法造”；“光绪丙子（1876年）长白颜札氏制于皖江官廨”〔图5-22〕。

[图5-22] 休城胡开文造清华朗润墨

## （七）印章款

这种款识的出现与当时文人书画和篆刻学的兴盛不无关系。印款是直接将印章按照既定文字与图案镌刻在墨模之上，以图章印记的形式标明制墨者或订制者、监制者身份的款识。由于墨模制造技术的发展，清代墨品皆由墨模一次压制而成。那种盛行于明初，在未干墨品上直接用刀刻或加盖印章署款的做法既不经济，又影响艺术表现力。印章与墨模的结合，使得墨模可以不断地重复使用，适应了大批量生产的需要，同时也避免了历代胡开文传人因不同历史条件使得胡开文墨业品质发生异变。

胡开文墨的印章款大致用于三种场合：

其一，用于无时间，或有意模糊时间的高档墨品之上。多为方形文字印章，其内容为“胡氏开文”，“胡

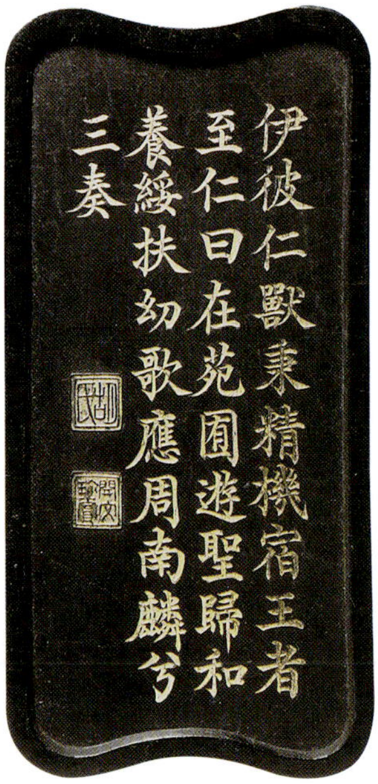


[图5-23] **“胡氏”**

氏”〔图 5-23〕、“开文”、“开文珍藏”、“胡开文制”、“苍珮室”等，有些还与“珍藏”、“珍赏”连用。含有以上内容的墨品符合中国传统书画艺术的基本原则，是一种由诗、书、画、印组成的微缩型的版画作品，属于文房市场上的高级集锦墨。

其二，用于墨品的外包装之上。多见于光绪年间的“贡墨”外包装的锦套上。有些胡开文贡墨在墨品本身上没有署款，因而这些印章款是了解“贡墨”来源的主要依据。这种印款的内容多为“胡氏开文”、“选烟法制”〔图 5-24〕等。

其三，用于具有广告说明目的的“访

[图5-24] **“选烟法制”**

单（墨票）”之上。这是一类图文相结合的印章，多为红色椭圆形。基本形式为两螭相抱，中有篆文“开文仿古”四字〔图 5-25〕。

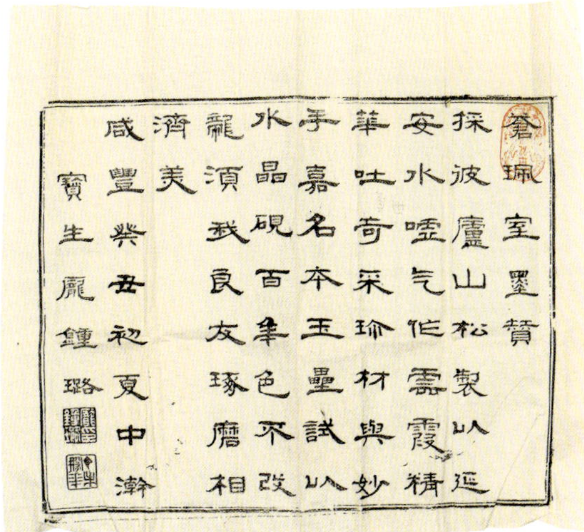

蒼珮室墨贊

採波廬山松製以延

安水嘘气化雲霞精

華吐奇采珍材與妙

手嘉名本玉墨試以

水晶硯百年色不改

龍須我良友琢磨相

濟美

咸豐癸丑初夏中澣

寶生寵鍾璐

[图5-25]　“开文仿古”

### （八）吉语款

吉语款又称“吉言款”、“赞颂款”。指在墨品上刻、印或书写的具有祈求幸福、吉祥或赞美器物本身含义的词句或短语。其落款位置多变，类似于书画款识。按照类别，可以分为以下几类：

其一，诗词歌赋：为配合装饰设计，制墨者、订制者常利用古人的诗词歌赋作为一种装饰内容。让人既可欣赏诗文内容，又可欣赏书法艺术。例如“且向百花头上开”〔图 5-26〕；“江南无所有，聊赠一枝春”；“鸾笺象管写新声”；“轻胶万捣元霜”或“一品元霜”等。

其二，对友人以及墨质的赞颂：如“子墨客卿”；“玉屑珠英”；“黄海松心”〔图 5-27〕；“不可一日无此君”；“品如金石，气若芝兰”；“天涯何处觅知音”等。

[图5-26]　胡开文监造鉴水斋珍藏墨

其三，祈求长寿富贵：“海屋添筹”；“金壶仙液”〔图 5-28〕；“大富贵亦寿考”等。

其四，人生哲理与个人操守：“人磨墨墨磨人”〔图 5-29〕；“知白守黑，知雌守雄”；“质直行端”；“几生修得到梅花”等。

这类款识通常与具有美好寓意之物的纹饰同时出现，如文物博古、古鼎熏炉、琴棋书画、银锭双钱、蝙蝠云头等。它们的出现使得以墨更具美感。

[图5-27] 胡开文选烟黄海松心墨

### （九）职官款

职官款是在胡开文墨中体现清末政府官员官称及个人名号的款识，一般见于光绪历年“棉花图”贡墨之上。职官款在贡墨实物上表现为以下形式：官名+“臣”（“奴才”）人名+“恭进”。例如“安徽巡抚沈秉成恭进”等。类似的还有王之春、福润、聂缉椝以及冯煦所进“棉花图”墨等。有的贡墨不用“进”字，而使用“呈”字。有些贡墨的款识中加入了“臣”或“奴才”字样〔图 5-30〕。

[图5-28] 胡开文选烟金壶仙液墨

### （十）制法款

某些胡开文墨的款识中标明了制墨者是运用古法制成的，借此表示其墨品的正宗。所谓古法，乃徽墨诸墨家遵循南唐易水人李廷珪所创“易水法”制作徽墨的方法。有实验证明：对墨坯进行捶打的次数越多，烟灰与胶剂之间进行重新组合的几率越大，墨品物理性质会发生新的改变，这是决定墨品保存时间长短的关键所在之一。例如“胡开文仿古”〔图 5-31〕、“胡开文仿古制”、“胡开文按十万杵法制”、“胡开文监制按十万杵法”、“胡开文制十万杵”、“徽州胡开文按十万杵法”〔图 5-32〕、“徽州胡开文按易水法制”、“徽州休城胡开文按易水法制”、“徽州老胡开文按易水法十万杵法制”、“安徽休城胡开文按易水法制”、“休城胡开文按易水法制”、“徽州休城胡开文法制”〔图 5-33〕等。

### （十一）纪年款

纪年款是明清以来最常见的一种墨品款识。纪年款可分为三种：一是年号款，即以帝王年号为纪年的款识，又称朝代款。基本为朝代加君主年号，通常为六字，如“大清乾隆年制”等。一种是缺少朝代，只有时君年号的“乾隆年制”、“嘉庆年制”等。“麒麟仁兽”墨的款识为“乾隆年制”〔图 5-34〕,“御园图”墨的侧款为“嘉庆年制”〔图 5-35〕。二是干支款，即

[图5-29] 胡开文造人磨墨墨磨人墨
（安徽博物院藏）

[图5-30] “安徽巡抚奴才裕禄恭进”万年红墨

[图5-31] “胡开文仿古”

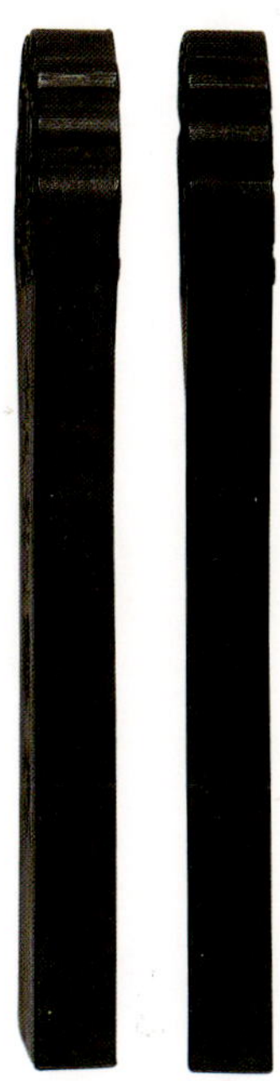

[图5-32] “徽州胡开文按十万杵法”

[图5-33] “徽州休城胡开文法制”

[图5-34]　**“乾隆年制”**

[图5-35]　**“嘉庆年制”**

以传统的干支纪年来记录制作徽墨的时间，如安徽博物院藏有一锭人形墨，其款识为:“乙酉首夏肖琴甫倩（请）胡开文造。”〔图5-36〕三是纪年干支款。这种款识将年号与干支放在一起用以记录制墨时间。如“道光丁未”、“咸丰壬子”、“同治戊辰”、“光绪甲午”、“中华民国元年”〔图5-37〕等。一般来讲，具有“乾隆”、“嘉庆”等字样年号款的胡开文墨较为少见。多为胡天注后人在同治、光绪年间的仿冒。故而此类年号款应该视为在瓷器鉴定中所遇到的仿写款或寄托款。一般来说，瓷器仿写款的出现与人们的好古之心有关。而徽墨上仿写款的频现常与胡开文各家支店面的经济效益挂钩，进而给后人鉴别胡开文墨品的正确年代带来极大困难。

[图5-36]　**胡开文造人磨墨墨磨人墨**
（安徽博物院藏）

[图5-37]　**“中华民国元年”**

### （十二）家族分支款

家族分支款的出现与胡开文家族的不断发展扩大有关。同治初年的胡开文家族会议曾经对胡天注的遗训做出重大修改，即：胡天注各房支皆可以“胡开文”名号起桌制墨，但是需在“胡开文”之后加“╳记”或“╳╳氏”，以便相互区分，各负其责。

1. “胡开文╳记”

据目前各地档案馆所藏胡开文档案显示，仅在20世纪50年代“公私合营”之前，在上海笔墨业中具有“胡开文”名号的笔墨店便有17家。类似情况可见于当时长江、运河沿岸多地城市。而在故宫博物院藏品中则有永记、正记、成记、义记、立记、贞记、镜记等。例如：

胡开文成记：“新安胡开文成记按易水法制”、“徽州胡开文成记法制顶烟”、“徽州胡开文成记制”、“新安胡开文成记按易水法制”。

胡开文永记：“徽州胡开文永记法制”、“徽州胡开文永记监制”。

胡开文贞记：“徽州胡开文贞记造”。

胡开文立记：“徽州胡开文立记造”〔图5-38〕。

胡开文镜记：“徽州胡开文镜记监制”

胡开文义记：“徽州胡开文义记制”。

胡开文正记：“徽州胡开文正记”、“胡开文正记法制”。

2. “胡开文╳╳氏”

据统计，故宫博物院所藏具有“胡开文╳╳氏”款识的墨品，分别有“复始氏”、“广一氏”、“汉文氏”、“郁文氏”、“梁臣氏”、“鉴臣氏”〔图5-39〕、“广户氏”、“广尹氏”、“云华氏”、“守元氏”、“仁山氏”〔图5-40〕等。其中后几家又与“胡开文╳记”出于同一墨上。

除此之外，还有胡开文广户氏，其款识有“徽州老胡开文广户氏制”、“徽州老胡开文广户氏加工制”、“徽州老胡开文广户氏造”、“徽州老胡开文广户氏制”、“老胡开文广户氏自造”等〔图5-41〕。

[图5-38] **“徽州胡开文立记造”**

〔图5-39〕 **“鉴臣氏”**

〔图5-40〕 **“仁山氏”**

〔图5-41〕 **“广户氏”**

### （十三）其他

除以上款识外，还有一些不能归入以上款识的特殊标识，这类款识为数不少，皆统称为其他特殊类款。其中最典型的有两类：

其一，器名款

此类款识多用于仿生墨之上，现存仿生墨流行于明末。当时文人阶层更加注重墨的外表，形制不再拘泥于方便使用。这一类墨对制作工艺的要求相对为高，多为鉴藏赏玩与铭志抒怀之用。如植物花卉墨、琴式墨〔图5-42〕、货币墨、腰牌墨、铁权墨等。

其二，英文款

随着时代的发展和国人眼界的开阔，胡开文墨中出现了英文款铭文。如安徽博物院所藏“地球墨”周边的中英之铭文有“中国休宁老胡开文造”以及“A MEMORIAL FOR BANAMA EXHIBITION U.S.A 1915 MANUFACTURED BY HU KA WEN THE FIRST ESTABLISHED FACTORY HSIU-NIN ANHUI CHINA”的字样。

## 二　特点

款识的意义也像它的艺术处理一样，从标记年代、人名、堂名、产地、作者、赞颂内容等开始变得更加富有内涵，有时甚至是除了制作者以外别人所无法领悟的内容。

### （一）胡开文墨的侧款标注具有一定的规律

胡开文墨款识的核心为“胡开文”三字。在此基础上，胡开文各家支创造了数十种款识排列方式以示区别，并对各自产品各分其责。其一般规律为：在店名之前加地名，在店名之后加制法或选材。其中后者可以无限延长。

其一："地名 + 店名 + 制造"

"徽州胡开文造"，"徽州胡开文制"，"徽州胡开文监制"，"徽州胡开文监造"，"徽州胡开文监制"，"徽州老胡开文制"，"徽州老胡开文监制"；"新安胡开文造"，"新安胡开文制"，"新安胡开文监制"；"歙州胡开文造"；"徽州休城胡开文造"，"徽州休城胡开文制"，"徽州休城胡开文监造"，"徽州休城胡开文监制"，"徽州休宁胡开文造"；"徽州屯镇老胡开文造"〔图 5-43〕，"徽州屯镇老胡开文制"，"徽州屯镇胡开文监制"，"徽州屯镇起首老胡开文监制"，"徽州屯镇起首老胡开文制"，"徽州屯镇胡开文制"，"屯镇老胡开文监制"，"屯镇胡开文制" 等。

其二："地名 + 店名 + 制法"

"徽州胡开文氏仿古法监制"、"徽州胡开文易水法制"、"徽州胡开文按易水法制"、"徽州胡开文仿古法制"、"徽州胡开文法制"、"徽州胡开文按十万杵法"、"新安胡开文仿古制"、"新安胡开文仿古法造"、"新安胡开文仿古法制"、"新安胡开文仿南唐李廷珪氏法造"、"新安胡开文按十万杵法"、"新安胡开文法制"、"新安胡开文按十万杵法"、"新安胡开文按十万杵法造"、"徽州休城胡开文遵易水法造"、"徽州休宁胡开文按易水法制"、"徽州休城胡开文法制"、"徽州歙邑胡开文按易水法制"、"休城胡开文按十万杵法制"、"休城胡开文制"〔图 5-44〕、"休城胡开文按易水法制"、"休城胡开文法制"、"休宁胡开文按易水法制"、"休宁胡开文法制"、"屯溪胡开文易水法

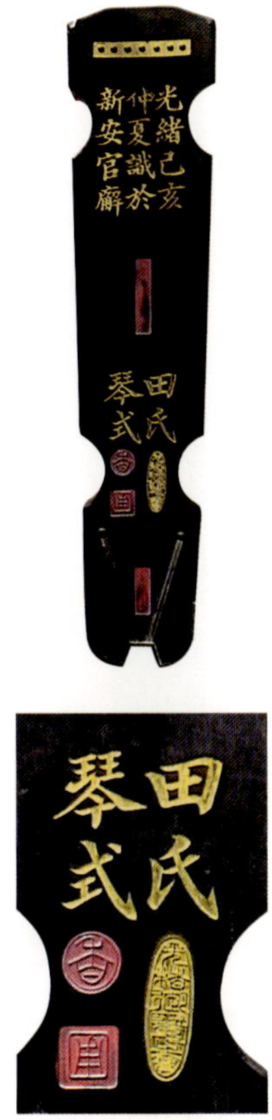


[图5-42] 琴式墨

[图5-43] "徽州屯镇老胡开文造"

另有大量署有“休宁”字样的胡墨存世，如“休宁胡开文造”、“休宁胡开文监制”以及“休宁老胡开文制”等。此款的出现与胡开文在徽州本地的兴起有关，曾起到与歙县、婺源等地其他墨号相区分的目的。有人认为胡开文将墨品上的“休宁”改为“休城”字样的原因，是避道光皇帝的“宁”字讳。然在事实上，早在乾、嘉年间，胡天注、胡余德分别在其分家“阄书”中便提到“休城”二字，唯一的解释便是休宁县城海阳镇早在乾嘉年间便有着“休城”的俗称。

（2）“上庄”

留在胡天注老家绩溪上庄的某些后人早年间都曾在家乡制墨，并以“胡开文”款识做墨到周边城镇贩卖，在故宫博物院胡开文墨藏品中，有些墨品带有“上庄”的款识。例如“青云路”墨一面“徽州胡开文制”，有“上庄”印一。又“雨亭清赏”墨，一面“胡开文制”，钤“上庄”印一。再“有余闲馆”墨侧款为“徽州绩溪上庄胡开文制”。

（3）“老”

在故宫博物院藏品中，有相当一部分胡开文的款识中皆有“老”字出现。如“老胡开文制”、“徽州老胡开文制”〔图 5-46〕、“徽州老胡开文监制”、“徽州屯镇老胡开文监制”、“徽州屯镇老胡开文造”、“徽州屯镇老胡开文制”、“徽州老胡开文广户氏制”、“徽州老胡开文广户氏造”、“休城胡开文老店监制”、“徽州休城老胡开文制”、“屯镇老胡开文监制”等。同一种行业中，某种产品首创名牌后，同行中就会有冒用名牌商标的现象出现。为避免损失，有的胡开文墨店就开始在自己的墨品上冠以“老”字以标榜真正的名牌。目前虽未得知“老胡开文”究竟始于何时，但是从屯溪胡开文墨店之主“佩五（即胡锡环，名云衢，号佩五）”者所制的一张“墨票”来看，至少在胡开文第三代“锡”字辈时期，已经出现了“老”字之争，其最初用意是为了胡开文第一店的归属问题，并与休城店专属的“苍珮室”钤记相抗衡。故而在目前所见屯溪胡开文墨店所制墨品中大多有“老胡开文”的字样。随着时间的推移，休、屯两店的竞争愈发激烈，其他家支也纷纷加入这场纷争，因而众多墨店在“胡开文”之前加上“老”字的现象不断出现。在“胡开文”前加“老”字已经泛滥的情况下，有人又在“老”字之前再加上“起首”二字，因而出现了“徽州屯镇起首老胡开文制”的款识。如故宫博物院现藏有“渊云墨妙”墨的侧款为“徽州屯镇起首老胡开文监制”字样。

（三）作伪

在徽墨中专门的寄托款在实物中多不明显，形成的原因也更加复杂。

目前最常见的是胡开文后代伪托前代的地名加斋名款。自同治年以来，伪托款屡有所见，并有愈演愈烈之势。伪托或寄托铭款的大量出现，给收藏和鉴别胡开文墨的真假带来麻烦。当然，一些小墨店墨上的伪托款字体潦草不规范，较易识别，而一些大墨店的制品，不仅从器型、工艺、纹饰，而且铭款皆惟妙惟肖，就很难辨识。

[图5-46] “徽州老胡开文制”

总体而言，胡开文墨的仿写款所涉及的年代并不久远，其上限皆从胡天注创办胡开文墨业的乾隆年间起。后代墨店署前代名人或者先祖名款，既体现了后裔对祖先的追思，亦是证明其墨店历史悠久且为胡开文嫡传的广告。

（四）具有广告商标的作用

胡开文墨款识在清末民初起到了类似广告商标的作用，在某种程度上表述了产品自身特征，显示了产品所适应的消费群体。其中尤其以地名款和制法、选料款的个性特征则更加鲜明，这些我们看似无章法的随意性组合，在当时则极可能是用来作为不同墨店产品间相互区别的标志。

胡开文各支店生产力之间的相差是非常悬殊的，根源在于其各自是否有独立的原料产地和属于自有产权的店铺。我们可将墨店分为大型作坊（属于胡天注血缘的五大支系）和中小型作坊（其中包括某些非胡天注血缘的外姓）。大型墨店书写工整、绘制精细的款识满足了上层人士喜好风雅的审美需求，而中小型墨店自由率意的款识风格则贴近于普通民众审美习尚。在品牌效应的激励下，胡开文墨业在清末民初已经在全国民众之中树立了相当稳定的品牌意识。

（五）反映清代官员的任免情况

周绍良先生曾回忆：有光绪三十年（1904年）甲辰十二月、歙县县令颁谕者，令“休城胡开文”制作贡墨。由此可知，地方官员利用胡开文墨作为

〔图5-47〕“两淮贡墨”

“例贡”已经成为惯例。而目前在故宫博物院保留的历年光绪贡墨中，留下了大量关于光绪朝苏州织造、江南织造乃至安徽巡抚等历任地方官员的信息〔图 5-47〕。仅安徽巡抚一职，我们便可以结合《清史稿 · 疆臣年表八》，从胡开文贡墨实物中了解到光绪年间裕禄、陈彝、沈秉成、福润、邓华熙、王之春、聂缉槼、诚勋、恩铭、冯煦、朱家宝等历任官员的任免情况。这对于晚清地方史志的研究及清末官员的调动提供了另外一个途径。

## 三　结语

胡开文招牌在清末民初时期的数量之多，分支之广，在全国来说，是独一无二的。反映在文人墨品上，由于其多出订制者或购置人之手，故而这种款识不妨统称为购置款。其总的发展演变规律大体可归纳为以下几个特点：创业时期，其墨品所署款识字数较少，且多为简单的名姓，甚至还需要借助别家的名号来借势扩大影响。至其事业初兴时期，墨品款识内容增多，诸如制作时间、制作地点、店名、工序等皆有出现。制墨家族分裂后，分属不同家支的墨品标记便在墨品的款识上大量显现——周绍良先生所困惑的同一年之中有多种款识的现象不断出现，即反映了当时胡开文墨业的分裂与兴盛。至 19 世纪末至 20 世纪初，胡开文墨的多字长款增多，多用标明墨品的制作方法“循古例”，以示正宗。从这些款识特点的演变，可见胡开文徽墨的发展由低级到成熟、由简单到复杂、由独家经营到各家支独立遍布长江中下游地区的基本特点和发展脉络。

乾隆时期的文化繁荣开启了中国制墨业的又一个黄金时代，这必然导致市场竞争的加剧。胡开文创始人胡天注朦胧的品牌意识在无意之中实现了其墨业的长盛不衰。而以后道光十四年以及同治初年的胡开文家族会议关于品牌的几道“禁令”则在无形中成为了胡开文款识发展的催化剂，进而我们可以想见胡开文墨业的兴盛，这种做法也从另外一个侧面彰显了清末商品经济的发展以及徽州宗法制度的衰亡。

## 第三节 “制”、“造”辨

“制”与“造”皆属于器物款识的一部分。不过学术界似乎对于“制”、“造”之间究竟是什么关系尚无一致的说法。有迹象表明，“制”与“造”在古汉语中有着细微的差别，且这种差别似乎并不为人所注意。本文拟就胡开文墨实物，对墨品中有关“制”、“造”款器进行仔细剖析，以期清楚地了解“制”、“造”之别。之所以用胡开文墨为例，是因为胡开文兴盛于清代同、光年间。相对于其他器物而言，其墨品不仅现存数量大、种类多，且距今时间不长，保留了较其他器物更多的历史背景信息。

### 一 “制”

“制”的使用情况最多也较为复杂。特别是在“市易墨”中，大致可以分为朝廷样式、业界仿制、店家旧例等。这些“制”的标注体现了朝廷与地方、店家与名流、店家与消费者之间的关系问题。

#### （一）“制”在胡开文墨中的各种表现形式

1. 不少现存“制”字款墨在造型上多由宫廷样式规定，经过长期流传，在业界通用且已被文具市场公认的标准样式。

关于“制”的意义，市易墨是最能说明问题的。乾隆三十六年编订的《歙县志·食货志》曾提到徽墨按照用途可以分为“文人自怡”、“好事精鉴”、“市斋名世”三类。其中“市斋名世”类，又称市易墨，即徽州诸墨家在门市公开出售，为普通大众服务的商品墨。其形制较为普通，选烟用料也比较一般，但也有优劣品级之分。尤其是徽墨休宁派所擅长的集锦墨也属于此类，售价不菲。不过就一般而言，这些集锦墨并非由店家自己设计，而是多仿照内府宫廷样式，且在款识中加干支纪年，明显属于宫廷御墨的落款方式。例如“棉花图”、“御园图”、“四库文阁”等。这类墨中的“制”字款中多含有年号，如“大清××年制”六字款，也有“××年制”四字款等。

［图5-48］“四库文阁”诗墨

［图5-49］御园图–三希堂墨
（安徽博物院藏）

如清末民初版“四库文阁”诗墨〔图5-48〕，套墨4锭，形状各异。分别镌有十二辰、文渊阁、文津阁、文源阁、文溯阁诗图。此墨墨质细腻，其正面御题诗均为描金小楷，背面所雕亭台楼阁画面纹路清晰。每锭墨的侧款为“大清乾隆年制”。又“御园图”墨〔图5-49〕，由64锭构成，此套墨选材于京师大内（紫禁城）、西苑（中南海、北海）和圆明三园（圆明园、长春园、万春园）等几座皇家园林的景致，每锭皆有题名及“嘉庆年制”款识。再“棉花图”集锦墨16锭，几乎将棉花生产过程全部记录下来，从布种、灌溉、耘畦、摘尖、采棉、拣晒直至弹花、纺线、织布、练染。此套墨样长期流传于徽州地区。特别是光绪年胡开文制墨家族除进奉宫廷外，还将其作为市易墨出售。另有一些单独的墨品款式，亦为业界所通用。如“鱼戏莲墨”，墨体呈手卷式，侧款为“乾隆年制”。诸如此类的还有乾隆款“麒麟仁兽”墨等。然此时胡天注尚未成名，不可能有乾隆朝重臣委托胡开文制墨事。

2. 一些墨家借助名人效应对旧墨进行仿制。这些仿制品多属于市易墨中的佳作。

故宫博物院藏有孙蟠订制的两锭仿宣和式“乐老堂录古训墨”、“小巫山樵书画墨”两锭，其侧款分别为“徽州休城胡开文制”和“徽州胡开文法制”。由于孙蟠算得上一位清代比较知名的文人，故而胡开文的后人以孙蟠的名义假托制墨，谋求更大的经济利益亦有可能。又“绩溪胡甘伯会稽赵撝叔校经之墨”〔图 5-50〕多有墨家进行仿制，例如周绍良先生即藏有胡爱棠鉴莹斋、“徽州休城胡开文”等多种仿品。再有“老胡开文广户氏”曾发行李鸿章“封爵铭”墨〔图 5-51〕，其侧款为“徽州老胡开文广户氏制”。按“广户氏”开办于 1895 年，早在其之前，李鸿章“封爵铭”墨即已存世，故此墨为“广户氏”仿制无疑。

3. 价格相对低廉的普通市易墨或订制墨。

一些文人在订制墨品的过程中过多参考了店家的意见，因而店家可以拿出其以前就有的模具（很有可能属于店家自己世系传承的设计图样）进行简单修改后即可进行生产。如《蓄

[图5-50] 绩溪胡甘伯会稽赵撝叔校经之墨

[图5-51] 老胡开文广户氏制封爵铭墨

［图5-52］胡开文制古隃麋墨

墨小言》所载谭献“湖桥乡思”墨，扁方形，面镂双鱼，与边俱涂漆，中间篆书“大吉昌宜侯王”6字；背额上楷书横题“湖桥乡思”4字；一侧“故乡亲友劳相忆，丸作隃麋当尺鳞”14字，一侧“光绪戊寅，仲仪所贻，苍珮室制”12字，设计精雅。与“湖桥乡思”墨气韵、字体、形制完全相同的还有“羊城八景”墨，同样署有“故乡亲友劳相忆，丸作隃麋当尺麟/光绪辛卯（1891年）冬月吴敬思属休城苍珮室制”等字样。至于某些传统品名，如“惜如金”、“十万杵”、“古隃麋”〔图5-52〕、“青麟髓”、“金不换”、“五百斤油”〔图5-53〕等，早有规定好的不同样式可供顾客参考。如《蓄墨小言》中记载两锭同式“惜如金”墨，为“霍邱裴氏”兄弟所有。其一：面背俱有框，涂漆。一笏面额间一珠，双螭拱之，中间楷题“惜如金”3字；背题“霍邱裴氏珍藏”6字；侧款为“光绪乙丑正月初吉”及“休城胡开文监制”。其二：正面为“霍邱裴氏珍藏”6字，背面为“伯凯仲嘉同造”6字；侧款为“光绪己丑年正月初吉”及“休城胡开文按十万杵法制”。又如不同式的“小沧浪亭”墨者有二，主人为李经畬。其一梭形，背填金篆书二行“光绪丁丑小沧浪亭造”。侧款为“休城胡开文制”及“五石顶烟”。其二古佩形〔图5-54〕，侧款为“小沧浪亭藏墨”及“光绪丁丑胡开文制”。

### （二）“制”的意义

目前在文物款识上所署之“制”，本写作“製”。《说文》对其的解释为“裁也，从衣从制”，专指“裁剪衣服”。《康熙字典》“製”条也说：“裁也、造也、式也。”并引颜师古注曰：“谓裁衣之形制。”而“制”与“製”同，《说文》中的“制”条也提到：“制：裁也，从刀从未，未物有成，有滋味可裁断。一曰止也。”《康熙字典》引《增韵》说：“正也，御也，检也，造也。”并举例《前汉·高帝纪》：“太后临朝称制。”并引颜师古注曰：“天子之言曰制，《书》谓为制度之命也。”这些涉及“制”概念界定的辞目，首先是“裁

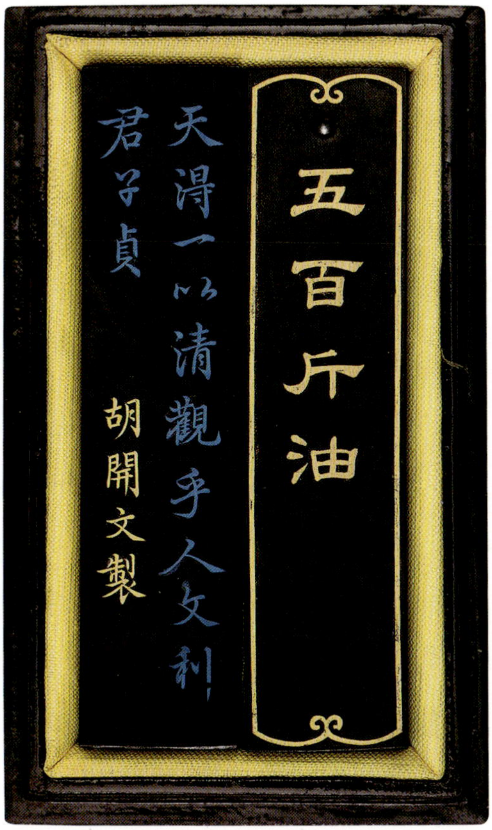


[图5-53] **胡开文制五百斤油墨**

也”，即“裁制衣服，制作。引申为加工或写作”，这是“制”最根本的性质；明确将其定义为此其一；其次，“制”具有礼仪“法式、成规”的意味，即依照相关规定的标准而对某些事物所做的一些规范。如《康熙字典》引《礼·礼器》：“大庙之内敬矣。君亲制祭注朝践进血之时，君自断制牲肝、洗于郁鬯，祭神于室也。”这是指它的适用范围。而光绪朝胡开文贡墨恰恰说明了这一点。其三，“制”有“做，造”的意思存在，是它的功能。综合以上“制”字在徽墨中的实际使用，“制”字款识多

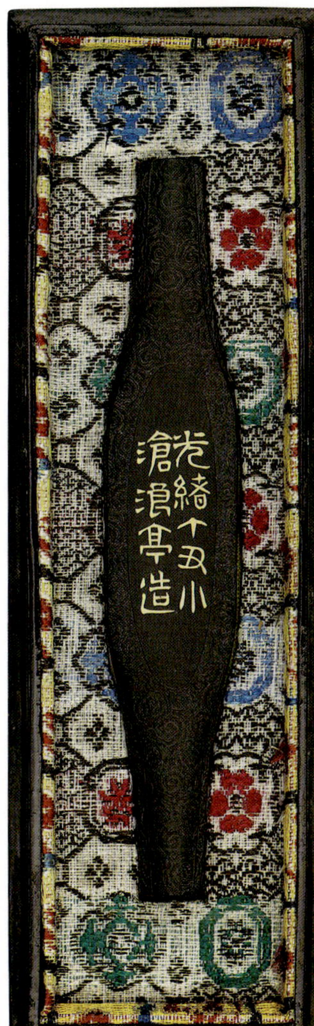


[图5-54] **胡开文制小沧浪亭藏墨**

［图5-55］“徽州休城胡开文制”

［图5-56］胡开文制 听香仙馆主人藏墨

用于如下几类墨中：具有宫廷风格的“御墨”或“贡墨”；墨家伪托名人名家款的精品市易墨；少量价格昂贵的精品集锦墨；大批量生产的普通门市商品墨〔图5-55〕；另外还有由文人订制的且参考了社会上较多流行样式并且署有“属（嘱）”字样的墨品〔图5-56〕。由此我们可以看出“制”的特点是：依照权威规定的标准进行加工的物品或规范。

**（三）“法制”**

同样，署有“法制”字样的徽墨也反映了“制”的原本含义。在清末民初的胡开文墨中，“制”一般与“法”联用，而“法制”又与“仿古”相关联。所谓“法”,乃“易水法”。“法制”是“遵易水法制”的简称。所谓“法制”,乃胡氏后人遵循南唐易水人李廷珪所创“易水法”制作徽墨的方法。此款的出现，标志着胡开文家族内部的新一轮较量的开始。“易水法”的核心技术在于三点：一是动物胶的使用；二是香料的添加；三是“十万杵”的捣制。因此做成的墨“其坚如玉，其纹如犀”。“易水法”自其发明以来，遂成为后世千百年来徽墨制作技术的基本准则，世间也将“李廷珪墨”公认为不可逾越的徽墨制作巅峰。由于胡天注子孙纷纷打出“胡开文”的旗号，因此后世子孙不得不在墨品的“法制”题款上下工夫，以便证明本号为正宗。在光绪末年胡氏子孙对于胡开文题款的标榜达到了无以复加的地步。除了前文中的“徽州胡开文法制”外，还有“苍珮室按易水法制”〔图5-57〕、“休城胡开文按易水法制”、“休宁胡开文仿李廷珪法制”、“休城胡开文按十万杵法制”、“徽州休宁胡开文按易水法制”、“徽州胡开文易水法制”、“徽州胡开文按易水法制”、“新安胡开文仿古法”等数十种，这些款识的核心，无一不是在表明本号为李廷珪所创“易水法”的正宗传人，并且利用“祖师爷”的名人效应以达到商业利益的最大化。

[图5-57]“苍珮室按易水法制”

## 二 “造”

关于署有“造”字的徽墨，胡开文墨中亦有不少。相对于“制”字墨来讲，其大规模出现的时间虽然较晚，但是在数量和种类却极其发达。

### （一）“造”在胡开文墨中的各种表现形式

到光绪末年，胡开文墨业已经发展为五大支系（休城胡开文、屯镇胡开文、芜湖胡开文沅记、休城胡子卿、上海胡开文老广户氏）。当时各家支在全国拥有各有数十家店面并呈现出各自不同的特点。这些墨店不仅有彼此相互独立的品牌商标、原料基地、加工工厂,还有连锁经营的销售门市部。而休城（海阳）胡开文墨店为与其他家支相区别,除了借助祖上留下的基业，继续巩固其在业界已有的地位外，还千方百计在造型、内容以及题款上推陈出新。

1. 店家所造集锦套墨

胡墨款识中多有“徽州休城胡开文造”〔图5-58〕字样者，时间多出现在同、光年间，且质量颇精。特别值得一提的有如下几种：一是广泛销售于清末民初文具市场的左宗棠“八宝奇珍”套墨8锭〔图5-59〕，每锭造型各异，且皆有“湘阴左氏藏墨”及“徽州休城胡开文造”等款识。又有“大富贵亦寿考”五色墨〔图5-60〕，套墨5锭，分红、蓝、绿、白、藕荷五色，有“仿易水法造”填金印款。背面浮雕牡丹异石图,寓富贵寿考之意。再“群仙祝寿”墨，4锭套墨组成八仙上寿通景图，一面通雕饰彩八仙上寿图；一面填金篆书一百个“寿”字，阴文楷书“苍珮室主人仿古”，镌“胡氏”、“开

[图5-58]“徽州休城胡开文造”

[图5-59] 胡开文造八宝奇珍墨

[图5-60] 胡开文制大富贵亦寿考五色墨

[图5-61] 苍珮室制兽钮印章式集锦墨

文”连珠印。其中一锭侧面有阳文楷书“徽州休城胡开文造”。另外还有“苍珮室制兽钮印章式集锦墨”〔图 5-61〕，各锭署有“苍珮室主人制”、“苍珮室做古”、“苍珮室造”以及“徽州休城胡开文造”等字样。墨作古印状，塑各式瑞兽钮，通体有漆衣，黝黑亮丽。

2. 胡开文制墨家族分裂后各店家新创的墨品题材多使用“造”字

同治以来，除“休城胡开文”及前文所述“胡子卿”外，还有“屯镇胡开文”等。同样在墨形设计上多有创新。

（1）屯镇胡开文

目前有多种实物可以证明屯镇胡开文也着意于打造新品样式。如鲍存晓“敦古处室藏烟”墨，其侧款为“徽州屯镇老胡开文造”。又如“铜柱”墨〔图 5-62〕。墨身通体漱金，以石青填字，金碧辉煌，庄重典雅。侧款“徽州屯镇老胡开文造”。

（2）芜湖胡开文

《蓄墨小言》中著录有李经畬墨一件：长方形，一面为隶书“建初虑虒铜尺五寸”，下作两行：“新安胡开文造。”背镂尺度形。侧款为“合肥李氏伯

［图5-62］胡开文造铜柱墨

［图5-63］胡开文制艺林珍赏墨

雄书画墨”及“光绪戊寅季秋郁州野牧摹孔东塘拓本制藏”。

3. 各店家伪托

同、光年间，有诸店家多依据典故及名人效应，对于自己的产品进行再创新。因而导致某些墨品上订制者的字号与其履历、实际存世时间多有不符。或者因为史有多人，很难确定究竟归谁所有。对此周绍良先生多有困惑，例如他曾在《蓄墨小言》中多次谈到他的困惑：如“路岯”墨、“鸭阑旧主”墨以及“沈璟”墨等。更有甚者，如“艺林珍赏”墨〔图5-63〕一锭：竹形，一面涂金“艺林珍赏”填蓝楷书4字，一面“徽州休城胡开文制”。此墨新奇之处在于“徽州休城胡开文制”字样已被店家当做纹饰加以使用。另有“老干凌云”竹式墨〔图5-64〕一锭，一面“老干凌云”，一面“嘉庆庚午年（1810年）长白虞臣制”，侧款为“徽州屯镇老胡开文造”。按：“徽州屯镇老胡开文造”是屯溪胡开文墨店正式独立经营之后出现的墨品标识，它与休城胡开文的正式分裂是在同治初年。尽管此锭“老干凌云”虽有可能在嘉庆年间被当做订制墨出现于世，但是从款识上来看却是后代的仿制或假托。

根据上面所列举的徽墨铭文记载，结合一些辞书的释义，我们可以将“造”的解释归纳为“创建，制造，做、制作”以及“做成，制造”等。尤其值得注意的是，《康熙字典》还将“造”解释为“建也”、“作也”、“为也”和“始也”几个意思。同样反映了“造”在“创新”方面这种情况。

[图5-64] 屯镇老胡开文造老干凌云竹式墨

### 三 “监”

目前在文物款识上所署之“监”，《说文》对其的解释为：“临下也。”《康熙字典》广征博引，分别列举古代各种解释，分别有：“监”、“察”、“领”、“摄”、“观”、“视”等，并举例若干，如《礼·王制》：“天子使其大夫为三监，监于方伯之国。〈注〉：使佐方伯，领诸侯监临而督察之也。”《左传·闵二年》：“君行则有守，守曰监国。”《书·太甲》：“天监厥德，用集大命。”《诗·大雅》：“监观四方，求民之莫。”这些涉及“监”概念界定的辞目，首先是“临下也”，即自上而下的督察或监视之意。这是“监”最根本的性质；其次，“监”与“制”同样具有礼仪规范的意味，即依照相关规定的标准而对某些事物所做的一些规范。而署有“监”字款识的胡开文墨恰恰说明了这一点。

#### （一）“监制”

署有“监”字的胡开文墨分为“监制”、“监造”两种。其中“监制”具有（主管人或主管部门）监督某一类商品生产的意义。

1.“监制”与“制”

（1）体现了总店与分店的关系

反映于墨品上，多见于总店＋“监制”，分店＋“制”。两者体现了总店

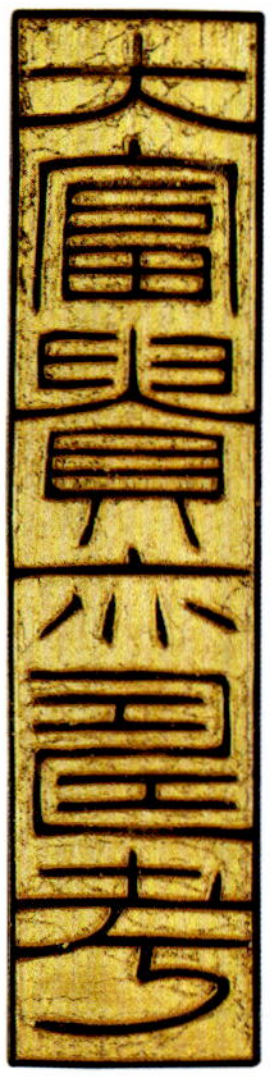

[图5-68] “大富贵亦寿考”墨

[图5-69] “徽州胡开文监造”

侧款分别为“光绪甲午（二十，1894年）秋属（嘱）休城胡开文选顶上烟膏”及“张清藻监制”字样。又聂士成“一品富贵”墨：长方形，一面有框，中间楷书“合肥聂氏藏烟”六字，下作注两行“光绪乙亥年（1875年）秋监制”。侧款为楷书阳文“徽州休城胡子卿造”。显而易见，“胡子卿”作为店家，并未对于聂氏订制品进行过多的设计，而是采用了当时其所流行的“一品富贵”牡丹图并稍加改动。只不过在署款方式上依然突出了聂氏的地位。类似上述情况在胡开文墨中屡有显现。如由“芳郭钝椎监制”的“大富贵亦寿考”墨〔图5-68〕，分别有“徽州胡开文造”与“歙州胡开文造”两种，两墨造型、字体、气韵完全相同，唯一区别就在于产地的不同。可见墨主袁昶是在用自己的设计图稿曾在两家胡开文之间进行过比较。

### （二）“监造”

与“监制”一样，同样作为文人订制墨，有“监造”字样的墨品表明了订制者与店家以及旁支分店与总店之间的联系。即前者在后者的指导下对于墨品设计的改革与创新。如《蓄墨小言》载祁世长墨“练余心斋”墨，侧款为“徽州休城胡开文监造”；又柯铭赠李鹤章“一瓣香”墨，侧款为“徽州休城胡开文监造”及“柯铭谨呈”。又“黄山图”集锦墨，侧款为“徽州胡开文监造”〔图5-69〕。再安徽博物院藏“秦权”墨，权内壁楷书“徽州休城胡开文监造”。另外值得一提的还有“鉴水斋珍藏墨”。其上标有“胡开文监造”〔图5-70〕字样。此墨主胡贞观实际上并未真正投身墨业，而是走了官宦道路。他虽自己设计了墨样，但并不需要其亲自动手生产。

## 四　成因

整体而言，胡开文墨上出现的“制”、“造”及“监制”、“监造”等几种情况的出现，并无绝对定式。究其原因，多由于订制者与商家之间在制墨过程中因突出的主体不同而引起署款内容的各种差异。

**（一）从社会背景来看，文人制墨是中国墨文化传统的表现之一。**

订制墨属于“文人自怡”的活动，故历史上有众多文人自己制墨的记载。其中一个重要原因在于他们认为墨工制墨的品质达不到自己的要求，所以不惜费工费力，一定要做出和自己的书法作品相衬的佳墨。元人陆友的《墨史》认为三国时期的书法家韦诞为自制墨的第一人。宋代文学家苏轼被贬于海南之时，将制墨作为排遣心中苦闷的手段：“……此墨吾在海南亲作，其墨与廷珪不相下。”说明他对自己制墨的技术相当自得，并在制墨活动中获得了心灵的安慰。

[图5-70] **“胡开文监造”**

**（二）从工艺技术方面来讲，墨模制作技术的发展使得文人订制墨品并非特别繁杂之事。**

墨模的图案、雕刻、制作对墨品的艺术表现性至关重要。墨模又称墨范或墨印，是制墨的工艺模具，多由徽州当地所产石楠木制成。墨模在明代沈继孙《墨法集要》中称为“墨脱”，一锭墨需一整套模块来塑制。形制为“七木揍成，四木为墙，夹两片印板在内，板刻墨之上下印文，上墙露笋（榫）用，下墙暗笋（榫）嵌住墙，末用木箍之，出墨则去箍”。这种形制一直流传到今天。在具体制作时，随墨的形状的不同而决定模块的组合，墨模一般由正、背、上、下、左、右六块模版组成，偶有特殊型制如圆形、柱形、立体仿生及偶像形等只需四板或二板合成即可。几块印版可以随意组合，合成反形六面嵌套于总模框内，组成一个总墨模。一般来说，雕刻的重点在墨的正背两面，雕刻艺人们凭借手中的刀具将各种题材的绘画、各种书体的文字着力表现于方寸之中。操刀雕刻时，一是需要反刻，二是需要将纹饰外的地方铲平，这是由墨的压制特点所决定的。凡是墨模为阴刻，塑成的墨上则呈阳纹。相反，墨模为阳刻，则呈阴纹。最终，墨工将调好的墨剂置放于拼合起来的模具中。一锭成品墨也会在外力强压的过程中成型。

**（三）从市场经济效益方面来讲，能满足不同的社会需求。**

相对于私人订制墨的模板，店家可以进行适度地调整，以便充分满足顾客需求。主顾之间会按照事先的约定，对于墨的正反面墨模——“两片印板”进行特别加工并随时加以撤换，故而此处变动最大。至于处于侧、顶款位置的店家信息（包括选料、生产单位、字体等）则变化不大，甚至可以被长期、频繁使用。这对提高生产效率、节约成本起很大作用。同时，这种处理也是店家有效推广产品、维护市场声誉的手段。

1. 服务的对象不同

现在习称的“制”与“造”，主要是服务的对象人群不同，即订制人群使其墨要达到的目标不一样而言。就总体而言，“制”墨是为满足大众市场需要，属于零售业范畴，其销售的人群和目的性不强；店家只需临时加入订制人的信息。“造”则关注于一些属于小众的、具有较高收入的人群。这些墨品是店家奉私人之命进行承制的。其造型设计，在相当程度上参考了订制者本人的意见，完全符合订制者本人的审美。如“怡湘使者‘必’字墨”〔图5-71〕，长方形，周围有漆框，正面上端有楷书阴识“必”字一，下小注三行“楚南怡湘使者于咸丰九年援新安时所置墨”，背镂笔一支。侧款“徽州胡开文造”。此墨造型独特，别具一格，纪念意义深刻，可见订制者在制墨前花费了相当的心思以体现其忠君报国的思想。

［图5-71］胡开文造必字墨

当然，由于晚清徽墨署款随意性很大，某些墨品的款识虽没有注明“制”、“造”字样，但是多署有“属（嘱）”、“敬赠”或“商定”等，同样为订制者委托店家承制。因为订制者本身便是当时或多或少有些名气的书画家，故而这类墨品在相当程度上也属于其书画作品的一部分。例如有何研勄、刘小绮、刘少如等合制墨一锭，长方形，面背俱有回纹框，面额间一珠，中间楷书“一品元霜”四字；背楷书两行：“同治庚午花朝，研勄、小绮、少如集听琴山馆属胡开文选烟”；又潘鼎立赠龚自闳墨有“光绪戊寅春潘鼎立敬赠”字样。侧款为“徽州休城胡开文制”及“十万杵”；再叶韵笙“说剑龛”墨署有“同治阏逢阉茂（甲戌，1874 年），古歙叶韵笙选烟属同郡胡子卿法制”字样；另外还有林葵等合制墨〔图 5-72〕署有“光绪九年（1883 年）六月，侯官林葵、崇明杨安震、歙县程洁、海门周家禄、通州张謇、吴县叶觐仪、泰兴朱铭盘属休宁胡氏苍珮室造此墨……”字样。

2. 价格不同

订制墨成品的造型、图案、质量与市场价格的大小密切相关。其中关键所在便是重新制作墨模的成本相对要高。因而带有“造”字者价格甚高。那些属于小众群体的订制者通常根据当时的心境以及其所处形势发展的需要，进行别出心裁的设计。其墨上人名、堂号、斋号、字，有可能是因一时的感触而临时所发。故而店家需要完全抛弃现有的普通墨模，重新制作墨模，以追求订制者本人所构筑的个人思想意境。总而言之，它们在漆色、装饰、雕刻技巧三方面远远有别于价格相对较为低廉的带有“制”款者，从而有了特别的新意。至于“制”者，此类墨品从造型、装饰、雕工等方面与市场普通流通商品相似度较大。特别从造型和装饰题材来看，多为市场上所常见的吉祥图案，样式较为固定并符合当时所流行的

［图5-72］苍珮室造
林葵等七人合制墨

时代风貌。这是因为整套墨模中某些关键的“印版”无须再刻新的模具，仅有少量部分需要为订制者进行修改和添加。其内容多为订制者乃至被赠者的姓名、籍贯、时间地点等。

## 五　结论

如果说“制”与“造”的用法是一个系统工程，是指它不仅仅是单纯的一个字或名词，而是被配套措施和严格文化内涵所规定的。这些字的具体使用由承担墨品制作的店家负责，此为一。其次，它的功能是称述订制者乃至店家的生平功德和友好关系，使传扬于后世，或用于自警。再次，其标注是由清代文人和店家商议策划的结果。从上面的论述可以看出，“制”与“造”之间都包括了以下含义:用人工使原材料成为可供使用的物品。然而,墨品模具的制作较之以前是否有创新，是我们理解“制”与“造”是否相同的关键所在。虽然它们都有把原材料加工成适用产品的意义，但是“制”侧重于操作、制作。其所要达到的目标和目的是将对象加工成为即有的，已经形成一定规范的旧例，或在法则、法规框架下形成的一般物品；而“造”则侧重于从无到有，主要针对那些以前前所未有的事物的创新和开发。这样看，“制”只是说出了“加工”与“做”这个意思，却没有注意到“创新”的一面。

更为重要的是，在胡开文墨长达200多年的发展历程中，各家支进行创业的条件差别甚大，可资利用的人力、物力各有不同。即“制”与“造”的分别使用是胡氏家族分裂的必然结果，同时反映了徽州宗法制度对于近代商业活动的影响。作为一个百年老字号，胡开文巨大的市场声誉使得其整个制墨家族的后裔子孙需要借其盛名在创业之初最大程度上抢占市场份额，故而他们需要在产品上多注明“制”。至于“造”，则有利于诸家支在打开市场后的推陈出新，以便适应新的市场需求，并获取直接有效的经济利益。

总而言之,“徽墨”作为一个地域性品牌自明嘉靖年以来大行于天下，已由实用器具逐渐演变成为文人墨客显示修养和身份的一种身份标识。包括胡开文在内的徽墨中出现大量“制”、“造”字样便是这种风气影响的反映。它既是一种文化特权象征，又是中国古代文人与工匠之间关系紧密的一个标志，进而可以反映旧式文人的审美情趣。

## 第四节　关于胡开文徽墨的年代辨析问题

在故宫博物院目前所藏胡开文墨中，总共具有乾隆、嘉庆、道光、咸丰、同治、光绪和宣统七个年款出现。胡开文墨数量既大，且署款方式、造型特征，装饰面貌等千差万别。在不同时期均有新的品种出现，从而形成了各具特色的时代风格。本文拟从故宫博物院所藏胡开文墨中署有不同年款的典型墨品中分别选取数例，以说明胡开文墨中所涉及的年款真伪问题。

### 一　胡开文墨的年代分期与工艺特点

在故宫博物院所藏的众多具有明确胡开文纪年款徽墨中，具有早期胡开文真款的墨品为数很少。其大部分为同治、光绪时期胡开文后人托古制品。

#### （一）道光 (1821 ～ 1850 年 )

有“道光”纪年胡开文墨的年代判定是疑点和难点最多的。在这一时期，胡开文历代传人中符合时代条件的只有休城（海阳）店第三代传人胡锡熊 (1803 ～ 1862 年，时年 18 ～ 47 岁 ) 一位，第四代胡贞观 (1825 ～ 1879 年，时年 4 ～ 25 岁 ) 尚在读取功名，其弟胡贞乾虽也属此时间范围，但是年纪尚小。从目前故宫博物院现存胡开文墨的情况来看，凡具有“道光”字样的墨品既有别于乾隆、嘉庆，又不同于同治、光绪的设计风格。特别是此时模仿内廷设计的胡墨尚未被发现。不过当时胡墨的文人订制品已经大量出现且制作较为精细。从内容上来看，尤其以表现文人友情及共同制墨经历的主题在道光晚期数量较多。至于墨的造型，则以无边框的长方式最为常见，同时碑形墨亦有。设计者们在狭小的墨面上巧作图案，装饰构图疏朗。题材多为写意风格的吉祥图案或典故传说、风景人物、花草鱼虫等，如金壶仙液、松鹤延年、海水云龙、日月合璧等。

关于纪年款：此间多使用《尔雅 · 释天》中所用古纪年法，如“柔兆敦牂（丙午，二十六年，1846 年 )”〔图 5-73〕、“摄篆其昌（丁未，二十七年，1847 年 )”、“彊圉协洽（丁未，二十七年，1847 年 )”等。另外兼有“道光××年”款识。同时，一些墨品署有楷书字体“徽州胡开文造 / 制”字样，规矩工整。并多有“苍珮室”钤记。这是我们研究时期的墨制作及风格特征

〔图5-73〕“柔兆敦牂”

[图5-74]“咸丰壬子年制”

极为珍贵的实物资料。

相对而言，在故宫博物院所藏胡开文墨中，署道光年款的墨品数量并不多。其中可以肯定的是单纯署有“苍珮室”款墨。其原因在于大多数地名款识与道光年代不符，故其制品大多有后代仿制现象的怀疑。如“汉安晏氏珍藏”墨，其背面题为“仿晋人漆烟法（道光丙午春蔗乡于新安之白岳峰头选烟自制）”，又“恩福轩珍藏”墨，其背面题为“道光丙午仲春月制 / 栗小园持赠”等，其款皆为“徽州休城胡开文造”。而“休城”作为分店标志的地名款，乃相对于同治之后遍布全国的胡开文墨店而言。在此之前其墨业尚未走出徽州，尚无多大名气。故而凡带有“休城”字样道光年款胡墨，皆有待于做进一步的探讨。

### （二）咸丰（1851～1861年）

属于此时间范围的休城（海阳）店传人依然是胡锡熊（1803～1862，时年48～58岁）；第四代传人胡贞观（1825～1879，时年26～36岁）等。与乾、嘉时期相比，故宫博物院所藏此时胡开文墨不见集锦墨踪迹。从咸丰到同治初年，由于太平天国战争的影响，徽州地区的制墨业整体处于凋敝状态，例如汪近圣停业，曹素功于同治三年（1864年）迁往上海。唯有胡开文尚存且继续保持生产。故传世的清代徽墨中署咸丰年款的徽墨较少，且多数署胡开文款。此时文人墨造型以长方式或柱式较多。但数量有限，制作较精美。

这一时期胡墨多具“咸丰××年制”纪年款〔图5-74〕，其字体印制规矩。其间墨的雕刻内容多受文人订制作品严谨规矩的约束，装饰图案较为简单，多为文字装饰。除传统的文人题材外，多具有文人将领的政治抱负以及忠君报国的经世致用气息。如吴坤修“开诚布公”墨等一匣四笏，侧款分别为“咸丰十年又三月”及“海阳苍珮室选烟”。这些墨都是他在驰援徽州时做的。又如“怡湘使者”墨，正面上端楷书阴纹“必”字一，下小注三行“楚南怡湘使者于咸丰九年（1859年）援新安时所置墨”[1]。此墨为外乡人在徽州从军时订制，反映了当时订制者良好的学术修养和文人情怀。

［图5-75］“五石顶烟”

### （三）同治（1862～1874年）

符合此时间范围的有休城（海阳）店第四代传人胡贞观（1825～1879年，时年37～49岁）；第五代胡祥禾（1851～1899年，时年11～23岁）等。

有清一代，胡开文墨业在全国的发展肇自同治朝。相对于咸丰之前呈现出一种爆发式增长的趋势。故而胡开文存世墨以同、光时期为多。除了休城胡开文之外，又有屯溪胡开文、休城胡子卿、芜湖胡开文沅记等家支墨店纷纷独立开业。

同治时的徽墨生产规模数量最大，品种繁多，造型新奇。文人墨造型尤以长方形最为常见并成为定式，其中又配以委角、直角等不同组合。另有舌、琴、瓦、碑、尺、货布、圭等形。

此间墨质坚细，色泽晶莹亮丽。从诸选料款上来看，墨品多为“顶烟”、“贡烟”、“五石顶烟”〔图5-75〕、“选烟”、“松柏轻烟”、“五石清烟”等。特别是同属胡开文制墨家族的“胡子卿”创办人胡贞权为推陈出新，坚持以“古法”炼取松烟。自宋代以降，油烟墨已经基本取代松烟墨使用的历史大势。他又综合“油烟”和“松烟”各自优点，按照比例创造适合书画创作的“松油”混合墨。不仅如此，胡子卿墨店还放弃胡开文的传统式样，而是开模雕刻了一批新颖品种。由于其产品选料、墨形的新颖别致，胡子卿一度广受市

[1] 周绍良：《蓄墨小言·怡湘使者墨》，第574页。

场的欢迎，并形成相当固定的客户群。

在国内外忧患不断加剧的情况下，当时文人一方面忧国情怀继续得以保持，另一方面又是对美好幸福生活的渴望。因而在此基础上，墨的主题图案，则多绘有山水风景、祥瑞之兆、如意美满等具有吉祥寓意，或表达文人志趣的尺子、货布、花卉、草木的图案。边框则多配以夔螭纹或者极度抽象的夔纹、螭纹变形。另外由于太平天国等农民战争的影响，同治早期的胡开文墨中继续沿用了咸丰年间封建文人士大夫经世致用的政治理念，将个人“修身”与“治天下”的信念结合起来，在文人墨品中集中出现了一批描绘弓箭、刀枪、书籍组合的图案。

关于墨名与题写文字，同样反映了当时文人的志趣与愿望。例如在吉语款中，大致可以分为如下几种：对于人 / 墨品、墨质进行赞誉的制墨典故如“古隃麋”、“龙香剂”、“十万杵”等；标明家族或个人斋名的“萨尔图氏”、“棣华诗屋”、“如不及斋”等；表明个人志向的“几生修得到梅花”、“天涯何处觅知音”、“我守我黑”等；表明个人兴趣爱好及收藏赏玩的“苏耜文房清玩”、“建初铜尺五寸”等；表达吉祥与祝福的“大富贵亦寿考”、“太平有象”、“封爵铭”等；反映人生哲理的“墨磨人（人磨墨墨磨人）”；抒发个人忠君报国思想的“捷书夜到甘泉宫”；抒发友情或兄弟亲情的“绩溪胡甘伯会稽赵撝叔校经之墨”、“方悟斋、退斋合制萑苇书屋珍藏墨”〔图 5-76〕等。另外，还有引用古代诗句的“轻胶万捣元霜”，本取自元代画家倪瓒诗“麋角万杵捣玄霜，螺制初成龙井藏”句。

此间，在胡开文各家的地名款中，通常出现“休城”、“屯镇”、“新安”、“歙州”等字样。其字体多数较规范、固定。为区分胡开文诸店之间的差别，以便各负其责，海阳胡开文老店自此间开始，胡开文大量采用“休城”款。与此相类似，如故宫博物院所藏便以“徽州胡开文制 / 造”或“徽州休城胡开文制 / 造”等款识数量为最。

**（四）光绪 (1875 ～ 1909 年 )**

属于此时间范围的休城（海阳）胡开文墨业的传人为第四代胡贞观 (1825 ～ 1879 年，时年 50 ～ 54 岁 )；第五代传人胡祥禾（1851 ～ 1899 年，时年 24 ～ 48 岁）以及第六代传人胡洪椿（1892 ～ 1961 年）。这些传人在世时间多有重合，大多历经晚清诸多年号的更替，因而在制墨风格上具有相当

[图5-76] **“同治甲戌方悟斋退斋合制既翕堂墨”**

的延续性。故今人对于同治、光绪款胡开文墨的断代，具有相当的难度。

光绪以后，胡开文墨业的发展方兴未艾。此时徽墨的制作已经基本上由胡开文一家所垄断。其家族经过近二百年的变化，已从乾隆年间的两家店面发展到全国数十家店面，进而由于家支的不同而呈现出各自不同的特点。特别是在光绪末年，新出现了上海“老胡开文广户氏”，其作为胡开文五大支系（休城胡开文、屯镇胡开文、芜湖胡开文、休城胡子卿）的后起之秀，利用 19 世纪末上海作为中国南方经济和文化中心的便利条件，积极发展业务，创造出新的艺术风格，进而为海派书画艺术的发展做出了一定的贡献。

此间胡开文墨已经发展到极盛，其墨按用途可以分为以下几类：商品墨，其选料和做工比较一般，为满足中下层文人、商贾所需；珍藏墨，虽实用价值不高，但在选料、制作上都精益求精；雅玩墨，多由社会名流、高级官吏定做，广为收藏家所喜爱；贡墨专供宫廷，其选料上乘，刻模精细；礼品墨，满足上层社会交往所需，大多装潢精美，但在选烟、用料上并不讲究。总而言之，在继承和发展传统徽墨用途的基础上，胡开文针对不同的需求作了进一步的发展和变化。

1. 集锦墨与贡墨

胡开文集锦墨的风格在这一时期呈现出仿乾、嘉风格的发展态势。其画面题材内容却异常丰富，几乎包括了所有徽墨的传统题材和造型，而且又新创出人物肖像、民俗画卷、诗词书法等内容，因而也最为讲究。其纹饰纤巧繁褥，精美华丽，进而成为胡开文制品中最重要的品种。此时一些知名的设

［图5-77］“浔州八景”集锦墨

计者、镌模人在其中起到了巨大的推动作用。不仅如此，一些集锦墨开始在地名款上多用“造”字而非“制”字，如“浔州风景”〔图 5-77〕、“燕京八景”〔图 5-78〕等系列皆为首创。另外，胡开文贡墨开始大量供应内廷。贡墨的承办刺激了清末胡墨生产的发展。

2. 文人订制墨

相对于之前的文人订制墨和当时的集锦墨制作，此时店家更加注重生产成本，因而在墨质上有所下降。不仅如此，其造型不再向多元化发展，而呈现一种规范的呆滞状态，其标准造型依然为前代所盛行的长方形，另有少量碑形、舌形、扁圆柱形、柱（四棱、六棱）形、圭形、砚式、饼式、砖式等以满足不时之需，而后者的售价也自然水涨船高。

此时墨品的图案仍然遵循同治时期的风格，多为民间流传的典故与故事，另有如朱子治家格言、二十四孝等民俗题材，以及福禄寿喜、瓜果秋实等吉祥图案，简洁而古朴，为一时之盛。特别是在具有传统山水画基础上发

［图5-78］“燕京八景”集锦墨

展而来的文人墨品，多绘有红白梅花、富贵牡丹、春色桃花、月季、花蝶等花卉题材。多带写意韵味，通体构图层次分明。除主题图案外，墨品的边框纹饰也同样精细平谨，富于线条美。它们通体构图讲究对称，有仿古夔龙纹、蟠螭纹以及万字纹等。至于背景装饰则多为水波纹、云纹、夔龙戏珠纹等，有的高级墨品额间还嵌入米珠，提高了墨的品位和实际价格。

[图5-79] 胡开文制松滋侯墨

与同治胡开文墨相同，此时的墨名题记仍具有浓厚的文人气息，如表示个人所用的“葛民方伯”；表斋名的“槐清书屋”；表对人或物赞美的“清华朗润”；表古代制墨典故的“古隃麋”、“骊龙珠”、“南海松煤”、“惜如金”、“一笏金”、“十万杵”、“松滋侯”〔图5-79〕等；表文人友谊的“召芨持赠”等；表个人收藏爱好的“汉铜馨斋”、“建初铜尺五寸”、“吉富贵”、“汉建昭砖”等；表达个人心志的“聊赠一枝春”等；表景色和思乡的“浔州八景”、“湖桥乡思”等；表吉祥祝福的“大富贵亦寿考”、“上寿百二十”等。当然，光绪年间制墨业题材、样式趋同化明显。其质量良莠不分，但仍有佳品出现。例如现藏于安徽博物院“秦权”墨，仿秦代法定度量衡器“权”形，直径15.2厘米、高11厘米，重695克。权面阴文小篆19行：“廿六年皇帝尽并兼天下……”另有阳文楷书16行：“《汉书·律历志》云……光绪癸卯十月泙阳端方记。”权内侧阳文楷书“徽州休城胡开文监造顶烟”。该墨制于清光绪二十九年(1903年)。胡开文制墨仿秦权形，反映出清代制墨业艺由实用型发展为精妙的兼有装饰趣味的工艺品型。又吴大澂“铜柱”墨，反映了当下的朝廷的外交困局，体现了一些爱国文人的忧国忧民情怀。

此时胡开文制墨署款呈现多用复合款，形成了与同治年款类似的落款方式，且落款并无绝对固定的程式。各种款识搭配、混合使用，呈现出形式新颖的特色。款识的位置分布于墨品的各个部分。例外的是选料款和墨家地名款。如在选料款识的分布形式上，以从右到左的横款最为常见，一般位于墨品的顶端。如“超顶烟”、“顶烟”、“贡烟”、“选烟”、“清烟”、“松烟”、“五石顶烟”、“五石清烟”、“纯漆贡烟”、“极品贡烟”、“松柏清烟”等。另外，胡开文制墨家族内部一些分支的作品也具有不同的款识风格，特别是以“记”为款识的墨店大量出现，例如屯溪胡开文墨署有“屯镇”及“老”字款。芜湖的作品除有标明“╳记”外，多留有“新安”一类名款。另外还值得注意的是，光绪时期胡开文墨中还有“休甯（宁）”的地名款出现。然此时的“甯”与清早中期的“寧”不同。据称用“甯”是为避道光帝旻宁（寧）之讳，故当地人将“休寧”改“休甯”或“休城”。但此说存疑：“休城”本指休宁县衙所在海阳镇，早在乾隆年间此称即已存在。如胡天注、胡余德父子分别立下的分家“阄书”中即出现了“休城”字样。

除此以外，以“法制”为款识结语的墨品大量出现，并有不断加长、加多的趋势。

3. 普通市易墨

光绪至民国时期,新出现的伪托名人订制墨成为主流。乾隆至咸丰时期，历代文人所制墨品至今已不能多见，光绪朝胡氏后人的仿制活动有助于当代人对于道光之前徽墨的形制有所了解。另外，胡墨中的代表精品还有“龙翔凤舞”和“八仙过海”以及“寿星”墨等，具有工艺品之功效。特别是某些胡氏店家出品的“龙翔凤舞”墨，细微处须、麟清晰可辨，敷以金饰，则越发显得华贵无比。因而徽州墨家多有仿制，但是其产品质量参差不齐。

### （五）宣统及民国（1909 ～ 1937 年）

此时为休城（海阳）店第六世传人胡洪椿（1892 ～ 1961 年）生活期间。当时休城店已经步入衰落期间。胡开文诸店两极分化明显，特别民国年间外姓人逐渐入股，涉足胡氏墨业，导致胡开文名号虽在，但是光景却大不如以前。反映在款识方面，其墨落款形式尤多，且杂乱无章。其间胡墨在造型并无明显改动，多仿同、光时期的一些大众造型。其墨多有边框，画面装饰较为简单，甚至粗糙。墨质较前朝更为暗淡。另外由于时代巨变和成本问题，出现了价格更为低廉的西洋烟料（炭黑）。

在墨品题材上，仍反映清末常见的民间喜闻乐见的题材，但无法掩饰着时代的巨变。此时徽墨依然当做作为礼物得以频频使用，如徽州休城胡开文制“百寿图”墨,是为“宣统二年”。此时仍有反映文人古玩收藏性质的“枕雷阁图”墨〔图 5-80〕与“双忽雷图”墨。它们主要反映订制者刘世珩对于忽雷（乐器）的喜悦之情，皆制于“宣统甲寅（1914年）九月”。前者为歙县人周仁山开设的“徽州老胡开文仁山氏”仿制，后者为“徽州老胡开文广户氏制”。风格古朴、线条纤细遒劲。除此之外，还有一些反映社会名流的生活状况的墨品。如徐世昌于“庚申年（1920年）春月”从“徽州老胡开文监制”处订制的“退耕堂”和“晚晴簃”墨。又于右任“鸳鸯七志斋”墨，侧款为“徽州休城胡开文监造/民国十九年（1930年）七月”。

［图5-80］老胡开文仁山氏制枕雷阁图墨

此时，反映重大历史变革的现实性政治、时尚性题材开始出现。反映了新旧时代背景之下文人喜好的多元化倾向。例如在民国时期，胡开文店出现了若干纪念墨。这些纪念墨分为几种情况。一种是时事性很强的政治性纪念墨，例如“共和成立”墨，题有“共和成立千载一时，共和纪念（民国周年胡开文制）”。另外一种是店庆纪念墨其目的是回顾祖先业绩突出本店与先辈之间的关系，以此证明其传承的正统性，进而获取更大的商业利益。如民国四年（1915年）造“休城胡开文老店一百五十年纪念墨”〔图5-81〕，目的是证明其质量上乘及历史悠久。还有一种是商业合作伙伴之间的纪念墨，以此证明双方友好的合作关系。如“德馨氏学楷之墨”为“滇省张学文订制”，“屯镇老胡开文监制”。“张学文”本为长江中游地区一著名文具店，此墨说明其与屯镇胡开文之间的业务合作关系已经触及西南边陲。另有“海陵积善堂”墨、“粲花室”墨等，同样反映了胡开文诸店与各行业联营合作的实际情况。1915年，“地球墨”由中国农商部推荐，在巴拿马博览会上获得了“金质奖章”和南京南洋劝业会的“优等奖状”。胡墨在国际上获奖，给沉闷的民国制墨业吹

［图5-81］休城胡开文老店一百五十年纪念墨

行生产。这完全违背了历史事实，故而只能是后人伪托之作。总而言之，以上这些具有“乾隆”年款的假托墨品，无一不是在说明胡开文墨业开办的时间，从而间接地为学术界准确地鉴别胡开文墨的具体开创年代提供了科学的依据。不仅如此，它还在一定程度上纠正了老一辈徽墨收藏家的错误。例如张絅伯先生曾在其收藏的胡开文款“天膏”墨包装锦盒的内衬中写道：“此二墨为同一时期所制，推定为乾隆晚期——胡星聚移屯溪——胡开文创始人天注原驻屯溪。二由康熙传乾隆，二则开业于乾隆四十七年，可见当时风尚……大有参考价值。”此间张絅伯先生首先认为胡天注是胡星聚的后人，其次认为胡开文“开业于乾隆四十七年”，而事实并非如此。

### （二）嘉庆（1796 ～ 1820 年）

活跃于此朝的休城（海阳）胡开文业主为第一代胡天注（1742 ～ 1809 年）；第二代胡余德（1762 ～ 1845 年）；第三代胡锡熊（1803 ～ 1862 年）。但此时胡锡熊年幼，尚未登上历史舞台。虽然真正属于嘉庆朝胡开文墨的文物是否存在尚有疑问，但从现有仿嘉庆款胡开文墨推断，此时的胡开文墨多仿宫廷设计图稿，并以制作集锦墨最具特色。其作品以锭数较多而著称。

胡开文最为经典的“御园图”墨〔图 5-83〕每锭皆有题名及“嘉庆年制”款识。其字体端正规矩，笔画平直，笔道粗细均匀。又安徽博物院藏“御园图”墨模，据说为嘉庆年间原制品。此套集锦墨模各锭构图严谨，雕刻工致，刀法娴熟流畅，藏锋清楚，表面光滑，保持了乾、嘉时期宫廷制墨的风格。据称此套御园图画稿，应是内府画工之作，而后发往徽州墨坊命制。因而此后历代制墨家多有仿制。如曹素功所制“御园图”仍存于世。这套墨模虽具嘉庆年款，但历代胡开文在不同年份屡有翻刻，并作为市易墨的最高等级上市销售。因此，它的确切刻制时间以及何人所刻，尚难确指。

另有“老干凌云”竹式墨，史上多有墨家进行过仿制，如其中署“胡开文”者一锭，侧款为“徽州屯镇老胡开文造”。按“徽州屯镇老胡开文造”是屯溪胡开文墨店正式独立经营之后出现的墨品标识，它与休城胡开文的正式分裂是在同治初年。墨中所记“嘉庆庚午”时期乃胡天注已逝，胡余德作为胡开文第二代传人主持休宁、屯溪两店业务之际。据晚清胡开文家规：“屯店本不起桌，所卖之墨向系休城店制成发下……屯店代休城店办买各货……屯店起桌自造，更换‘胡开运’招牌，不得用‘胡开文’字样。”由此可见，胡余德作为家规的订立者，其在世期间是绝对不允许屯溪胡开文店“起桌”自造的。尽管“老干凌云”虽有可能在嘉庆年间被当做订制墨出现于世，但是从款识上来看却是后代仿制的。

[图5-83] 胡开文制御园图——渊映斋墨
（安徽博物院藏）

### （三）道光

胡余德是胡开文墨业的开拓继承发展者。1809年胡天注去世，1810年的《绩溪县志》仅有汪近圣墨业，而不见胡开文墨业的记载，可见胡氏墨业尚属平平。直到1828年邑人户部广东司主事兼办云南司事胡培翚（1782～1849年）劝募兴建东山书院时，胡余德才以一千两白银认捐，促成了东山书院的创办。此举才间接说明了此时的胡开文已事业有成，声名大显。故族谱中有言：“吾族自三十世以前经商者颇少……逮道（光）咸（丰）年间，端斋（胡余德）公起，遂以‘开文’墨业名天下。”故宫博物院收藏有一件“日月合璧，五星联珠”墨，背楷书三行：“道光初元，孟夏朔旦；二曜璧连，五纬珠贯。七政丽天，辉腾云汉；纪诸隃糜，抃欢颂赞。新安胡开文谨祝。”侧隶书：“辛巳四月初一日。”此墨本为徽墨婺源派传人詹应甲所制：詹广桃（1760～1841年），字鳞飞，号湘亭。其父詹国淳（从先），苏州詹成圭墨肆第四代传人。其墨被称为詹成圭墨鳞飞氏或詹应甲墨、赐绮堂墨。詹广桃一般以官员身份名于史册。詹应甲墨中最知名的贡墨，当属“日月合璧，五星联珠”墨，曾被大批收贮于清宫懋勤殿。“道光辛巳”为道光元年（1821年），此年有天象奇观出现，作为臣子，詹广桃作墨以示吉兆之纪念。由于徽州墨家题材重复率极高，故利用如此天象吉兆以应节之墨不在少数。周绍良之说恐过于片面。

### （四）咸丰

所谓“新安胡开文”者，在模仿前代墨品的题材上较为出众，如屈默成

“铁如意”墨，周绍良先生认为有疑：“……可见当时士大夫都把这铁如意视为重要文物。如果屈默成真的重得赵宗建原藏，而不能自己创式制墨，却依旧样仿制，并使用杨沂孙为赵宗建所作铭文，未免有盗用翻刻之嫌，失去好古之风采矣。所不解之另一端，同治十二年，杨沂孙尚在，赵次侯似并未死，同意如此做耶？抑屈默成冒为之耶？’”另有“休城胡开文”者亦不甘落后。例如“东溪刘氏介封选烟”墨，有“咸丰元年（1851年）制”字样，又“宜书宜画”墨，一面为“宜书宜画（古黟南屏李氏珍藏）”，一面为“咸丰丙辰年（1856年）制”字样。据前文所涉及胡开文家族史实之“休城”字样者，以上几锭皆为后世伪托。

### （五）同治、光绪

同、光时代是胡氏制墨伪托年款的高峰时期。突出反映在两点：

其一，订制者与制造者年代不符。对此周绍良先生多有论述。如“萑苇书屋”墨，系方鼎录、方鼎锐兄弟合制墨。其墨署有“同治九年（1870年）方悟斋、退斋合制”字样，侧款为“徽州休城胡开文造”。周先生经过对方氏兄弟的考证，认为“此墨制于同治九年，不知其任何职也。”另有袁昶“大富贵亦寿考”墨，侧款为“同治甲子（三年，1864年）冬”及“歙州胡开文造”。据周绍良先生考证，此墨纪年“下距其中进士尚有十三年，果何因而制此墨？思之殊不可解。”又有一件“黄山”瓦式墨，仿明代方于鲁所制“黄山墨”。其背面有行书三行：“同治六年（1867）之冬，徽州胡开文正记，仿方于鲁无胶超等松烟加十万杵。曹镛臣监造。”按“胡开文正记”本为1914年由曹镛臣在安庆设立的墨肆。此时距离同治六年约40年时间，故而此墨为民国作品。

其二，制者只在墨品上标识干支款以混淆墨品的制作年代。这种款有的只带有干支纪年，如“乙未”、“壬辰”等，而无具体帝王年号。也许是当时人觉得没有必要，也有可能是有意而为之。如安徽博物院藏“人磨墨墨磨人”墨，人形，高8.6厘米，重36克，一本色，一漱金。前胸篆书：“人磨墨墨磨人”；后背楷书：“乙酉首夏肖琴甫倩胡开文造。”〔图5-84〕遍查胡氏墨业发展的时间跨度，属于“乙酉”的年份分别为1765年（乾隆三十年）、1825年（道光五年）、1885年（光绪十一年）。据其风格，不可能为草创，当为同光时期制品。尽管墨品订制人的身份及墨品所制年份尚待考证，但是制墨家在墨品上只标明一部分年份的举动，无疑是要从另外一个方面彰显本店的正宗。故宫博物院藏有同样人形墨，其造型与安徽博物院所藏相同，唯款识为“徽州休城胡开文造”，由此可知此墨为同、光时期流行墨品。

[图5-84] 人磨墨墨磨人墨
（安徽博物院藏）

### 三　伪年款大量出现原因

清代及至民国时期胡开文墨品上的店名、人名内容极其庞杂难辨。造成这种现象的原因是多方面的，但有一点可以肯定，即此举是在胡开文制墨家族内部的统一行为。各家支胡氏子孙既受到封建家法束缚，又想在经济活动中体现个人价值、获得个人利润，故而很有可能在墨品的款识标注上下工夫，这样便可以做到左右逢源。无论是仿制还是冒名，其目的都是为了追溯祖先荣光，使得本号的经济利益最大化。事实上，那些被仿的真正精品文人墨皆属于个人消耗品，除了少许送人外，一般不会刻意保存。即便有少量流出，也应是损伤无用之器。然各家支从借助名人效应出发，其仿品的造型、字体、装饰皆极力复原之，仅有墨侧的家支地名款之细微区别，故而新品仍不失原物之余韵。

### 四　结论

款识虽是墨品上的附属物，但由于它深刻的文化艺术内涵，因而是徽墨鉴定中一个很重要的依据。晚清至民国期间大量出现的胡开文仿制墨题材相同或相近，明显非一店、一时、一人所为。我们有理由相信这些具有款识的墨品实为同一地区的不同兄弟店铺、或者是同一店铺的不同父子传人所制。因此，鉴别墨的真伪决不能只凭墨品所署款识而武断地定论。除须对不同时期墨的造型、纹饰、工艺技法和等有所了解外，还要把握徽墨款识的内容、风格以及相关历史背景知识。

寔事求是

# 第五章　胡开文墨进入宫廷

## 第一节　胡开文墨进入晚清宫廷的历史必然

本文拟从考察订制者的籍贯和身份入手，分析胡开文徽墨的行销乃至其分布状况与变化，以及造成这种变化的原因。

### 一　晚清至民国初年以胡开文家族为代表的江南笔墨制造业的繁荣

清末订制胡开文墨者人数众多，但其中绝大多数订制者的墨品已经湮灭于历史尘埃之中，其具体情况不可考知，本文无法也不可能就所有胡开文墨的订制者做一详细推断，亦不打算对当时文人墨作全面评介。由于保存下来的文人订制墨具有较强的随机性，故而其能反映的清末订制者籍贯的分布状况亦有其较强的随机性——范围仅限定于故宫博物院所藏，并稍微涉及及目前正式出版物及藏家的著述中所描述的胡开文订制墨。作这样的资料考索，意在为研究胡开文文人订制墨的特点、清末文人文化乃至一般的故宫学、徽州学、晚清文化问题提供一些实例。

#### （一）晚清文人订制胡开文墨的基本情况

故宫博物院藏有明确署有胡开文款的文人订制墨一千余锭，大约涉及订制者五百余人，其中可以明确其籍贯与身份的有一百余人。下面大致按级行政区划，列表分析故宫博物院藏品中道光至咸丰年间订制者籍贯的分布状况。

**道光至民国期间部分胡开文墨订制者籍贯的统计（故宫博物院藏品）**

| 区　域 | 安徽 | 浙江 | 湖南 | 江苏 | 旗人 | 江西 | 湖北 | 广东 | 四川 | 山东 |
|---|---|---|---|---|---|---|---|---|---|---|
| 人　数 | 39 | 24 | 18 | 14 | 10 | 8 | 7 | 5 | 5 | 4 |
| 百分比 | 25 | 15 | 11 | 9 | 6 | 5 | 4 | 3 | 3 | 3 |
| 区　域 | 甘肃 | 福建 | 山西 | 贵州 | 河南 | 广西 | 云南 | 其他 |  | 总计 |
| 人　数 | 4 | 4 | 2 | 2 | 2 | 2 | 2 | 5 |  | 157 |
| 百分比 | 3 | 3 | 1 | 1 | 1 | 1 | 1 | 3 |  |  |

从上面可以看出，在这一时期可以统计到的157人中，安徽籍人士最多。但这种比例仅占25%，至于其他地区订制者的人数分配也极不均匀，其中以浙江、湖南、江苏三省居多，总共有56人，四省共占比例为60%以上，与

江西、广东、甘肃以及四川、福建、山西等其他地区相比差距明显。特别是“其他”区域者（一省一人）仅有 5 人，占总数的 3%。与内地相比，广西、云南、贵州、人数更少，为 6 人，占 4%。如果将安徽、浙江、湖南、江苏与江西、广东、湖北等传统的经济发达地区作为同一地域看待，那么据此表，来源于此地域的订制者人数则达到 115 人，占总人数的 73%。所以，总的看来，除旗人宗室外，内地沿长江省份、沿海口岸是订制者籍贯的主要分布地。这种分布状态的形成，在很大程度上受这一时期订制者籍贯的来源等途径的影响。

[图6-1] 胡开文监造鉴水斋珍藏墨

### （二）籍贯分布

1. 安徽

（1）直系亲属

所谓直系亲属，乃胡开文创始人胡天注的后代。如前文所述“鉴水斋”墨〔图 6-1〕。墨上之“馥庭”字样本为胡开文第三代传人胡贞观。此墨为其赴省应试之时赠予友人的礼品。由此可见在胡墨创业初期，墨业的发展尚未完备，订制者的需求量并不大。在日常生活中，胡开文的直系亲属需要主动地向亲友推荐使用自家所产墨品，这在胡开文创业初期应当较为常见，并显示了胡开文墨在创业初期主要供应科举学生的本质〔图 6-2〕。

[图6-2] 胡开文监制青云路集锦墨

（2）本府同乡

胡开文墨在清末闻名于世，相当程度上归功于订制者的籍贯分布以本府同乡为主。从现已考证明确的徽州本地人不多，目前可以确定的只有胡澍、孙殿龄、叶韵笙、褚德彝、黄士陵、叶熙锟、汪心农、叶韵生、许珏等人。胡墨的物美价廉应当使得地方乡亲有条件购进墨品。另从历史传统上讲，唐宋以来，徽州地区有文人墨收藏的传统。这种风气流传至清末，使得蓄墨在当地不足为奇。在本地订制者中，还应算入那些有功名的，已经迁移至其他省份的徽州籍人士。由于应举及其他人事活动，这些人在背井离乡之后，依然与徽州产生过或疏或密的关系。特别是一些通过科举走出徽州的订制者，社会知名度较高，朝政干预度较大。其思乡之情的表达自然会影响到周围人等。

（3）同省（表略，见附录）

2. 湖南（表略，见附录）

3. 浙江（表略，见附录）

4. 江苏（表略，见附录）

5. 湖北（表略，见附录）

6. 旗人、宗室（表略，见附录）

7. 山东（表略，见附录）

8. 福建（表略，见附录）

9. 广东（表略，见附录）

10. 江西（表略，见附录）

11. 四川（表略，见附录）

12. 贵州（表略，见附录）

13. 广西（表略，见附录）

14. 山西（表略，见附录）

15. 云南（表略，见附录）

16. 甘肃（表略，见附录）

17. 河南（表略，见附录）

18. 其他（表略，见附录）

### （三）分布特点

1. 任职官员

今可考见的留有关于胡开文墨的订制人或主人，可以直接从墨品标注的信息考知。惯于订制墨品的官员大致可分为三个阶层，一是属于中央官员的高级官僚（包括宗室），二是巡抚、布政使等中级官员，三是基层官员。这三个系统官员名姓留存于徽墨中以第二个系统最多，其他相对较少。

（1）高级官僚

其中最著名的有曾国藩、李鸿章、左宗棠等。曾国藩（1811 ～ 1872 年）字伯函，号涤生，谥文正，湖南长沙府湘乡（今湖南双峰）人。清后期的军事家、理学家、政治家、书法家、文学家。官至两江总督、直隶总督、武英殿大学士，封一等毅勇侯。故宫博物院藏有曾国藩朱墨数锭。其一为长方形〔图 6-3〕，面隶书“求阙斋”三字，背楷书 ：“同治六年八月制。”俱阴文填金。一侧“徽州胡开文造”，楷书阳文。此墨为徽州人程恒生赠予曾氏的礼品。又潘鼎立赠李鸿章“十万杵”墨。再如八锭一套的左宗棠“八宝奇珍”墨亦是如此〔图 6-4〕。

[图6-3] 胡开文造求阙斋墨

就整体而言，这些墨品大都作为礼品而被署上当时高级官僚的名讳。其具体订制人曾前往徽州，多有游览兼游幕经历。虽然他们订制的墨多数是为了投献，但由于他们的目标所指社会知名度高、活动范围广，这对活跃胡开

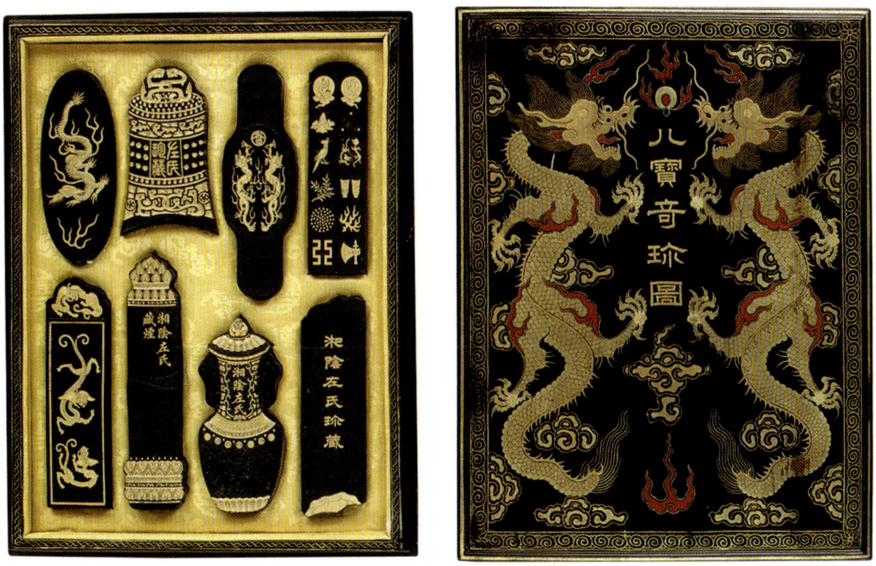


[图6-4] 胡开文造八宝奇珍墨

[图6-5] “民生在勤”贡墨

文墨的墨风、扩大胡开文的影响是有积极作用的。

（2）中级官员

自光绪元年至光绪三十一年，历任安徽巡抚共有 13 人，分别为：裕禄、吴元炳、陈彝、沈秉成、李秉衡、福润、邓华熙、王之春、聂缉椝、诚勋、恩铭、冯熙、朱家宝；又江南织造官员 15 人，分别为：锡奎、明勋、定昌、广第、文琳、贵存、广英、庄山、文珮、文熙、常山、增崇、祥煜、锡麟、存恒。从故宫博物院藏墨中“棉花图”、“民生在勤”〔图 6-5〕、“万年红”〔图 6-6〕等贡墨款识查考，署有以上多数人等所进贡墨的单锭数量在一万锭以上，约占故宫博物院墨文物藏品的五分之一。

（3）基层官员

从故宫博物院藏品中查考，有关徽州当地的府县级官员向胡开文订制墨品占有相当的规模。这是胡墨的主要客源之一。更值得关注的是，胡开文制墨家族诸店在同、光年间已经将其店铺发展至超过徽州范围的广大地区。事实证明，此举在销售策略上是行之有效的。按照目前的考证，清代最早任职徽州并将名字留在胡开文墨上的人士当是休宁知县“析城友棠氏”，其“晋魏遗征”墨署有“道光己酉（1825 年）□□制于海阳官廨”等字样。之后任官徽州的订墨人明显增多，如绩溪县知县晏淳一“十万杵”墨。晏淳一，号心田，江西庐陵人，进士，曾于道光二十四年任婺源知县，二十五年年底调祁门知县，二十八年调绩溪知县。又休宁县县令吴锡麟的“金壶仙液”墨〔图 6-7〕，背隶书三行：“道光岁在柔兆敦牂（1846 年）小阳月休宁知县吴锡麟选料监制。”除

[图6-6] “万年红”贡墨

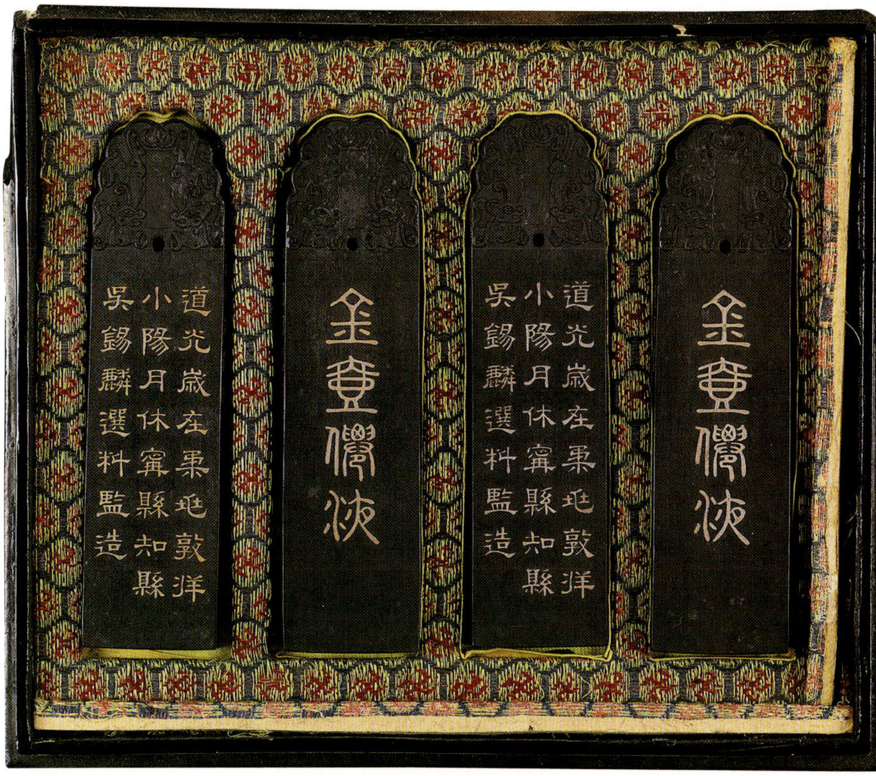


［图6-7］**金壶仙液墨**

此之外，还有“六韬三略”墨为“同治六年（1867 年）嘉平月金陵善甫氏制于海阳官廨”。此知县似王姓，又有“一品富贵”墨，署有“同治戊辰（1868 年）孟夏月金陵王善甫制于海阳官舍”。二墨似为同一人所订。“奉恩楼诗书画墨”署有“同治己巳（1869 年）年海陵丁燮甫偕弟子容选烟于汉阳官廨”；“罔谈彼短”墨署有“上湘蒋氏和第二子寅震珍藏（时同治辛未［1871 年］秋初制于皖南练江权署）”；“清华朗润”墨署有“光绪丙子（1876 年）长白颜札氏制于皖江官廨”〔图 6-8〕；“幼宇吟诗之墨”署有“光绪三年（1877 年）岁在丁丑作吏皖江仿易水法造”；田氏仿“古琴”墨，一面署有“知味斋”字样，一面则为“光绪乙亥（1899 年）仲夏识于新安官廨”〔图 6-9〕。诸如此类，不一而足。总体而言，自明中叶以来，中国书画墨的制造主要集中于徽州地区，并作为地方特产流向全国。由于地方官员流动的制度性规范化，使得许多当地任官逐渐成为订制者的主要来源。同时，随着官员的外迁，被订制的墨品许多被离任的官员带到全国各地，从而推广了胡墨的知名度。

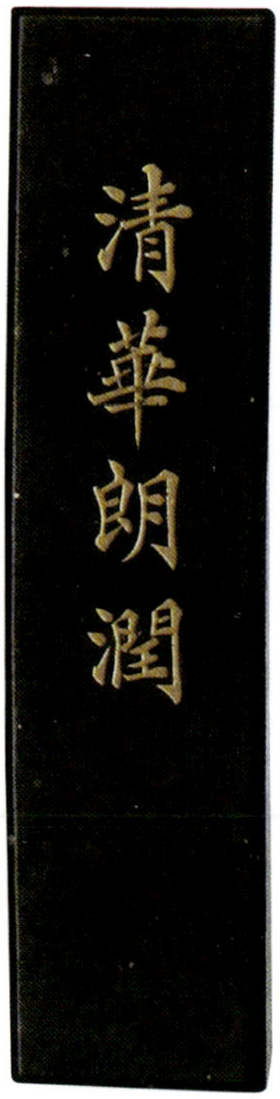


[图6-8] **休城胡开文造清华朗润墨**

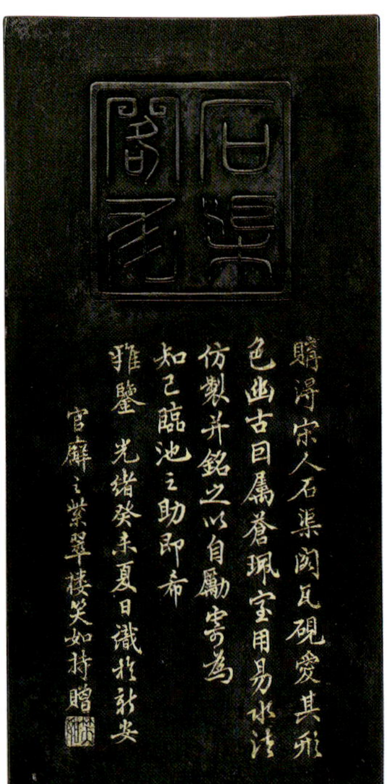


[图6-9] **胡开文石渠阁瓦砚式墨**

（4）游历官员

也有些官员是在前往徽州游赏观光时决意订制墨品的。例如前文所述“润州招隐山房书画之墨”的主人戴启文于光绪甲午（1894年）年在徽州宦游。在徽州，他自称“三十六峰过客”，与休宁的胡开文主人过从甚密。除此之外，还有诸如其他游历官员如“焚香煮茗静”墨署有“同治戊辰（1868年）冬仲熊氏韵臣制于新安传舍”；“杏花春雨”墨署有“同治十年（1871年）秋月曦亭识于铜陵澜溪客舍”等。像以上由其他文献考得游览徽州的外地人士还有不少，因篇幅所限，就都不加介绍了。

2. 军人

在太平天国战争进行期间，各方军队的驻扎，以及当时军队将领相对较高的文化素质，使得这些人成为胡开文获取订制者的主要渠道。故宫博物院藏有有一笺《开文斋墨赞》曰：

> 质坚而正，气清而秀；获交陈六，见赏石□；或呼以黑松使者，或名以元香太守。可为翰苑之菁华，可助文章之锦□。惟我宝之不事雕镂，惟尔藏之永相授受。

“开文”两字上有红色椭圆篆印“苍珮室”，文字为黑色楷书，后有红色大印。其印文与上文所记屯溪店墨票同。但是值得注意的是，在这篇《墨赞》之末，有“甲

〔图6-10〕曾国藩“涤生相国”墨

子（1864 年）小春湘阴左宗棠识于武林节署”字样。“武林”为杭州旧称，查湘军将领左宗棠于 1864 年三月攻占杭州，可见此单为左宗棠所制，同时反映了胡开文与军方之间的某种联系。又吴坤修“结岁寒缘馆藏墨”，长方形，面有“佳品”二字，隶书阴文填金。侧款为“咸丰庚申年”及“胡开文选料”。吴坤修，字竹庄，江西新建人，参与镇压太平军起义。同治七年，署巡抚，实授安徽布政使。这些墨就是他援徽州时做的。与此类似的还有“几生修得到梅花”墨，一面“同治甲子（1864 年）仲春楚北沙羡秋丞氏从军休宁选烟”。从墨面题字可以看出墨主“秋丞氏”，曾在休宁地区参加过镇压太平军的行动。再“涤生相国”墨〔图 6-10〕，署有楷书阳文“揆端百度（受业毛有铭奉檄皖南军次海阳监制）”等。毛有铭，湖南上湘人。曾国藩集团的重要将领。嘉道之后今文经学的复兴以及经世之学的兴起，便是这种学术变革的表现。尤其是一批湘军人物，生于鸦片战争前后的社会大变局时代，又受湖南先贤学者的濡染，治学均具强烈的经世致用倾向。而以理学大师曾国藩为

［图6-11］林葵等七幕僚合制墨

代表的一大批人开始调和汉宋，能够正视现实，注重躬行实践，讲求实效。而此时的慈禧太后坚持任命了一大批汉族士大夫，形成了以湘军将领为主的汉族大臣握有东南各省督抚大权的政治格局，并由此奠定了晚清政局中汉族地主政治势力位居中枢、左右政局的新局面。故此，湘军的兴起及其势力的发展，乃是晚清政局中汉族地主士大夫的政治势力崛起的契机。正是因为“湘军”、“淮军”的兴起，开启了中国近代化的先河，进而将湖湘、皖江文化的精神发挥到了极致。特别到了同、光时期，清政府的东南半壁河山，尽入以湘、淮军为主体的汉族士大夫手中。他们通过军功与幕府两条途径培育出大批人才，并因此而影响着晚清中国社会的各个方面。这些人对于胡开文墨的垂青，无疑是胡墨迅速发展的重要契机。

3. 旗人、宗室

随着胡开文墨名的不断扩大，皇室宗亲以及相当数量的旗人也开始对其有所眷顾。例如前文所述的江南三织造的官员，出身于内务府，其好恶在一定程度上影响着内廷的取舍。如光绪朝各式由旗人、宗室题写墨票的大量出现，不能不说是对于胡开文墨的另一赞誉。

［图6-12］胡开文监制实事求是墨

4. 幕僚

咸、同时期幕府遍及全国。幕府有助成“同治中兴”之功。在督抚专权格局形成过程中，身跻封疆的人物有相当一部分就出身幕僚，进而在晚清权力结构的转变中起了更为直接的作用。胡墨对此多有反应。如前文所述林葵等七幕僚合制墨〔图6-11〕。文中所言侯官林葵、崇明杨安震、歙县程洁、海门周家禄、通州张謇、吴县叶觐仪、泰兴朱铭盘，当时皆在吴长庆幕府，驻节汉城。又有胡元仪“实事求是”墨〔图6-12〕，此墨墨主胡元仪，字子威，湖南湘潭人。张之洞督湖广时，设两湖书院。元仪在此讲授经学。再如 1902 年秋，安徽黟县人、金石学家黄士陵受当时的湖北巡抚、署湖广总督端方之邀订制墨品，正面篆书“陶斋尚书审释金石墨”，背隶书:“光绪二十九年黟黄士陵选烟。”其后黄士陵又被端方邀至武昌为编写《陶斋吉金录》。此墨不仅说明了端方对黄士陵的信任,更说明了墨的订制，乃属文人交往中之雅事。

## 二　发展原因

为了更好地在商场上生存，胡氏家族延续了徽商的一个典型传统：即结交高层，寻求政治庇护。经营商业虽是一种经济行为，但从另一个角度来看，又是一种文化行为。而经营艺术也是经营文化的重要组成部分。特别是明清时期科举制的盛行使得文房四宝业在徽州有着广阔的买方市场，故而徽州墨商除了继续占领江南这一重点区域外，他们还周游天下，构建起一张覆盖全国各地的商业网络。历代胡开文的决策人（店东或业主）能够根据时代特点和消费需求做出相应的变化，从而确保自己立于不败之地。不仅如此，其发展还有如下特点：

1. 以质取胜，获得顾客的广泛赞誉。

总体而言，胡开文墨业在经营过程中，十分注重产品的质量，力求杜绝伪劣产品流入市场。有墨票形容胡开文的制墨过程：

> 漆欲其净也，烟欲其精也，胶欲其和也，香欲其烈也。涵而揉之，以视其色泽之均也；捶而坚之，以视其肌理之细也；范而肖之，以视其意态之工也。

这与墨店在原料、配方、工艺上一直在不断的改进有关。胡开文为了改善墨品的色泽、香味、防腐防蛀等功效，还吸取古代经验，配和珍贵天然药材等添加物，从而增加了墨品的整体价值。

近代中国著名实业家张謇先生曾在其与友人的信《致吴季诚函 (1920 年 12 月 5 日 )》中提到：

> 季诚世兄：请为买真松烟墨（顶烟以上）二、五斤。问胡开文，本

熟人也。不知其昔日之人尚在否也。须属其勿循俗用煤烟制墨，墨价稍加于旧无妨也。极劣亦须桐烟，若煤烟则水作土亏墙宜之耳。又，买上好印泥一两，次者二两，泥中勿杂洋红。沪市从人起皆尚伪，吾甚恶之，不可不慎。

由此信可知，张謇作为胡开文的老客户，对于其墨质的把握是十分在行的。从另外一方面而言，在民国时期的制墨业中，低等廉价墨品已经充斥于市场，张謇对此是极为小心的。

2. 徽墨商人具有较敏锐的政治眼光，善把握时机，开拓市场。

政治形势的变幻对经济有着不可低估的影响。胡开文家族诸墨店善于透过政治形势来捕捉商机。自太平天国革命失败以来，清朝重新恢复科举考试。江南作为饱受兵燹之地，举人学士汇集，对墨的需求量极大。与此同时，徽州旧有制墨业在太平天国战争中凋零败落，一时间需求旺盛而供不应求。另外自鸦片战争以来，大批城镇被开辟为通商口岸，长江中下游几大城市成为商贾云集之地。经商写账自然耗墨不少。基于以上考虑，绩溪、婺源的徽墨商人选择在长江中下游及运河沿岸各城市开店便成了一种历史的必然。胡开文墨业善于从社会形势及市场需求出发，区别不同的消费对象，制定不同的方针政策。在科举时代，墨的销售对象主要是士大夫阶层。因而这时的胡开文墨业其经营原则是重点放在高级墨上以多获利润。光绪三十一年（1905年）废除科举后，全国各地普遍设立新式学堂。由于市场需求的变化，“胡开文”墨业把主营方向开始转为生产普通墨，进而在日益萎缩的文房市场中创出了一条异于常人的新路。

3. 文房四宝业的特性导致商家始终坚持对于高端路线的把握。

在很长一段时期内，胡开文墨店的利润主要来自高端顾客。这种顾客需要的是精品墨，不但讲究质量，还要装潢精巧美观。故而在清代晚期，胡开文沅记与休城胡开文皆在本店内设“出官”（出外会官的意思）一职，专司对外交际，特别与封建官僚及士大夫阶层打交道。担任“出官”者需具备两个条件：一是有一定的文化程度，善于辞令；二是仪表较好，熟习和官场周旋的礼节。其工资待遇与经理等，且超过之（除工资外，还有鞋袜费、车马费等津贴）。每有“体面人”到店选购商品，即由“出官”请至会客室招待

［图6-13-1］ **“江南织造奴才常山恭呈”**

［图6-13-2］ **常山进棉花图墨墨品包装（外木箱缺失）**

茶烟，经过彼此介绍，确知其现任职务或在社会能够所占资源——如其对于本店推广销路可以助力的，则招待更加殷勤。其普遍使用的办法是在顾客选购货物之外，另送上等精品请他笑纳。如“出官”会将在店内出售的，原本就备作交欢顾客之用的礼物——绩溪老家著名土产如“黄山野术”、“葛粉”、“蜜枣”等不断送给贵客。

除“出官”外，诸店老板也亲自出面交际。仅就沅记的创办人胡贞一来说，他当时就很花费一番工夫与芜湖道“宫道台”（满人，当地最高官吏）相结识。为了取得他的欢心。胡贞一曾特地精选配料，制就一种名叫“宫保大富贵亦寿考”高级新墨作为礼物送给他。后来宫道台为了酬谢他的好意，便将与自己素有交情“江南织造”常山（满人）介绍给胡贞一。而常山正选购一批上等好墨备作进贡之用。胡贞一便承接下来这批生意，进而使得沅记胡开文的产品更加名闻于国内。据民国初年进店学徒的老工人胡中孚回忆：其在学徒之初还曾看到一种刻有“江南织造奴才常山恭呈”字样的墨模。故宫博物院藏有“棉花图”贡墨若干，其上即署有同样款识〔图 6-13〕。

4. 投其所好，积极推介

“出官”的活动，不仅限于驻店招待上层顾客，更多的是出外交际，如登门访问、逢节送礼等。有的“阔佬”购墨，自己既不到店，又怕委人代办不称心，于是叫“出官”把货送去让他选择。当然，交结官府的另一番目的，还在于吸收社会游资，以充实自己企业发展的资金。这种行为突出表现在芜湖“沅记”与上海“广户氏”两家。由此可知，已有一部分胡开文在清末民初具有明显现代资本主义企业的特征。从目前所见同、光两朝胡墨题款来看，胡氏诸店都采取了相当灵活的营销方式。特别是到贵客家直接听取订制人意见，随时修改。让顾客从感情上认可了胡开文，便有了成交的心理基础。当然，订制也需要从两方面讲：有些文人并不十分懂墨。一般也不参与墨的制作过程（包括模版的设计、烟料的选择），所制墨的款式都是遵循当时流行式样，没什么特点。而有些客户则对墨相当精通。精通者往往亲自参与墨的制作，特别是对墨版要自己设计，选料也较前者精细。自然，店家对后者的收费要比前者高得多。

另外，在日常生活中，胡开文各店时常会主动推荐使用自家产品，并对经手人实施经济笼络。因为当地上层人物如学台、通台之流多高高在上，难于巴结得上。所以他拉拢的对象以各衙门的师爷居多。而在清末民初的一段时间，各地修谱之风甚盛，祠有祠谱，家有家谱。谱修成后仍多用古法印刷。因此，此时各宗祠或各家族所雇印师（管理雇工刻板和印刷等工作）便成为“出官”笼络的对象。其笼络的方法，也无非送礼请客的一套。经手购货的人照例还有回扣，谓之“洋力”。

5. 善于制造名人效应进行广告宣传

针对之墨行业竞争十分激烈的情况，胡氏子孙甚至不惜挖空心思，巧妙利用名人宣传自己，甚至使用神话达到宣传效果。例如，在徽州一直传颂着胡天注在梦中受到高人指点，从而创造出优质品牌并发家致富的故事。另外，当地还流传着“胡开文”第二代传人胡余德即便使得墨店遭受损失也要保住信誉，从而赢得顾客信任的故事。虽然这类传说在事实上有无依据尚待考证，但是这样的传说对于产品销售无非是相当有益的。

胡开文墨业在1915年所制的“地球墨”〔图6-14〕曾荣获美国巴拿马万国博览会的“金质奖章”和南洋劝业会的“优等奖状”。在评奖结束没有多长的时间内，胡开文便迅速借助世界效应，在市场上推出“获奖产品”，从而提高其市场影响力。张絅伯先生曾向故宫博物院捐献一锭残破“地球墨”。随盒所附墨票为一微型奖状，为“中华民国农商部”特奖。其中“农商部印”为方框红篆文，周边环以麦穗，正中头前为“三等”隶书，两边中华民国“五色”国旗、一面美国国旗各一面。张絅伯先生在此墨盒上自书〔图 6-15〕：

[图6-14] 老胡开文造地球墨
（安徽博物院藏）

本盒盖面题词大部分用刀刮去，不可辨识，下部分列六行，每行七字，首行可识者首

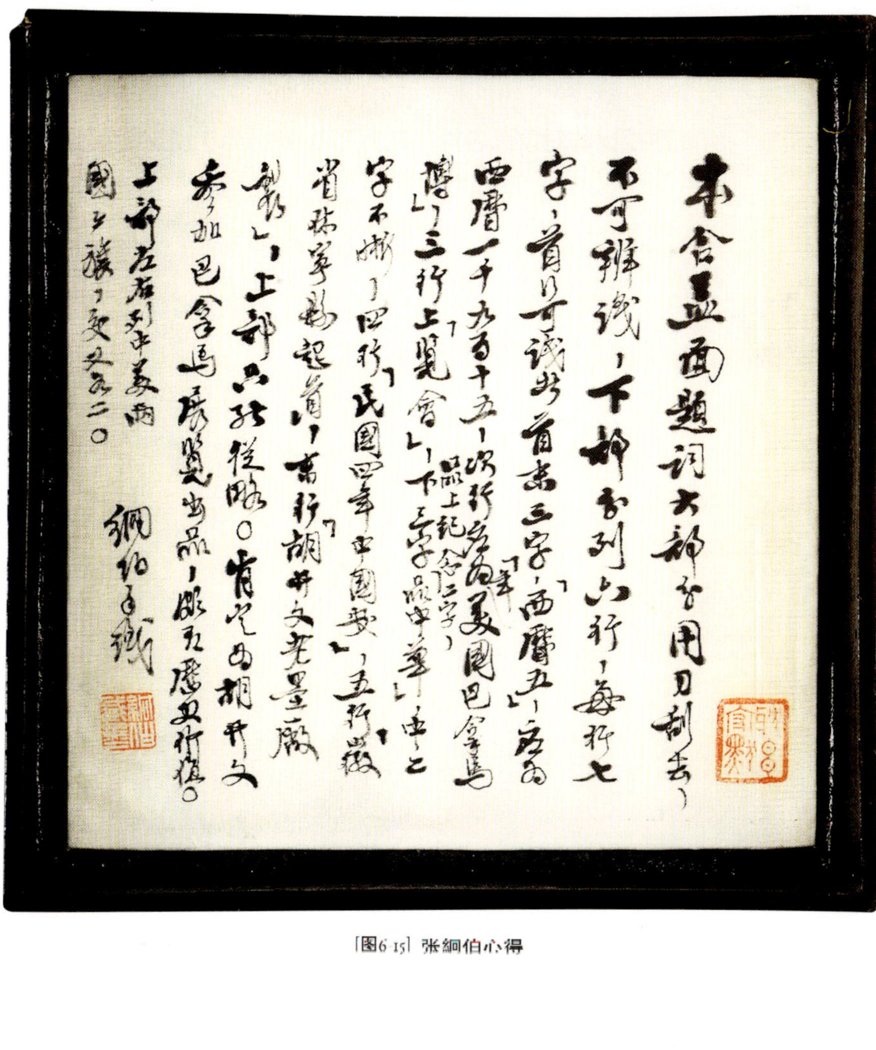


[图6-15] 张絅伯心得

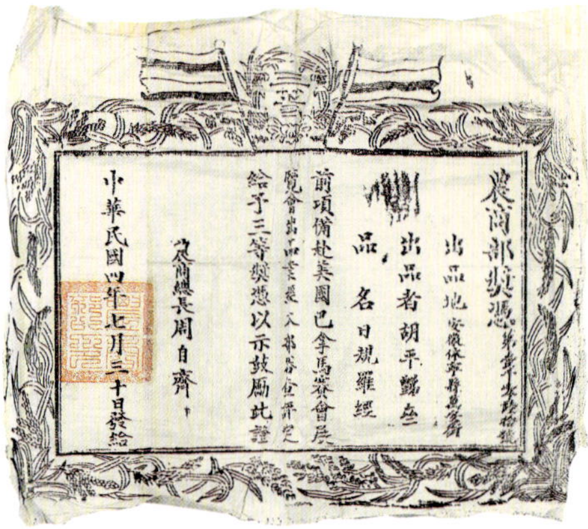


［图6-16］张絅伯所购“日规罗经”附属访单

末三字，“西历五”应为“西历一千九百十五”，次行应为“年，美国巴拿马博”，三行上“览会”，下三字“品中华”，品上“纪念”二字，“中”上字不晰，四行“民国四年。中国安”，五行“徽省休宁县起首”，末行“胡开文老墨厂制”。上部只新从略。肯定为胡开文参加巴拿马展览出品，颇有历史价值。上部左右列中美两国国旗交叉各二。

［图6-17］地球墨包装盒

徽州商人这种利用社会形势和新闻的时效性，用小小的仿制成奖状形的墨票来抬高声誉，以便争取利益最大化的做法，无疑是一种创举，可谓用心良苦。不过此奖状实为与“地球墨”同时参展的“安徽休宁县万安街”之“日规罗经”奖状〔图6-16〕。至于张絅伯先生将“日规罗经”的奖状放入“地球墨”的锦盒〔图6-17〕中是否属于一时失误或暂时存放尚需考证，但是由于两者都参加了巴拿马万国博览会并获得殊荣〔图6-18〕，因而“地球墨”亦获当时中华民国有关政府部门的奖励亦是有可能的。

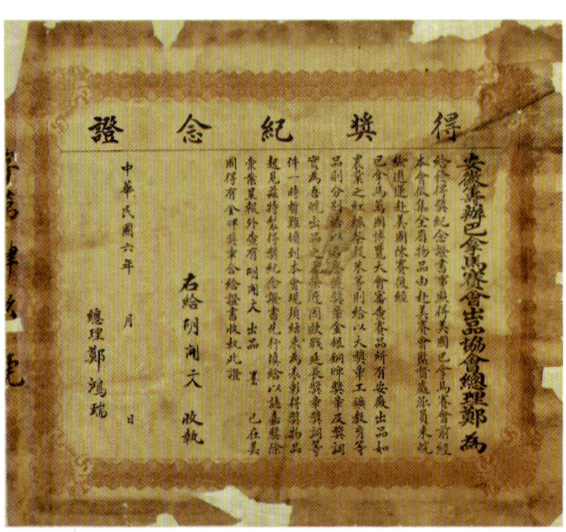


［图6-18］胡开文获金奖奖状
（安徽博物院藏）

旧时“名人”多为科举制度的受益者，更给人成龙在天之感。于是，胡氏子孙利用“名人”订制墨品的既往经历，在省内外大作广告。为了强化宣传效果，胡氏子孙又不惜重金，聘请技工，重新将这些精美的墨模加以翻刻，重复利用。这样，在社会上便促成了使用胡开文墨即可登科取仕的广告效果。不仅如此，胡开文诸墨店还利用给朝廷进贡的机会，将宫廷的“贡品”定式产品投入普通市场。另有若干其他“贡墨”、“御墨”墨面世，此举同样似乎也在着意突出制墨家的名号以及“贡墨”的荣誉。这样做的目的是起到了商业广告的作用，可谓用心良苦。除此以外，胡开文诸店还利用不同时代的名人扩大自己的声势。如“五百斤油”墨，一面“五百斤油”，一面“冬心先生以五石顶烟为五百斤油”，侧款“胡开文制”。金农（1687～1764年），号冬心，浙江仁和（今杭州）人，久居扬州。金农是“扬州八怪”的核心人物。事实上，在金农生活的年代，胡开文的品牌还没有出现，但是胡款“五百斤油”墨的出现，有助于验证其产品的悠久的文化传承性。因此“胡开文”的声名日盛，销路更广。又如故宫博物院藏大量尚待识别真伪的墨票，同样反映了这种情况。道光年（丁酉，1837年）休宁进士孙日萱赞曰：

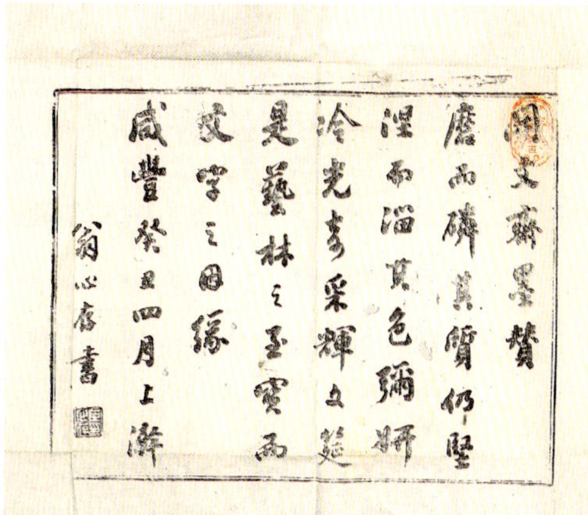

[图6-19] 翁心存墨票

珍称墨宝，誉驰艺林，苍佩之宝，触目球琳，元霜质栗，紫云光沈，廷珪而没，此云嗣旨；泼纵以海惜本如金，龙宝十二助尔文心。

咸丰（癸丑，1853年）朝臣翁心存的《墨赞》〔图6-19〕赞曰：

磨而磷，其质仍坚；涅而淄，其色弥妍；冷光素，采辉文筵；是艺林之至宝，西文字之因缘。

有较高的史料价值，借此可以查考那些官员的名姓和任职情况。

### 三 结语

亦官亦商的经营模式是中国老字号最突出的典型模式。墨商喜与文士交，一半是因为对“文”有雅兴，一半是为了附庸风雅，其目的是为了邀名并跻身于封建官僚和士大夫之列，进而为其商业活动提供便利。其手段有三：重教兴学、纳赀捐官、广为交游。一些文化素质比较高的商人中尤以与文士交往为乐事。这类事实，在中国制墨史中不胜枚举。

故宫博物院是全国范围内收藏徽墨文物，也是收藏胡开文墨数量最多、品种与范围最广的文博单位。由于文物收藏本身的局限性缘故，本文统计与分析的材料尚不能对二百多年来胡开文墨的全部订制者进行全面分析，而且就目前所掌握的材料而言，这些订制者基本属于文人士大夫阶层中的上层人物，晚清的社会知名人士，故而可能与整体胡开文墨订制者的籍贯分布略有差异，但还是能从整体上反映胡开文墨订制者分布的大致格局。应该说从清同治至光绪年间是胡氏家族的鼎盛期。同治以降，胡开文墨开始大量进入宫廷，一方面是由于徽州其他墨家的衰落，另一方面却是胡开文墨在全国各主要城市的广泛分布与官僚士大夫阶层对其的认可。这种变化在很大程度上归功于胡开文制墨家族的经营。但从根源上来讲，是宫廷文房用品的来源在晚清发生了局部改变：即由稳定的内府营造向地方纳贡、进献的渠道转变。以胡开文为代表的徽墨商人以江南地区作为历史舞台，出演了一幕壮观的历史活剧。

## 第二节 光绪朝“棉花图”贡墨与胡开文制墨家族

“棉花图”是中国古代实用工艺美术领域中的一个重要题材。在相当长的一段时间内，“棉花图”集锦墨曾与“万年红”、“民生在勤”一起，成为晚清徽州贡墨的一个重要题材。

### 一 “棉花图”集锦墨的溯源

我国古代称棉花为“织贝”、“吉贝”或“白叠”，有的也称为“木棉”。

长期以来，棉花作为人们的衣被原料，历来被列为重要的经济作物。至清代乾隆年间，直隶已经成为我国当时重要的产棉区之一。当时棉业得到大发展的原因有两个：一个是当时比较稳定的社会环境；二是长期以来棉业生产经验的积累和技术的成熟。这就为“棉花图”图谱以及“棉花图”贡墨的出现创造了条件。

### （一）清代“农本”的治国思想与“耕织图”集锦墨

“棉花图”贡墨属于“集锦墨”的一种。它的出现与当时“耕织图”集锦墨的流行有着重要的渊源关系，而“耕织图”集锦墨又是中国古代封建统治者治国思想的一种艺术体现。“耕织图”是中国古代一种重要的绘画题材，作为反映我国古代农业生产过程的连续性画册，发展高峰在清代。康熙皇帝深知农事经济兴衰与政权巩固之间的关系。他曾强调“王政之本在乎农桑”的道理。清代第一幅“耕织图”便是在康熙三十五年（1696 年）由宫廷画家焦秉贞奉旨绘制的。自康熙“御制耕织图”颁布以后，后来几位清帝大都有本朝“耕织图”问世，且形式多种多样。特别被广泛“移植”于各种器物装饰上，使得实用性、艺术性与欣赏性进一步结合，应该说是清代宣传与推广“耕织图”的突出创举，也从一个侧面反映出清朝历代皇帝的尚农之意。

### （二）“御制棉花图”诗墨的产生

乾隆年间任直隶总督的方观承在任期间，勤于民事，治绩彰显。他总结河北地方种棉与制棉的技术知识，主持撰成“棉花图”一卷，将直隶地区从种棉花到染织成布的全过程制成图录，并附文字说明，共计 16 幅。乾隆三十年（1765 年）四月，乾隆皇帝南巡时，方观承将“棉花图”呈上。后来方观承又以康熙皇帝的《木棉赋》为序，并和乾隆帝御题诗 16 首，将图册摹刻成石，原册复呈皇帝。“棉花图”图谱被首肯之后，其内容被迅速体现于墨品创作之上。目前故宫博物院藏有一套乾隆年制“御制棉花图诗墨”，每锭墨长 13.3 厘米、宽 3.7 厘米、厚 1.3 厘米，墨盒长 29 厘米、宽 22.4 厘米、厚 6 厘米。墨均长方形，墨色黝黑清新，将棉花耕作、纺织的全部劳动过程再现于 16 锭墨品之上。墨品一面刻劳动场景，一面题诗，完整地表现了农作物棉花耕织的全过程。整套墨装于一黑漆描金双龙戏珠纹盒中，分上下函装，制作极精致。匣内黄缎垫衬上有“乾隆三十年”字样。在没有旁证的情况下，可以认为是现存最早的”棉花图”集锦墨。这套墨当是由宫廷如意馆的无名画家、刻工根据方氏“棉花图”雕成墨模，并点烟烧制而成。又据周绍良先生推断，早在乾隆三十四年（1769年）以前，民间市场上就已经有“棉花图”贡墨出现。例如在曹素功售墨仿单《徽歙艺粟斋墨品》中,“棉花图”就被曹素功家族列为贡品之一，售价为每部二十五两。

## 二　故宫博物院所藏光绪朝“棉花图”贡墨

嘉庆十四年（1809年）方观承之子方维甸制作了新版“棉花图”集锦墨，侧款上有填金楷书“臣方维甸恭制”,故被称为“方维甸恭制款棉花图诗墨”。有清一代，承担徽墨具体生产任务的贡者时常有变，据《歙县志》称，清初“海内巨卿贡墨皆取制于曹素功”。迨至乾隆、嘉庆年间主要由汪近圣和汪节庵两家承担；而同、光年间则由胡开文一家担当。

### （一）胡开文家族承办晚清贡墨

曾有文献表明，在光绪三十年甲辰（1904年）十二月，歙县县令曾奉安徽巡抚诚勋之谕，令“休城胡开文”制作贡墨，全文如下：

> 钦加同知衔、赏戴花翎、特授徽州府歙县正堂、加五级记录、五次邓谕、休城胡开文墨铺知悉：照得光绪三十一年（1905）分端阳，应进贡品墨、朱锭，自应先期备办，以免临时迟误，合行查案谕知。谕到该墨铺，即便遵照向章，速办“黄山图”墨六斤，每斤十八锭，计大小一百零捌锭，分装六屉，合成一楠木箱。又“民生在勤”、“耕织图”墨四斤，每斤十六锭，计六十四锭，分装四屉，共作一楠木箱。又新刻“棉花图”墨四斤，每斤八锭，计三十二锭，装四漆匣，外用锦套，敬谨描画，作一楠木箱。以上之墨，共计三提，统计二百零四锭。并添办朱锭五十锭，均须装璜齐全。所有墨边上刊刻衔名“恭进”等字样。仍俟奉到宪行,再行谕知。又抚宪（指安徽巡抚诚勋）呈样之墨，系用“黄山图”墨四斤，亦须装璜整齐。所有一切样式，均宜妥速办齐，事关上用要件，慎勿迟延，致干未便，切切特谕。光绪三十年（1904年）十二月初一日谕。

我们从中可以看出，安徽巡抚衙门规定了贡墨的主题、重量、锭数、包装、款识、上缴时间等诸多内容，而这些内容似乎已经被订制者和制作者忽略，由此可知胡开文的“棉花图”贡墨制作，属于政府采购性质的订制，已经延续多年。尽管此谕只是众多谕令的一个例子，但是我们依然可以看出安徽当地各级官府对于贡墨生产及进贡的重视。

### （二）光绪朝“棉花图”贡墨的特点与风格

“御制棉花图诗墨”自问世以来,后世多有仿制。由于乾隆版“棉花图”原墨模的遗失，嘉庆年间虽然重新翻刻了一套墨模，但是依然没有逃脱遗失的命运。到了光绪年间，在徽州出现了几种“御制棉花图”贡墨激烈竞争的局面。

1. 种类和内容

故宫博物院现存光绪朝贡墨中以胡开文、胡学文二家所制最为著名，其数量也最为庞大。在民国初期多藏于乾清宫懋勤殿、上书房、南书房，坤宁宫东、西各殿，北五所古董房等处。光绪朝在徽州休宁海阳镇开设“休城胡开文”墨店的为第五代传人胡祥禾（1851 ～ 1899 年，名文焯，字少汀）和第六代传人胡洪椿，胡祥禾当家时期曾吩咐制模技师王绥之等人重新翻刻了一套墨模，制成光绪版“棉花图”墨。胡学文，原是徽州绩溪上庄村附近宅坦村中一房“明经胡”氏兄弟，曾在同族的胡开文墨店学徒。期满后他们借助于胡开文强大的市场品牌，在嘉庆九年（1804 年）前后在歙县设立一家名为“苍云室”的墨肆，其业务延续数代。周绍良先生认为：“胡学文墨在嘉、道期间，其制墨颇为一般使用者所重视，当然由于其制墨烟匀质细，工艺稳定，因而其业务也随之发展，很多自用墨具委托其代制，历久不衰。”光绪年间，胡学文曾与其他各支胡开文以及本府同乡的诸多“胡╳文”墨店一道，共同争夺休城胡开文的市场份额。

尽管这两家所制贡墨目前保留的数量相对较多，但是其装饰方法和题材内容却较为单一，文图重复非常之多。总体看来，胡氏诸家“棉花图”墨品上各工序图像的画目、内容与乾隆版“棉花”图基本相同。全套墨运用连环画形式，表现了棉花图原图的精髓，记录了从棉花播种、纺织至练染成布的整个生产劳动场面〔图 6-23〕。

墨品上的各种优美图案惟妙惟肖、风格独具，细致地描绘了棉花播种，灌溉和采棉、纺线、挽经、布浆以及农民织布、练染等场面。全文为阴文线刻，构图极为工细谨密，布置严整精致：远山近树，陂塘畦畛，错落有致；

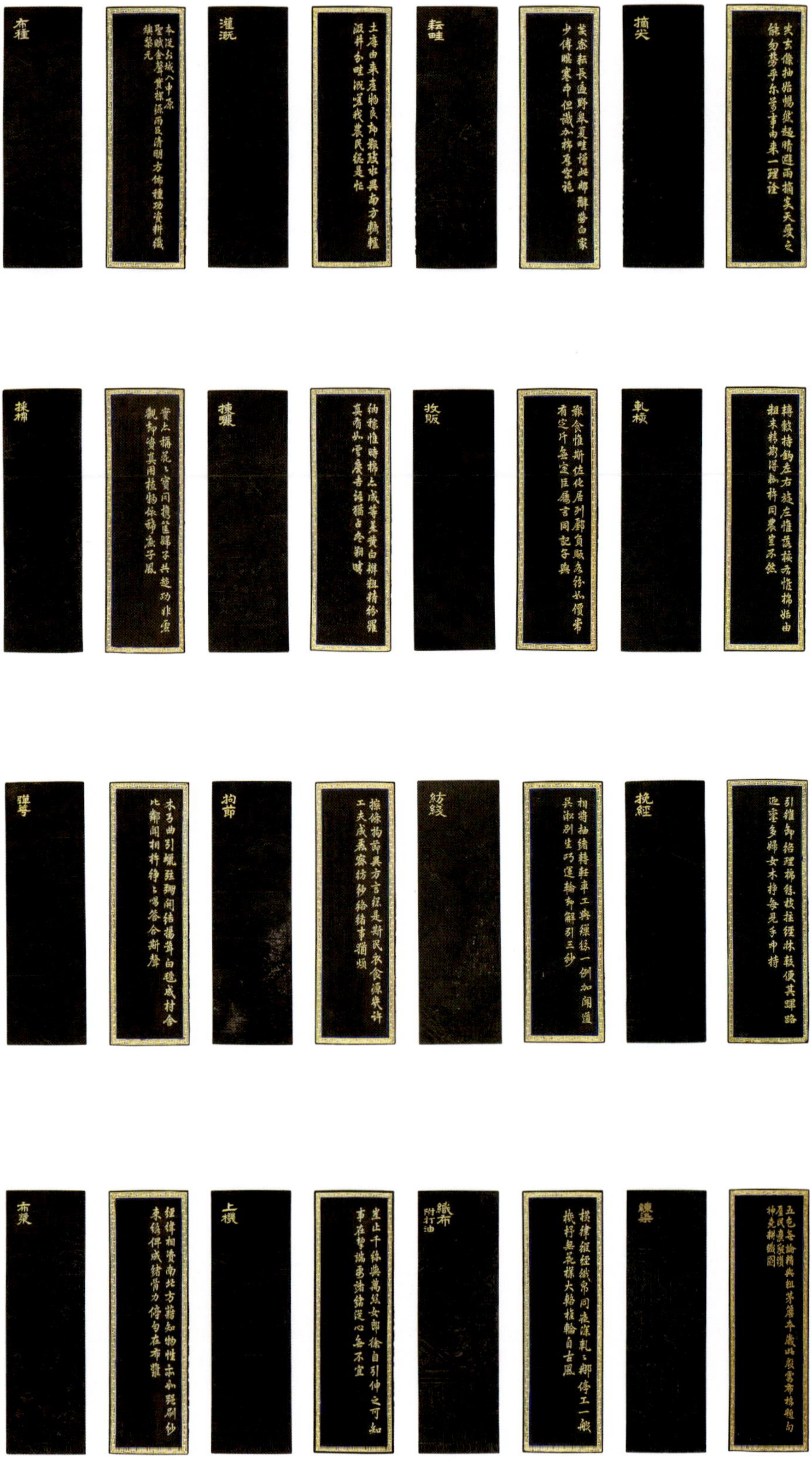
布種
灌溉
耘畦
摘尖
揀曬
收販
軋核
彈華
拘節
紡綫
挽經
布漿
上機
織布
附打油
練染

[图6-23] 棉花图贡墨

（光绪年间江南织造进）

[图6-24] **"光绪十年"**

房舍器具，合乎规矩；人物动作，各具形象；文字说明，言简意赅，通俗易懂。整个画面联系紧密，结构完整，刻画出一幅远处山峦起伏连绵，近处片片水田，人们忙忙碌碌地从事着各种农业劳作的田园风貌。既突出了画面的主题，反映当时农民艰苦劳作情景，又有浓厚的生活气息。每一张图前有一段文字，简明扼要地说明了该项技术的要求，以图为主，图文并茂，通俗易懂，翔实记录了18世纪我国北方棉花种植和利用的经验。再加有乾隆皇帝的题诗，其诗笔法苍劲，挥洒传神，堪称难得的艺术珍品。

2. 形制和款识

总体看来，光绪朝地方官员进贡墨者的职务分为"三织造"以及"安徽巡抚"等几种，其管辖范围，正是胡开文制墨家族在同、光年间及至民国初年进行商业活动的核心地区。由于御制诗题材和内容的限制，每锭墨的整个造型为固定的长方条状，在形态上显得规整端庄。与嘉庆年制的同类墨相比，在长度和宽度上都有所缩短。据统计，此间各家贡墨每锭的长度都在10.8～12.5厘米、宽3.2～3.6厘米、厚1～1.2厘米之间。

就款识而言，绝大部分贡墨每锭皆具款，均为楷书阳识。这也是区别胡氏诸家"棉花图"墨品进贡者、年代乃至制作者的重要依据。每一类又有多种内容和表现形式，是贡墨中历史信息包含最丰富的一类。总体看来，作为贡品的"棉花图"集锦墨一般具有统一署款方式：如果以画面为正面，御制诗文为背面，则在集锦墨的每一锭左侧署有进贡年份，如"光绪□□年"〔图6-24〕，右侧则署"安徽巡抚臣□□□恭进"或"□□织造奴才□□恭呈"等字样（其中"奴才"、"臣"皆为小字）。其位置多置于下侧偏右，个别人将"进"字置于左上侧，例如"安徽巡抚臣沈秉成恭进"即是如此。从而表明了制作者、进贡者的身份信息。

3. 装饰

光绪朝各家"棉花图"贡墨虽略有不同处，工艺水平也参差不齐，但在造型、尺寸、装饰色上大体主题一致，形式相同。研究者若看不清款识及纹饰，有的器物便很难区分。相对来说，海阳老店所制贡墨有如下特点：墨面描有填金夔龙纹的连续边饰，墨质较为坚密，墨体相对厚重，基本继承了前朝式样。不过与胡学文相比，海阳老店产品的质量开始显露出下降的趋势，工艺上较为粗率，线条不够平整光滑，略为呆板，似乎有敷衍了事的味道。至于胡学文所制贡墨特点为：其雕工极为精良；墨面细腻，边角平直光滑，与胡开文相比，雕刻墨模者的制作态度显得极为认真。尽管“棉花图”题材局限了墨品在造型上不可能具有更多鲜明的特征，但是胡学文能够在装饰上突出端庄典雅的一个“秀”字，因而达到了能够与海阳胡开文之间争市场的商业目的。以“杭州织造奴才彬格恭呈款棉花图诗墨”及“江南织造奴才祥煜恭呈棉花图诗墨”为例：在每锭墨品的御制诗文一面，除了在边框装饰上继续使用了填金回字纹之外，还在回字文内侧着意加了一圈具有反光性质的蓝色线条，从而突破了海阳胡开文老店所制“棉花图”贡墨在色彩上黑、黄的传统搭配方式，使之成为光绪朝“棉花图”贡墨中最具魅力的特色精品。墨品如此，作为其外包装的楠木盒装璜亦如此。如胡学文在盒面雕刻有双龙对戏图案，中有红色隶书“御制”二字，下为蓝色隶书“棉花图诗墨”五字，相对于胡开文所制贡墨包装箱上区区“御墨”或“棉花图墨”、“两淮贡墨”几个字的装潢而言，显得更加精致、秀气。

## 三　结语

光绪版“棉花图”集锦贡墨的出现对于宣传重农思想，推广和普及农业生产技术起到了有效的作用，是研究清代社会经济，特别是研究我国农业科技史的可贵资料。除此以外，“棉花图”诗墨所依据的拓本、墨模等在艺术等方面的成就，对于今天研究我国古代绘画发展及传统绘画技法之演变，具有重要的历史资料价值。然而需要值得注意的是，“棉花图”虽然继承了中国古代优良的科技文化传统，但是其出现处于中国和世界社会经济格局已经发生重大变革的同时。此时的清朝宫廷内部以及某些地方官员依然将“棉花图”所代表的“农本”思想作为治理国家的基本国策，完全违背了世界的发展潮流。而对于那些以制墨为业的新兴工商业阶层来说，“棉花图”集锦贡墨的出现对于其参与商业竞争，加快资本积累，在封建势力允许的情况下加速市场商品流通创造了条件，在客观上加速了中国近代东南沿海地区农业经济的解体。

同治九年

# 第六章　胡开文墨的收藏

[图7-1] 胡开文制共和成立千载一时墨

故宫博物院藏有一锭胡开文款“共和成立，千载一时”墨〔图 7-1〕。墨面上方为交叉的十八星铁血共和旗与五色条旗。下有填金楷书“共和纪念”以及阳文楷书“民国周年胡开文制”。墨背阳文隶书“共和成立,千载一时”。此墨以中国历史“建立共和”为题制作，双面旗帜的雕饰反映了时代的烙印，具有重要的历史价值。又一锭胡开文款“中华民国共和纪念”墨，长 12 厘米、宽 3.2 厘米、厚 1.1 厘米，正面上端图案是五色国旗和五色军旗交叉，中间刻有中华民国总统半身头像，总统像上方为半环绕漱金“中华民国共和纪念”6 字。像的下面刻有鲜花衬托。下端有“胡越一家，开我民国，文德武功，造此幸福”16 个字，暗藏“胡开文造”之意。背面上端为几艘军舰停泊之图，军舰上面有几面国旗飘扬，应是赞同共和的友好国家。下方为大批持枪士兵进出城池的景象。侧刻“休城胡开文按易水法制”。墨质细腻,各种图案线条流畅，人物逼真，字体俊秀，雕刻精细。1911 年 10 月 10 日武昌起义，各省纷纷响应。故宫博物院所收藏这两锭墨正是中华民国成立之初众多共和纪念墨的代表之一。“中华民国共和纪念”墨的再现，为研究辛亥革命提供了佐证。由此可见，胡开文能随着时代的脚步，投入近代市场经济的激流中。

## 第一节　从《买墨小记》看周作人的徽墨收藏

中国旧时历代文人多有藏墨之好。20 世纪初，一批旧式文人赶上了传统笔墨日益处于边缘化地步之前的最后辉煌。周作人便是其中之一。他在《买墨小记》一文中所述的绝大部分徽墨至今依然能够被世人所见到。因而本文拟就周作人所描述的一些墨品，对于当时文人藏墨中所反映出来的一些问题进行初步的论述。

### 一　《买墨小记》中所述的几锭徽墨

据周作人所述，其藏墨分如下几种：

其一，“曲园先生著书之墨”〔图 7-2〕：此墨两面俱有框，一面为阴文楷书黄金“春在堂”，钤篆书方印“程氏掬庄”；一面阴文楷书黄金“曲园先生著书之墨”。一侧“光绪丁酉（1897）仲春鞠庄精选清烟”，一侧“徽州胡子卿制”，俱楷书阳识。此墨主人为清末文学家、经学家俞樾。

其二，“绩溪胡甘伯会稽赵撝叔校经之墨”〔图 7-3〕：墨作圆顶碑形；一面作两行“绩溪胡甘伯、会稽赵撝叔校经之墨”，楷书阳识；一面亦两行“同治九年（1870 年）正月初吉”，篆书阴识。侧款为“鉴莹斋珍藏”，顶款为“松烟”，俱楷书阳识。此墨主人为清末金石家、书画家胡澍和赵之谦。

其三，“墨缘堂书画墨”：此墨有二。其一，一面为“墨缘堂书画墨”，篆文阴识；一面为“蔡友石珍藏”，楷书阳识；侧款为“道光乙未年（1835 年）汪近圣造”，楷书阳识。其二，篆文与前者相同，一面为楷书两行“一点如漆，百年卯石”，下有“友石清赏”四字，楷书阴识。侧款为“道光乙未年三月”，楷书阳识。此墨主人为清代中期官员、学者蔡世松。

其四，“货布”墨：此类墨皆仿战国货布形，其一为“斋谷山人”货布墨：一面有阳文篆书“货布”二字。一面有文二行“斋谷山人属胡开文仿古”，阳文楷书。一边款为“光绪癸巳年（1893 年）春日”楷书阳文七字，顶款为阳文楷书“极品贡烟”四字。其二为“云龙旧衲”货布墨：一面有阳文篆书“货布”二字，另一面无文，形制与前者相同，唯顶款为阳文楷书“云龙旧衲制”五字。两墨主人分别为清末满族画家惠年〔图 7-4〕以及安徽布政使绍诚。

其五，“湖桥乡思”墨：墨为长方条形，通体涂漆。一面镂双鱼，中间为篆书“大吉昌宜侯王”六字，

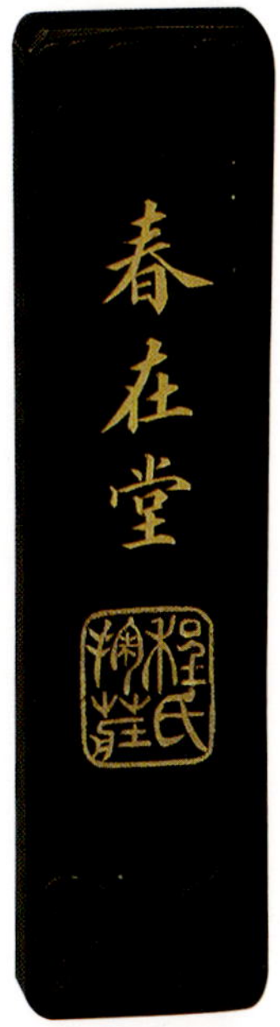


［图7-2］春在堂曲园先生著书之墨

［图7-3］绩溪胡甘伯会稽赵撝叔校经之墨

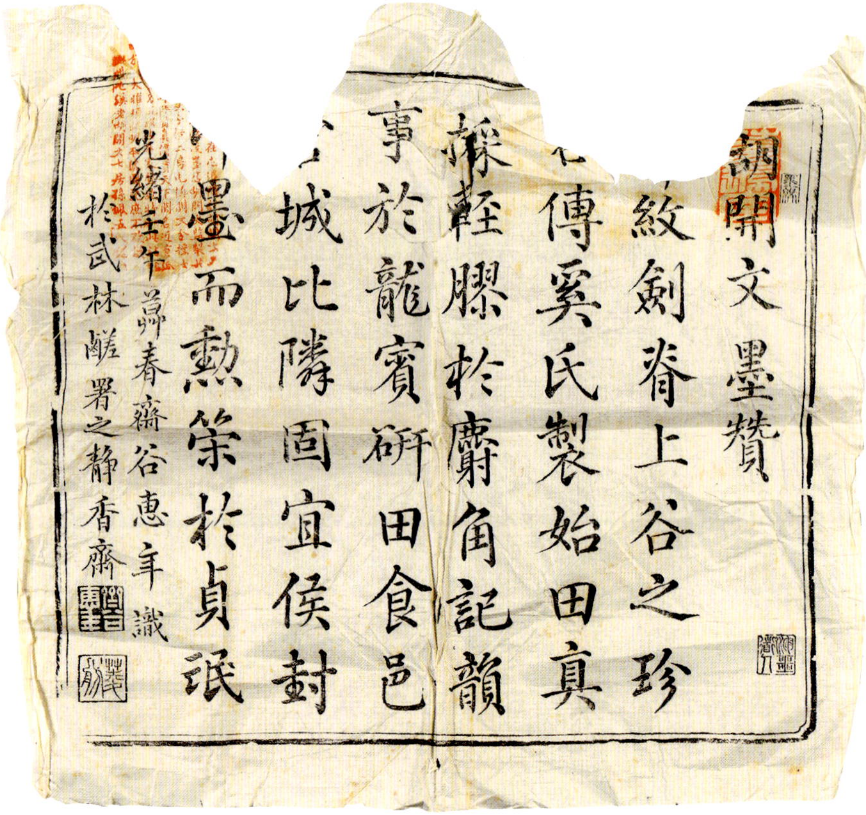
胡開文墨贊
紋劍脊上谷之珍
傳奚氏製始田真
操輕膠於麝角記韻
事於龍賓研田食邑
城比隣固宜侯封
墨而勳榮於貞珉
光緒壬午蕣春齋谷惠年識
於武林醝署之靜香齋

［图7-4］惠年所题墨票

阴识填金；一面额上有楷书“湖桥乡思”四字，阴识填金；其下绘一人于桥上望月；一侧“故乡亲友劳相忆，丸作隃麋当尺鳞”十四字，一侧“光绪戊寅（1878年），仲仪所贻，苍珮室制”十二字，俱隶书阳识涂漆；顶楷书阳识“顶烟”二字。此墨为清末词人谭献订制墨。

## 二　关于周作人藏墨的特点

据周作人所述，其藏品最早的是蔡世松的墨品。周作人写道:“我买的也不过光绪至道光的，去年买到几块道光乙未年的墨，整整是一百年，磨了也很细黑，觉得颇喜欢，至于乾嘉诸老还未敢请教也。”通过他的描述，我们可以了解民国初年文人收藏徽墨的一个基本概况。

### （一）周作人藏墨的来源

一方面，周作人的收藏多以市场收购为主。由于其经常逛厂甸等旧货市场，在购书之余接触到笔墨纸砚。他曾叙述：

我所有的虽也难说贱却也决不贵。明器在国初几乎满街皆是，一个一只洋耳。镜则都在绍兴从大坊口至三块街一带地方得来，在铜店柜头杂置旧锁钥匙小件铜器的匣中检出，价约四角至六角之谱，其为我买来而不至被烊改作铜火炉者，盖偶然也。

周作人的藏品大多为距其几十年间的墨品。尽管他也拥有若干道光年间的墨品，但是总体看来这一部分数量依然偏少。而以同治、光绪的藏品数量为主，并以胡开文墨为主。

另外，周作人的藏墨为友人赠送，其中特别以“曲园先生著书之墨”最具代表性。“曲园先生”实为清末著名文学家俞樾（1821 ～ 1907 年）别号。按照周作人的记载，此墨是俞樾之曾孙俞平伯于民国二十三年（1934 年）春季所赠。应当说，周作人看重的不仅仅是他与俞平伯之间的友谊，而且在相当程度上由于他对晚清经学大师俞樾在学术上的敬仰。

### （二）周作人对于墨品收藏具有极大的倾向性

周作人的墨品收藏具有极其鲜明的学术倾向。按照他的说法，“曲园先生著书之墨”是他“最可记念”之墨。按照周氏兄弟的师承传统，他们都应该属于经学中的汉学弟子。他们从小接受浙东文化的熏陶，成年后又共同受业于汉学大师章太炎门下。如鲁迅曾钻研于辑录校勘古书、碑帖并以此进行学术著述，取得过一些成就。同样，章太炎对小学和史学的看重直接影响了周作人的学术视野和兴趣，从师承角度而言，他由章太炎、俞樾上承焦循、凌廷堪、阮元的学统而抵达戴震。1942 年，周作人去苏州拜访俞樾的春在堂并拜谒章太炎墓，对两位先师作出如下的历史定位：“俞、章两先生是清末民初的国学大师，却都别有一种特色，俞先生以经师而留心轻文学，为新文学运动之先河；章先生以儒家而兼治佛学，倡导革命，又承先启后，对于中国之学术与政治的改革至有影响。”周作人在此特别强调自己是章门弟子，进而将自己纳入到正在更新之中的学术传统中。众所周知，对草木鸟兽虫鱼的兴趣贯穿周作人终身，而名物制度的考订是清代学术尤其是乾嘉以来汉学阵营经学研究的一个重要方面。自清初顾炎武以来，学者们试图从考证名物入手，重建古代社会生活的面貌，以此冲破宋明理学的束缚。而俞樾、章太炎乃至周作人等人的考证尝试恰恰通过实践性的研究，使得经学与历史、社会的互动得以呈现。

### （三）周作人的藏墨具有明显的籍贯和地域倾向

周作人藏墨反映了关于清代浙江文人的一些个人情况。遍查周氏兄弟的著作，我们可以发现他们都热心于乡邦文献的辑集，例如鲁迅辑录的唐以前的越中史地书——《会稽郡故书杂集》序文署名"会稽周作人记"，尽管周作人谦虚地说自己仅仅是"查书的时候我也帮过一点忙"，但凭借他多年以来对乡贤著作的孜孜寻访，以及在自己散文中对越中风土的流风余韵一再追忆，我们可以知晓以上言语明显只是自谦之辞。

对"湖桥乡思"墨，周作人怀疑是谭献所作，原因在于"谭君曾宦游安徽"，但是"事或可能，但体制凡近，亦未敢定也"。谭献（1832～1901年），本名廷献，字仲仪，号复堂，浙江杭州人。同治六年（1867年）举人。曾屡赴进士试不第。后买官历任安徽歙县、全椒、合肥、宿松等县知县。据《复堂日记》记载：他于光绪三年（1877年）农历七月中旬接任为歙县知县，十三个半月后离任。其间有人"赠名墨"并"为予定墨模"。在其离任之前，他曾抒发"湖桥乡思"。据周绍良考证：所谓"湖桥"，似指歙县篁墩湖（一名相湖）而言。此湖风景壮丽，特别是湖上的铧卜桥，为当地名胜。可见其间大概谭献曾来此地，引起乡思，于是镌之于墨。周作人对"湖桥乡思"墨的表述虽然不多，但是这样的只言片语亲切随和，粗看似乎漫不经心，但信笔所至却透露出深厚真挚的故土之恋。

更值得一提的是周作人对于"会稽扁舟子著书之墨"情有独钟。因为他对墨主兼同乡范寅并不陌生，因而不仅在《买墨小记》文中交代其著有《越谚》五卷并且今行于世，而且在其他文章中多有引用。不仅如此，周作人还引范寅《事言日记》中关于光绪四年"戊寅（1878年）元旦辛亥"、"丁丑（1877年）十二月初八日"的纪事，以此证明其墨的来源。即便如此，周作人还意犹未尽，他进而对于范寅改制的轮船进行介绍，并且指出"范君用水车法以轮进舟，而需多人脚踏，其后仍改用篙橹，甲午前后曾在范君宅后河中见之，盖已与普通的'四明瓦'无异矣"。由此可以联系到周作人于1926年所著《乌篷船》中所述的"四明瓦"："船有两种，普通坐的都是'乌篷船'……乌篷船大的为'四明瓦'，小的为脚划船亦称小船。但是最适用的还是在这中间的‘三道’，亦即三明瓦……”之所以如此，无非是以理智著称的周作人一方面要在自己的文章中极力淡化对于故乡的眷念，进而表现着他对故乡的草木、风土的一往情深。

## 三　周作人在藏墨考证过程中所反映的情况

### （一）周作人对于藏墨的考证反映了自己的喜好憎恶

应该说，他的考论反映了他作为一个文化学者的某些特质。例如在他评论“绩溪胡甘伯、会稽赵撝叔校经之墨”时说道:“赵君有从弟为余表兄，乡俗亦称亲戚，余生也晚，乃不及见。小时候听祖父常骂赵益甫，与李苑客在日记所骂相似，盖诸公性情有相似处故反相克也。”众所周知，历史上出自绍兴地区的文化名人多具叛逆坚韧、特立独行的性格。而周作人的评论在一定程度上反映了自己的价值观与文化认同。1925 年，他在《自序二》中提到：

> ……我的浙东人的气质终于没有脱去……这就是世人所通称的“师爷气”，本来师爷与钱店官同是绍兴出产的坏东西，民国以来已逐渐减少，但是他那种法家的苛刻的态度，并不限于职业，却弥漫及于乡间，仿佛成为一种潮流，清朝的章实斋、李越缦即是这派的代表，他们都有一种喜骂人的脾气……

不仅如此，他的思想来源与实际的研究活动同样保持着对于自己地域文化的强烈归属感。他对于乡情抱有浓厚兴趣。他说：“因为‘乡曲之见’，所以搜集同乡人的著作，在这著作里特别对于所记的事与景感到兴趣，这也正由于乡曲之见。纪事写景之工者亦多矣，今独于乡土著述中之事与景能随喜赏识者，盖因其事多所素知，其景多曾亲历，故感觉甚亲切也。”由此可以看出，周作人的整个文艺观甚至人生态度、世界观，处处都有典故与来历，甚至都可追溯到绍兴乃至江浙一带自古以来的文化传统。

在这样的思想根源影响下，无论是俞樾，还是赵之谦、谭献、范寅，周作人对于本人所藏“多是先哲乡贤的手泽”的墨品进行的一番考证也可以归结为乡情和学术倾向的自然流露。周作人对于墨品的考证，应该是读书渊博，学贯古今之举。其品类之富，数量之多，可谓叹为观止。细观《买墨小记》

全文仅 1700 余字，然引用甚广，共《谈用墨》、《清墨说略》、《谪麟堂遗集》、《越谚》、《事言日记》、《白下琐言》、《金陵词钞》、《习苦斋画絮》八种。之所以有这样的成绩，不能不说是周作人平日之功的深厚以及购书活动的频繁。他仿佛酷爱于知识的介绍，进而以一种传统士大夫的心态去把玩文字，在一种闲淡平和中去填充自己平静而封闭的书斋生活，并且在常识的介绍中偶尔地发散出一些弦外之意。

### （二）其所作考证结果中出现的某些谬误

作为文人，周作人虽然几乎每天与笔墨打交道，但在实质上并不懂墨，更不具备文具收藏的基本方法和手段。因而他对自己留用墨品所做的一番考证并未进行过深入研究。故而其所作结论多有臆断或以偏概全之嫌。他曾交代：

> 敝斋的文房具压根儿就无可谈，虽然我是用毛笔写字的，照例应该有笔墨纸砚。砚我只有一块歙石的，终年在抽斗里歇着，平常用的还是铜墨盒。笔墨也很寻常……

故而他在《买墨小记》中也有“我的买墨是压根儿不足道的。不但不曾见过邵格之，连吴天章也都没有，怎么够得上说墨，我只是买一点儿来用用罢了”的记载。

早在 20 世纪中期及以前，清代徽墨收藏和鉴定家周绍良先生便注意到了周作人文章中的某些问题。他在收藏和研究过程中对于周作人的谬误逐一加以纠正和补充。例如“云龙旧衲”货布墨便是其中一例。此墨一面有“斋谷山人”字样，周作人据此判定此墨为“刻《习苦斋画絮》的惠年所造”。然他又提到“又有墨二枚，无文字，唯上方横行五字曰‘云龙旧衲制’，据云亦是惠菱舫也”。应当说，“斋谷山人”是清末画家惠年（菱舫）无误，但由此推断“云龙旧衲”仍是惠年则为臆断之举。周绍良对此表示不敢苟同。他引同为 20 世纪中后期的藏墨家、化学家张子高先生的研究成果，将“云龙旧衲”定为清末满族官员、安徽布政使绍诚。又如蔡世松“墨缘堂书画墨”，虽然周作人知道甘实庵《白下琐言》与《金陵词钞》中有着相关蔡氏的记载，并且“今看见此墨却便觉得非陌生人，仿佛有一种缘分也”。但是毕竟“关于蔡友石所知有限”。对此，周绍良根据朱汝珍所编《词林辑略》和陈康祺所著《郎潜纪闻》等，对于蔡世松的身世进行了较为详细的梳理。至于“绩溪胡甘伯、会稽赵撝叔校经之墨”上面的题字，周作人认为是为赵氏手笔，周绍良却不以为然：“或以为墨面背诸字乃赵之谦所书，实则不然。胡、赵二人本同门，字形极相似，此盖胡之手笔。”

### （三）以周作人为代表的民初文人对于旧式笔墨的态度比较复杂

就周作人本人而言，其购置笔墨纸砚的举动与专门的古玩收藏相距甚远。在家中“所有的几张字画都只是二三师友的墨迹，古董虽号称有‘一架’，实亦不过有几个六朝明器的小土偶和好些要货而已”。对于古董，他认为应该对于这种“专属于古人的癖好”保持一种警惕态度，甚至对收藏抱有“非人磨墨墨磨人”的抵触情绪。在其看来，“这种风致唯古人能有，我们凡夫岂可并论，那么自以为有癖好其实亦是僭妄虚无的事……”即便如此，他依然对于收藏者的举动能够表示理解，认为“本是人情之自然”。相对而言，周作人更关注的是其后的个人生命形式。他认为“古的好处何在，各人说法不同，要看他是哪一类的人。假如这是宗教家派的复古家，古之所以可贵者匪因其与理想的天国相近。假如这是科学家派的考古家，他便觉得高兴，能够在这些遗物上窥见古时生活的一瞥”。

不仅如此，他对学者、官僚墨品的关注以及对他亲历过的一些文化名人等的回忆，只是为了展示他们普通生活中的一面，进而让人丰富地体味到一个传统文人从精神到物质生存的全部内涵。就本人而言，周作人嗜好惟书籍而已。他曾在不少自己在的厂甸购书经历津津乐道。他在《厂甸》、《厂甸之二》、《〈食味杂咏〉注》文章中反复提到了他对于购书情有独钟。然而他买书只卖适合自己心理价位的便宜书籍，并依据自己的心情而定。这种纯然个性化的生活表白，显示出他的书生意趣和对书斋生活的痴迷。因而他把“道光以后的墨”当做玩物“放着看看”、“留着玩玩”的目的“不在物而在人，亦不在工人而在主人，去墨本身已甚远而近于收藏名人之著书矣”。

## 四　结论

进入 20 世纪以来，随着科举制度的废除以及国民书写习惯所发生的变革，传统书写工具纸墨被“洋货”取代。周作人说：“中国的米棉茶丝瓷现在都是逆输入了，墨用洋烟，纸也是洋宣洋连史，市上就只是还没有洋毛笔而已。”另外，由于徽墨不能满足现代纸张（如报纸、杂志）的印刷要求等主客观原因。传统文房四宝的使用率正在快速地萎缩。其赖以生存的经济条件与社会文化基础也已经不复存在。鲁迅也认为“连笔墨也乞灵于外国，那当然是不行的……制造墨水和钢笔的法子，弄弄到手，是没有偷金鸡那子那么危险的。所以与其劝人莫用墨水和钢笔，倒不如自己来造墨水和钢笔；但必须造得好……”就整体而言，民国时期绝大多数的中国人，包括传统的知识分子阶层以及文具制造业者都没有认识到此时正是中国传统文房四宝产品已由大众消费品转变为小众消费品的转折时期。无论是从生产上所做的技术改良，还是到吸取更多资金投入以进行股份经营，以及一些守旧人士对青年学生使用钢笔的指责，都不能与极度萎缩的市场相抗衡。

作为中国新文化的开拓者以及最后一代传统的知识分子，他们“既感受到了传统文化的没落与腐朽，又最后一次领悟着（以后缺乏系统的传统教育的几代人所无法感受的）传统文化的内在魅力”。他们对中国传统文化有着割舍不断的血脉情缘，然而一些自己在理智上非常清醒地认识到的弊端却偏偏无法克服：他们敏锐地观察或感觉到了这些由时代变革导致的日常生活的变化，于是努力找寻着自己的定位。周作人承认自己“我写字多用毛笔，这也是我落伍之一，但是习惯了不能改，只好就用下去，而毛笔非墨不可，又只得买墨”。又有鲁迅始终恪守着他用于战斗的“金不换”毛笔，觉得“改造自己，总比禁止别人来得难”。然而他们所做的一切努力只能是对正在和已经逝去的传统文化所唱的一曲挽歌。由此可见当时文人面对西方近代化冲击下的一种复杂心态。对此时代巨变，周作人感到无可奈何：“世间万事都有进步改革，中国文字也有改变，将来毛笔或会废止由钢笔替代的一日……”总体而言，他对于墨品乃至古玩收藏的态度，体现出他一种性情化的自由表露，是他“人格情趣”的一种反映。在《骨董小记》、《买墨小记》、《关于纸》、《笔与筷子》等散文中，他将自己个人的情绪气质以及自我生命的感悟都悄无声息地融入其疏淡的行文当中。相对于他的这种观点，鲁迅与之既相似而又有所不同。鲁迅特别在意的是中国社会变革的一个大课题，即：如何防止“一部分青年又变成旧式的斯文人”。正如余秋雨所言：周氏兄弟之间“‘笔墨官司’所打的，原来是青年一代中国文人的人格选择”。

［图7-5］周绍良先生像

［图7-6］《周绍良年谱》

毕竟，笔墨纸砚在20世纪初的命运转折，不仅仅是书写工具的发展，而且更是一种文化的兴替。对于墨品乃至古玩而言，读书、写作才是周作人更重要的生活方式。既然其购墨的基本目的在于写作，一锭墨“大约一两年都磨不了”，故而他用不着大批贮墨。他的《买墨小记》，仅仅是对自己生活细节的偶尔描述。寥寥数笔，却充溢着他愿意让自身远离社会的尘嚣，进而追求一种原始的天然、传统文化和宁静心态组成的隐士情境。

## 第二节　周绍良先生与清代徽墨研究

与周作人先生的收藏动机恰恰相反，著名历史学家、文学家、佛学家，清代徽墨鉴藏家周绍良先生（1917～2005年）〔图7-5〕的作为显示了旧式文人另一条迥然不同的收藏之路。周绍良先生在生前出版了若干部徽墨研究专著，这些著作尽管放在先生广阔的学术研究领域中只是很小的一部分，但是在其总体学术架构内及其成就中，同样是不可忽视的重要组成部分〔图7-6〕。

### 一　收藏特点

周墨收藏的丰博主要体现在四个方面：一是在以“墨家坊号”为代表的地方流派上；二是在地域分布上；三是在时间跨度上；四是在阶段分布上。其藏品的广博，既反映了其作为收藏大家的眼力所在，又表明了其文化自觉性和社会责任感所在。除此以外，周墨收藏还具有更深层次的影响，体现在三个方面。

### （一）保存了晚清的历史文化遗存

周氏家族收集当代墨的举措，既符合历代藏家的普遍收藏规律，又在客观上保存了晚清珍贵的历史文化遗存。按照文物收藏的一般规律，由简入繁，由后至前，几乎是所有藏家修得正果的必备途径。先生的收藏以不例外。其藏品大多为近现代收藏，与周氏家族从安徽到天津的发展历程同步。尽管先生对于这些藏品的来历没有进行过专门说明，但是其中很多东西的归属应该归功于其独到的眼力和预见性。周珏良先生曾经介绍："（周绍良）二十年来集中搜罗清代具有年款的墨，并用余力旁及其他种类。"尽管周先生拥有大量咸丰以前的珍贵墨品，并且在相当程度上填补了清代中前期年代墨的空白。但是总体看来这一部分数量依然偏少。相对而言，藏品仍然以嘉道乃至同光的藏品数量为主。可以说，先生的藏品收藏从整体上来说属于当代人收集当代墨，是在中国古典制墨业整体衰落的状况下保留的珍贵历史遗存。其藏品在客观上反映了中国封建社会的最终崩溃与封建文化的灭亡。

### （二）藏品反映了社会思潮的变化

其所藏文人自用墨充分体现了咸、同以后的晚清士大夫文化、政治思潮的发展方向。先生所藏大多数为清代著名文人自用墨。特别是太平天国战争以后，文人墨呈现着一种新的现象。综合考察故宫博物院所藏晚清文人墨，我们可以发现这一时期具有鲜明的时代特点：当时向徽州各墨家订制自制墨的文人多为官方、军界背景。特别是此时的胡开文制款文人墨，在数量上遥遥领先其他制款（如汪节庵、汪近圣等）文人墨。而在胡开文制款文人墨的捐献中尤以周先生的藏品为数最多。一些湘、淮军将领在战中乃至战后，向徽州诸墨家、特别是向胡开文墨店纷纷订制墨品的举动，不仅反映了当时曾国藩等人为代表的学风转变，而且为我们揭开胡开文墨最终能够取代其他墨家、垄断全国墨业之谜找到了一条合理解释。从本质上看，曾国藩幕府集团的来源是一群地主阶级中下层的儒生，在思想上忠于地主阶级和封建制度。他们集学者、官员、将领于一身，通过同乡、师生、亲友、同年等封建关系结为死党。他们早在与太平军厮杀（皖南战区）的战斗间隙中就通过墨品的互赠来达到巩固彼此关系、加深彼此了解的目的，并试图日后从中渔利。战后，这些人有的身居要津，有的独任封疆，致使晚清政府各关键部门中无不打上湘军、淮军的烙印，进而成为掌控清廷政治和文化发展方向的地方诸侯。他们在徽州大量订制文人自制墨的举动，无疑反映其在本质上属于封建士大夫阶层的基本思想倾向。

### （三）纪年名款墨为考订清代制墨家族的发展历史提供了有效的依据

徽州制墨家族可以被称为具有悠久的职业及民俗传承的区域人群。然而从研究现状来看，诸多徽墨商人的家族传承、经营店铺状况、其商业活动的内部结构乃至家族系列作品的流传情况如何，至今言之不详。而利用第一手的商业文书、宗法材料从事徽商以及徽州制墨家族研究，同样尚属罕见。值得注意的是，先生的纪年名款徽墨收藏对于徽墨家族史研究具有明显的借鉴作用。众所周知，徽州地区作为程朱理学的发源和传承地之一，保存了大量的宗法制度，因而谈到徽州人的社会组织和世袭职业，必然要涉及当地的宗法制度。先生以所藏的曹素功家族的诸代墨品，借助曹素功家谱残卷、墨票，对于各类曹素功墨品的题款与纪年干支进行了系统研究，详细论述曹素功家族的历代作品以及曹氏家族在经营活动中经营者与徽墨作品之间的关系，从而为后人进行系统的制墨家族史研究提供了范例。

## 二　学术贡献

先生的徽墨研究成就主要表现在以下四个方面：

### （一）关于清代徽州制墨家族身世考证的总结性研究

从整体上对徽州制墨家身世进行理论概括和分类研究基本上还是徽学研究的一大空白。上述情形的出现，在相当程度上是由于学术界对于徽墨内涵的认识尚存在较大分歧。周先生结合徽墨实物藏品进行历史文献学研究，在一定程度上填补了徽墨研究的一大空白。

前文已述，在徽州，宗法制度和经济活动互为表里、互成因果。在宗法制度的影响下，徽州几乎每一个姓氏都拥有清楚的脉络。先生编著的《曹素功制墨世家》一书，堪称 20 世纪首部研究、考证墨工世家的工艺美术史著作〔图 7-7〕。过去学者并不注重研究墨工历史，导致徽州各个制墨家族的各个时期的发展不甚明晰。先生对于近 300 年来徽州最著名的墨铺“曹素功”诸尽管他的研究没有得出最终结果，但是他的某些结论还是具有很高的指导意义。例如他根据墨票资料在《胡开文墨业》中明确指出这些墨“俱个人所制，它是加有‘记’或‘氏’以示支派……”这就明确指出：查找胡开文家族后人的分支对于破解胡墨款识纷繁复杂的原因具有重要的理论依据。这就需要借助其他文献材料，即胡氏家谱、商业文书、地方志等徽州文书材料，而不只是凭借墨品，才能够在一定程度上真正弄清胡开文家族的发展状况。

### （三）先生对清墨研究所做的基础性贡献

先生参阅了现存大量的历史文献，对清墨的流传过程、制墨家的工艺交流提供了相关的研究成果，并且可以清除我们先前一些关于徽州制墨家的偏见。而这些资料的运用和介绍，为后起的专业研究人员提供了进行徽墨研究的范例。

先生在对于墨品实物的研究基础上，对于从明清以来的大量关于古墨的专业书籍进行了系统的分析、引用、比较。尽量做到言之有据，从而增加了藏品的真实性。其引用的书籍据不完全统计：明代书籍有程君房《墨苑》、方于鲁《墨谱》、方瑞生《墨海》、沈继孙《墨法集要》、麻三衡《墨志》；清代书籍有万寿祺的《墨表》、张仁熙的《雪堂墨品》、宋荦的《漫堂墨品》及《漫堂续墨品》、孙炯的《砚山斋墨谱》、汪绍昌的《纪墨小言》、邱学力的《百十二家墨录》、颜宗棨的《摩墨亭墨考》等；民国时的吴隐的《知白斋墨谱》、袁励准的《中舟藏墨录》、张颐的《意园墨录》、寿玺的《重玄琐记》、叶恭绰等四人的《四家藏墨图录》、张子高的《墨苑杂说》等。除此之外，他还查阅了大量关于徽州地区的地方志、家谱。尽可能地给每一笏墨品寻找到其身世的确切来历及其主人的生平事迹。先生利用这些文献资料进行对比研究，从中寻找这些墨品的相似点和共同之处，并且大胆做出推论。他认为，当时徽州地区制墨家的作品经历了一个相互借鉴、沿袭的过程。徽州地区制墨家之间的交流还是存在的。这种相互竞争、交流、模仿的事情层出不穷。这对当代人完整地认识徽州社会，并且对于此时古墨的鉴定提供了一个方向标。

另一方面，先生对于历史上流传的墨学著作，进行了较为详尽的核实与考订，从而为后人的研究创造了条件。清人徐康曾撰《前尘梦影录》三卷，吴昌绶取其上卷前部纪墨部分刻入《十六家墨说》，题作《窳叟墨录》，总计共 47 条。据徐氏自跋，可知其所记乃全凭记忆。先生撰写《〈窳叟墨录〉质疑》一文，对照自己的藏品，逐条加以核实、考订，证明徐氏所记之墨多有仿造、臆造、伪造及误记之品，多达 17 条。后来《〈窳叟墨录〉质疑》一文被收录在《曹素功制墨世家》一书之中，使得读者在翻阅曹素功制墨家族发展经过的同时，非常方便地了解到明清两代其他墨工、墨品的一些基本情况。

### （四）先生十分注重清墨的个案研究

其研究成果不仅在公共教育层面为普通读者了解我国灿烂辉煌的文化成就、直观感受徽墨的精品文物创造了一个难得的媒介，而且为相关人士进行专门的徽学研究提供了难得的资料来源。先生曾在《清墨谈丛序》中写道："……现在年岁日高，已无继续收集整理墨史之能力……我相信这也许是墨学的一个小结，将来未必能再有人掌握这么多资料了。"事实的确如此。由于徽墨的保存异常困难，展览条件苛刻（常常会产生开裂或生霉、断裂、粉碎等情况），至今仍然没有有效的办法阻止古代墨品的自然老化与消亡。近年以来，关于婺源詹氏制墨家族的发展史已经在徽学界开始受到一定的关注，然而学者们所遇到的一大问题便是有无实例佐证。婺源墨业虽然属于徽州三大墨业流派之一，但是由于其在制作工艺上不如歙派之精细（皇室）、设计艺术上休宁派之华贵（富商），加上其服务人群（小知识分子、小商人）所处经济条件的限制，从而导致其在保存和研究上一直处于不被重视的尴尬地位。先生作为有识之士，在著作中专门对于婺源詹氏制墨诸家的墨品进行了初步的分析。尽管这种探索对于揭示婺源墨业发展的整个面貌还具有相当的差距，但是其开拓性作用不可小觑。

## 三　先生在徽墨文物保护与知识普及方面的作用

### （一）捐献文物，功德无限

1966 年春夏之交，"文革"开始横扫全国。故宫博物院成了那个动荡时期里相对安全的所在。就在这个特殊的历史背景下，许多著名收藏家要求将自己收藏的文物捐献给故宫博物院。周绍良先生也是其中一员。他曾致函故宫博物院：

故宫博物院"文化革命委员会"领导同志：

上一星期和您馆联系，打算把我的藏墨全部上缴，希望您院考虑，但迄今未得答复，甚以为念。这批墨，是一批重要的文物，全部是具有年款干支的，可以说，自说有收集清代纪元干支的，我这一千锭左右可以说集大成，而且也是您馆所缺的一部分，合在一处，最可合适。

本来可以一齐检出给你们送来，但是目前情势，忽然说家里拉些东西出去，实在容易招街道上的误会，所以只有请求你们，派人来洽收点明取走，如果你们同意，希即与我社革委会联系（电 :557017)，是为至盼。此致

敬礼！

周绍良

这封信虽有署名却无日期。想必是形势紧张，匆忙所致。但信封上的两个邮戳提示了写信的时间：一个是“1966.9.8.11”的邮戳，盖在信封右上角4 分邮票的边角上。一个是“1966.9.8.17”的邮戳，盖在信封的左下方。白色信封的右下方是“人民文学出版社”七个红字，以及周绍良先生本人的签名。据惯例，前者为发信戳，后者为收信戳。因此可知，此信应为周先生在1966 年 9 月 7 日晚或 9 月 8 日早晨写就。

至于故宫博物院有关部门先前没有回应的原因，似乎在于确定不了周先生捐献的态度是否坚决。在收到此信并征得人民文学出版社革委会联系的意见后，故宫博物院派出三位同志前往周绍良先生家中进行了文物的清点接收工作，共取回清墨 1000 件，清代书画 30 件。因在动乱时期，他们没有马上办理文物捐赠手续。“文革”结束后，这批文物被正式录入“文物总登记账”，作为故宫博物院的藏品，送交专门库房管理。1979 年 3 月 27 日，为了表彰周绍良先生的无私捐赠，故宫博物院特向他补发了捐赠文物凭证（捐字第 213 号）和 5000 元奖金。

### （二）出版专著，普及藏墨知识

在自然条件下，墨品从出品开始，若不使用，都要经历一个发霉、开裂、断裂、破碎乃至成为粉末状的过程。古典制墨特别注重“和胶”的好坏及其“十万杵”的捶打次数有关。尽管制墨家有这样的思想准备，但是改变不了其作品最终解体消亡的大趋势。例如李约瑟曾经提及：“（中国）国内一锭珍品

与等重的黄金同价。”据今三四百年的古代工艺品，一般只能算作晚近文物，但是对于墨品来说，几乎到达了上限。

在我国当前的技术条件下，没有办法阻止这种不可逆转的自然规律。由于徽墨属于文具类易损文物，因而被广大游客参观到实属不易。据朱家玮先生统计，周绍良《蓄墨小言》刊拓片 400 余种（含《清代名墨谈丛》的 160 余种），《清墨谈丛》刊拓片 700 余种，《曹素功制墨世家》刊拓片近 350 种，除去互见，约有千种以上。尽管不是全部藏品，却已蔚为大观。值得庆幸的是，先生拓印的若干笏墨品可以让人一睹名家作品的风采。专业工作人员即可从先生的著作中审视徽墨精致，并与考据文章相对照，为了解清代徽墨提供了现实之中最为清晰、直观的影像资料。从而为提高文博系统工作人员的专业鉴定水平提供了标准器型。

## 四　对于徽墨研究的方法论贡献

从总体上看，在研究方法的运用上，周先生既以考据的史学研究法为理论根据，又充分运用文献学、考古学、博物馆学、民俗学等学科的具体实践技术，力图通过不同的角度来考察在徽墨背后的整个清代徽州经济的发展状况。

### （一）善于选取文献材料

周先生除了注重徽州地方史志及家谱材料、笔记、文集的运用之外，还特别关心商业文书的价值（如墨票等），在徽墨实物之外，抓住了实物材料所不能详尽的某些历史原貌。例如他曾在墨票上发现了“佩五”、“健甫”，又在墨品上发现了“馥庭”、“柳门”等人的名字，这就对于了解胡开文的后人提供了相当的依据。查《胡氏宗谱》可知：“佩五”乃胡开文第三代胡锡环；“健甫”乃胡开文的第四代胡贞乾；“馥庭”乃胡贞乾之长兄胡贞观；“柳门”乃胡锡环之子胡贞堤。这些人物的出现，为最终揭示胡墨款识纷繁复杂的原因以及在徽墨实物上确立胡开文制墨家族的谱系创造了必备的条件。

### （二）小心求证

先生对于徽墨研究较为严谨，他曾经对于未经自己核实或者其他学者提到的未标出处的材料和结果会表示怀疑，并且很小心地做出结论，这是著述严谨者所必备的敬业态度。

正如朱家玮先生所断言，先生的藏墨和墨的研究，意在独造，不循古先，凸现了墨的学术研究价值，使墨的研究成为一门具有贯通工艺史与文史研究特征的人文学科边缘学科。但是先生作为墨学大家，依然保持了良好的研究心态，能够正确看待自己，认识自己的能力，时刻怀疑在研究中遇到的种种问题。例如在谈到日本学者宇野雪村对于“胡开文世系”的研究时说：“……他如何整理出此表，未作说明，事实上恐怕有些遗漏桂误，摘录于此，以待深入研究。”事实上，关于胡开文墨店的开业情况及其世系传承，我们可以通过《上川明经胡氏宗谱》等资料，可以断定宇野雪村关于胡开文世系的研究基本正确。估计是先生早期的研究或主要依据私人收藏的古物，未能没有在有生之年见到这本家谱，从而未能对于宇野氏的论断做出正确判断，不过先生严谨的治学态度依然令人敬佩。

（三）充分反映了学者之间深厚的私人友谊。

约从1956年开始，京城雅好集墨的人士，如叶恭绰、李一氓、张絅伯、张子高、尹润生、周珏良及绍良先生，以墨为媒，经常举行不定期聚会。他们每月要聚会二三次，以谈墨为内容，探奇析疑，除观察实物之外，更参考前人有关资料，各抒己见，充分体现了旧式文人的精神境界以及众人的志同道合[①]。这项活动成就了20世纪中国徽墨研究的一个辉煌的时期，同时也为世人留下了许多宝贵的研究资料。虽然他们在身世、经历、工作和各自的最终生命历程等方面迥然相异，但是最终因为墨“缘”走到一起，紧密联系，合作默契，完全体现了他们对于徽墨的一种近乎疯狂的迷恋。这样的共同探讨和学术的交流，对于当今研究领域的学术思想交流有着巨大的推动作用。而他们在珍重的祖国文化遗产方面反映出来的爱国热忱和自愿承上启下肩负时代责任的历史使命感，至今是每一个文物工作者的楷模。

## 五　20世纪藏墨家的历史地位

众所周知，经济发展程度较高的民族，在文化的扩张中易占优势。广大人民群众在任何时代都要求是生活愈来愈好。为此，他们也就有被迫和本能地向先进的经济主动接触的愿望，这就构成了民族文化何去何从的最重要原

① 张颖昭、张滂：《重印序》，叶恭绰、张絅伯、张子高、尹润生：《四家藏墨图录》，上海书店出版社，2006年。

因。自鸦片战争以来，中国传统的封建社会意识形态和经济运行机制已经远远适应不了历史潮流的大势。而且，这种变化是不以人的主观意志转移的摧毁性进步。早在20世纪50年代，以先生为代表的几位藏家已经敏锐地观察或感觉到了这种变化，他们也试图在这些新的历史发展浪潮中努力找寻着自己的方位。因此他们的态度就是在承认历史潮流发展趋势的前提下对传统文化进行抢救性的发掘与宣传教育，以尽量维持这种“失落的文明”的延续时间，力争保护文化的多样性。例如他们已经在《四家藏墨图录》的前言中提出了出书的本意：“助文艺之复兴，存先民之矩。斯编之出，似非止独贤博奕，抑六万万人文化水准之提高与普及，或将赖之编引……”而先生也谈到：“我所收集到资料已全部在此，以收集的实物也已全部捐给故宫博物院，希望将来有人汇编一本墨谱，或全面地把中国的墨写一本研究著作。”作为中国古代书写技术手段的“文房四宝”，目前无疑已经处于边缘化地步。尽管其仍然可以作为中国传统书画艺术的材料，但是赖以生存的社会文化基础已经不复存在。面对这样的历史潮流，每一个有预见的学者都有着难以言表的矛盾情绪。先生诸多徽墨专著的出版，似乎反映了他们老一辈学人试图抢救传统文化遗产的强烈呼声。

# 参考文献

## 古籍

（汉）班固 :《汉书》，中华书局，1962 年。

（汉）许慎 :《说文解字（附检字）》，（宋）徐铉校定，中华书局，1963 年。

（宋）苏轼 :《苏轼文集》，（明）茅维编，孔凡礼点校，中华书局，2004 年。

（元）陶宗仪 :《南村辍耕录》，中华书局，1959 年。

（明）李时珍 :《本草纲目》，人民卫生出版社，1999 年。

（明）宋应星 :《天工开物》，中国社会出版社，2004 年。

（清）刘大櫆 :《歙县志》卷六，《食货志》，乾隆三十六年（1771 年），国家图书馆古籍馆藏。

（清）《御定渊鉴类函》，文渊阁四库全书，第 992 册，台北商务印书馆，1983-1986 年。

（清）刘汝骥 :《陶甓公牍》，《官箴书集成》，黄山书社，1997 年。

（清）戴启文 :《新安游草》卷下，光绪二十一年（1895 年）刊本，线装，安徽省图书馆古籍部藏。

古道编委会编 :《墨谱集成》，三秦出版社，2006 年。

## 方志

（清）《嘉庆绩溪县志》，1810 年，故宫博物院图书馆藏。

（清）《嘉庆休宁县志》，1815 年，故宫博物院图书馆藏。

（清）胡祥木 :《（绩溪）上川明经胡氏宗谱》，木刻版，1911 年，上海图书馆地方志馆藏。

屯溪市地方志编纂委员会编：《屯溪市志》，黄山书社，1990年。

休宁县地方志编纂委员会编：《休宁县志》，安徽教育出版社，1990年。

歙县地方志编纂委员会编：《歙县志》，中华书局，1995年。

绩溪县地方志编纂委员会编：《绩溪县志》，黄山书社，1998年。

安徽省地方志编纂委员会编：《安徽省志·轻工业志》，方志出版社，1998年。

安徽省地方志编纂委员会编：《安徽省志·文物志》，方志出版社，1998年。

## 工具书

（清）张玉书等编：《康熙字典》，上海书店，1985年。

广东、广西、湖南、河南《辞源》修订组、商务印书馆编辑部编：《辞源（1-4合订本）》，商务印书馆，1988年。

桑行之主编：《说墨》，上海科技教育出版社，1994年。

## 专著

安徽博物院、日本泛亚细亚文化交流中心编：《中国胡开文古墨展》，日本泛亚细亚文化交流中心，1986年。

鲍义来：《徽州工艺》，安徽人民出版社，2005年。

邓瑞全：《中国古代的文房四宝》，北京科学技术出版社，1995年。

国家文物局国家文物鉴定委员会编：《文物藏品顶级标准图例·文房用具卷》，文物出版社，2008年。

顾音海：《中国历代文房用具》，浙江摄影出版社，2003年。

胡金兆：《百年琉璃厂》，当代中国出版社，2006年。

胡适：《胡适文集（1）》，北京大学出版社，1998年。

穆孝天、李明回：《中国安徽文房四宝》，安徽科学技术出版社，1983年。

石谷风编：《徽州墨模雕刻艺术·御制铭园图墨墨模雕刻艺术》，黄山书社，1985年。

孙敦秀：《文房四宝手册》，北京燕山出版社，1991年。

田恒铭：《徽墨》，安徽科学技术出版社，2004年。

铁源：《古代文房用具》，华龄出版社，2002年。

万正中主编：《徽州人物志》，黄山书社，2008年。

王俪阎、苏强：《明清徽墨研究》，上海古籍出版社，2007年。

王廷元、王世华：《徽商》，安徽人民出版社，2005年。
王夏斐：《中国传统文房四宝》，人民美术出版社，2005年。
王毅：《中国墨文化大观》，百花文艺出版社，2003年。
王毅：《古墨》，上海文化出版社，2008年。
王振忠：《徽州社会文化史探微——新发现的16-20世纪民间档案文书研究》，上海社会科学院出版社，2002年。
许承尧：《歙事闲谭》，黄山书社，2001年。
姚邦藻主编：《徽州学概论》，中国社会科学出版社，2000年。
尹润生：《尹润生墨苑鉴藏录》，紫禁城出版社，2008年。
张伯元、印汉云、蔡国声：《文房四宝》，上海文化出版社，2001年。
张海鹏、王廷元：《徽商研究》，安徽人民出版社，1995年。
张淑芬、杨玲：《文房四宝·笔墨》，香港商务印书馆有限公司，2005年。
张正霞编著：《老广告》，重庆出版社，2007年。
赵正范编著：《清墨鉴赏图谱》，上海书店出版社，2006年。
周绍良：《清代名墨谈丛》，文物出版社，1982年。
周绍良：《蓄墨小言》，燕山出版社，1999年。
周绍良：《清墨谈丛》，紫禁城出版社，2000年。
朱世力主编：《中国古代文房用具》，上海文化出版社，1999年。
［日］宇野雪村：《文房古玩鉴赏指南》，刘晓方译，北京燕山出版社，2009年。

## 文章

鲍杰：《安徽屯溪胡开文墨店史记》，《江淮文史》1999年第2期。
曹立先：《徽墨精藏浅谈》，《北京日报》，2001年10月12日，第15版。
曹立先：《寻根溯源话徽墨》，《中国档案报》，2003年11月28日，第T00版。
曹氢：《墨模：徽派雕刻之奇葩》，《黄山日报》，2005年9月23日，第3版。
曹氢：《胡开文墨店：休宁墨业的背影》，休宁县政府网。
陈健：《地球墨》，《中国文物报》，2002年6月26日，第7版。
陈健：《胡子卿和他所制的墨》，《中国文物报》，2001年10月17日，第4版。
陈健：《清代的贡墨》，《中国文物报》，2001年11月28日，第4版。
陈健：《清代墨的鉴赏》，《中国文物报》，2002年5月15日，第6版。

陈健：《群芳争艳的富贵图墨——胡开文创业史略》，《中国文物报》，2002 年 6 月 19 日，第 6 版。
陈健：《新安大好山水图墨》，《中国文物报》，2002 年 1 月 9 日，第 7 版。
陈健：《御园名胜入墨中——御园六十四景墨赏析》，《中国文物报》，2001 年 4 月 1 日，第 4 版。
陈平民：《也谈徽墨奇葩“胡开文”——与紫玉同志商榷》，《江淮论坛》1984 年第 4 期。
陈希：《胡开文墨业史略（上、中、下）》，《徽州社会科学》1986 年第 1-3 期。
程襄侯：《屯溪胡开文墨厂史略》，政协安徽省屯溪市委员会文史资料研究委员会编《屯溪文史》（第一辑），1987 年。
丁正元：《谈集锦墨——御制棉花图诗墨》，《东南文化》2000 年第 4 期。
高淮强：《徽墨沿革初探》，《安徽师大学报》1985 年第 1 期。
高学训：《集锦墨铸下“御园图”》，《中国商报》，2006 年 8 月 10 日，第 9 版。
桂春和：《胡开文款观音造像观赏墨》，《艺术市场》2005 年第 7 期。
何玮：《胡开文民国纪念墨人物考》，苏州市博物馆编《苏州文博论坛（第一集）》，文物出版社，2010 年。
胡永弘：《近代汉货精品》，《武汉文史资料》1997 年第 4 期。
胡毓骅：《徽墨胡开文与成都》，《文史杂志》2011 年第 4 期。
胡毓骅：《徽墨世家“胡开文”》，《寻根》2003 年第 1 期。
胡毓骅：《纪念辛亥革命的“胡开文”墨》，《新民晚报》，2011 年 10 月 9 日。
胡毓骅：《清代徽墨大家胡开文墨题款探源》，《东方收藏》2011 年第 9 期。
胡毓骅：《胡开文墨业大事记要》，邵之惠主编《绩溪徽商（续三）》，《绩溪徽商》编辑室编印本，2010 年。
胡云：《胡天注与“胡开文”墨业考证》，《黄山学院学报》2005 年第 5 期。
黄来生：《徽墨与胡开文》，方兆本主编《安徽文史资料全书·宣城卷》，安徽人民出版社，2005 年。
黄启昌：《明经胡氏的由来及其发展足迹》，《中国文化》1996 年第 3 期。
黄秀英、汪庆元：《胡开文墨业考》，《东南文化》2003 年第 9 期。
江志伟：《三款辛亥革命纪念墨》，《收藏》2012 年第 17 期。
金芷君：《文房四宝之二——墨》，《中医药文化》2006 年第 4 期。
李晶：《非人磨墨墨磨人——济南市博物院藏墨谈》，《收藏家》2005 年第 2 期。

李君明：《两方开国纪念墨》，《中国商报》，2002年4月18日，第6版。
李正平：《胡开文辛亥革命纪念墨简说》，《收藏界》2011年第7期。
联川：《墨面何以六面旗》，《中国商报》，2002年10月31日。
林欢：《从〈买墨小记〉看周作人的徽墨收藏》，《鲁迅研究月刊》2011年第7期。
林欢：《从墨票看胡开文墨业发展的几个问题》，安徽大学徽学研究中心编《徽学（第六卷）》，安徽大学出版社，2010年。
林欢：《河北制墨技艺在中国古代工艺史上的地位》，《文物春秋》2012年第1期。
林欢：《胡开文款"乾隆小巫山樵书画墨"制作年代的再讨论》，《黄山学院学报》2009年第6期。
林欢：《胡子卿生平及其墨品考述》，《中国国家博物馆馆刊》2013年第5期。
林欢：《光绪朝〈棉花图〉贡墨与胡开文制墨家族》，《农业考古》2010年第1期。
林欢：《揭开胡开文墨百年不倒之谜》，《艺术市场》2007年第11期。
林欢：《"龙香"墨考》，《中国国家博物馆馆刊》2012年第3期。
林欢：《墨上的繁华旧梦——胡开文与集锦墨》，《紫禁城》2012年第8期。
林欢：《"药墨"史话——从胡开文"八宝五胆药墨"谈起》，《中医药文化》2013年第1期。
林欢：《一部具于学术总结性质的明代徽墨研究力作——读〈四家藏墨图录〉有感》，《徽州文博》2011年第3期。
林欢：《周绍良先生与清代徽墨研究》，《徽州社会科学》2010年第3期。
刘巍、苏荣誉：《手工业改造时的徽墨业》，《广西民族大学学报（自然科学版）》2008年第2期。
马起来：《徽墨从来举世尊——介绍几锭徽墨珍品》，《收藏界》2002年第5期。
倪清华：《徽州文人自制墨》，《收藏家》2006年第3期。
潘冠杰：《徽墨大鳄胡开文》，黄山市政协文史资料委员会《徽州千年人物》，黄山书社，1989年。
潘冠杰：《墨怪胡开文传奇》，黄山书社，1991年。
邵宝振：《歙县胡开文墨店纪略》，《徽州文博》2012年第1期。
邵之惠：《"胡开文"墨店》，黄山市徽州文化研究院编《徽州文化研究（第三辑）》，黄山书社，2004年。
史树青：《中华民国建国纪念墨》，《中国文物报》，2000年6月25日，第4版。

孙秋香:《屯溪“胡开文”墨店（厂）》，黄山市徽州文化研究院编《徽州文化研究（第三辑）》，黄山书社，2004年。

王健丽、崔玉英:《胡开文制墨赏》，《收藏家》2004年第7期。

王俪阎:《古代御墨初析》，《文物世界》2006年第5期。

王俪阎:《明清“集锦墨”》，《中国历史文物》2002年第4期。

王贤辉:《清朝徽州制墨名商胡开文》，《产权导刊》2008年第1期。

王振忠:《徽侨》，《华南研究资料中心通讯》第十六期，1999年7月15日。

王志高、郜磊:《试论我国古代墨的形制及其相关问题》，《东南文化》1993年第2期。

汪邦铭:《徽墨墨范图与徽州文化》，《江苏社会科学》1997年第3期。

汪超国:《徽墨的墨模与墨谱艺术》，《徽州社会科学》2007年第3期。

吴春浩:《墨史浅说》，《江苏教育学院学报》2005年第4期。

吴春燕:《谈明清墨模图纹与雕刻工艺》，《故宫博物院院刊》2006年第2期。

芜湖市工商业联合会编:《芜湖胡开文墨店调查》，中国人民政治协商会议全国委员会文史资料研究室编《文史资料选辑（第23辑）》，中国文史出版社，2000年。

《芜湖沅记“胡开文”徽墨老店》，芜湖市地方志办公室编《芜湖风光揽胜（下）》，黄山书社，2006年。

吴来明等:《古墨保存自然老化问题的调查研究》，《文物保护与考古学》2006年第4期。

谢玉林、陈元生:《墨的保存研究》，《文物保护与考古学》2002年增刊。

徐子超:《胡开文墨业系年要录》，《江淮论坛》1992年第6期。

徐子超:《胡开文墨业的创业者胡余德》，黄山市政协文史资料委员会编《近代商人》，黄山书社，1996年。

徐子超:《绩溪人与徽墨》，绩溪县档案局编《绩溪县文史资料（第二辑）》，1988年。

徐子超:《也谈“胡开文”的创业与创名》，《江淮论坛》1985年第3期。

杨海涛:《胡墨赏鉴》，《东南文化》2000年第2期。

张景才:《老墨一方记共和》，《中国商报》，2003年2月20日。

张炜、刘红兵等:《古墨的制作工艺及保存问题的探讨》，《文物保护与考古科学》1995年第1期。

张国标:《休宁“胡开文”墨店》，黄山市徽州文化研究院编《徽州文化研究（第三辑）》，黄山书社，2004年。

章玉政:《名誉四海的百年老店“胡开文墨店”竟成豆腐作坊》，《新安晚报》，2005年

6 月 20 日。

赵权利 :《墨史述略》,《美术观察》2004 年第 8 期。

郑冠午 :《徽墨 · 胡开文 · 徽州胡开文墨厂》,《徽州社会科学》1988 年第 1 期。

周绍良 :《清代的贡墨和御墨》,《故宫博物院院刊》1980 年第 4 期。

周绍良 :《蓄墨小记》,《收藏家》1995 年第 2 期。

周珏良 :《中国古墨述要》,《中国历史文物》2002 年第 4 期。

朱福枝 :《老字号的经营特色》,《武汉文史资料》1997 年第 4 期。

## 发言稿

林欢:《故宫藏品中所见徽墨“胡开文”世系传人》，安徽大学徽学研究中心主办“中国商帮高端论坛 : 徽商与晋商研讨会”，合肥，2011 年 7 月。

林欢 :《试析胡开文墨订制者籍贯的分布与变化——从〈故宫物品点查报告〉看晚清宫廷的文房消费状况（兼谈晚清江南笔墨制造业的概况）》，故宫博物院、苏州大学合办“第一届‘宫廷与江南’学术研讨会”，苏州，2012 年 11 月。

林欢:《徽墨胡开文款识研究》，国家清史编纂委员会主办、故宫博物院、中国人民大学清史所等协办“第十五届清史学术研讨会”，北京，2013 年 9 月。

# 附录

## 表一　中国历代墨配料一览表

| 朝代 | 墨工 | 配料 | 资料来源 |
| --- | --- | --- | --- |
| 三国 | 韦诞 | 梣皮（秦皮）、鸡子白、真珠（珍珠）、麝香 | 《齐民要术》 |
| | | 梣皮、鸡子白、麝香、珍珠 | 《墨谱法式》 |
| 南北朝 | 张永 | 糯米、皂荚（皂角）、龙脑、麝香、秦皮末 | 《文房四谱》 |
| | 冀公 | 松烟、丁香、麝香、干漆 | 《墨谱法式》 |
| 唐 | 王君德 | 酢（疑为“酸”）石榴皮、水牛角屑、胆矾 | 《墨史》 |
| | | 梣木、皂角、胆矾、马鞭草 | 《晁氏墨经》 |
| 南唐 | 李廷珪 | 牛角胎、皂角、栀子仁、黄蘗、秦皮、苏木、白檀、酸（石）榴皮、鱼胶、绿矾 | 《墨谱法式》 |
| | | 藤黄、犀角、真珠、巴豆等十二物 | 《晁氏墨经》 |
| 宋 | 古墨 | 紫草、秦皮、皂角、苏木、牛角胎、酸石榴皮、青黛 | 《墨谱法式》 |
| | | 秦皮、苏木、甘松、藿香、酸石榴皮 | |
| | | 酸石榴皮、秦皮、牛角胎、黄蘗（柏）、五倍子、巴豆、颖青、绿矾、皂角 | |
| | | 颍川梳头胶、秦皮 | |
| | | 紫草、酸石榴皮、秦皮、草乌头、紫草、巴豆、呵梨勒（诃黎勒）、青黛、皂角、猪胆汁、藤黄、龙脑 | |
| | 油烟墨 | 秦皮、巴豆、黄蘗、栀子仁、甘松香、零陵香、皂角 | |
| | | 颍川梳头胶、秦皮 | |
| | | 紫草、酸石榴皮、胡桃、青皮、呵梨勒、青黛、皂角 | |
| | | 紫草、巴豆、秦皮、黄蘗 | |
| | | 紫草、牛角胎、酸石榴皮、秦皮、草乌头、呵梨勒 | |
| | | 皂角、糯米、龙脑、麝香、秦皮 | |

（续表）

| | | | |
|---|---|---|---|
| | 张　遇 | （龙）脑、麝（香）、金箔 | 《窗间记闻》 |
| | 叶茂实 | 紫矿、秦皮、木贼草、当归、脑子 | 《墨史》 |
| | 赵　佶 | 苏合油、“杂以百宝” | 《墨史》 |
| 明 | 沈继孙 | 苏木、黄连、海桐皮、杏仁、紫草、檀香、栀子、白芷、木鳖子仁 | 《墨法集要》 |
| | 方瑞生 | 猪胆汁、龙脑、麝香、大黄、苏木、良姜、甘松、细辛、丁香、藿香、零陵香、排草、牡丹皮 | 《墨海》 |
| | | 梣皮、巴豆、黄蘗、栀子仁、甘松、藿香、零陵香、皂角 | |
| 清 | 谢崧岱 | 苏木、巴豆、米酒 | 《南学制墨札记》 |
| | 《内务府墨作则例》 | 紫草、生漆、白檀香、零陵香、排草、猪胆、冰片、麝香、糯米酒、广胶 | 《三草墨》 |
| | | 苏木、生漆、紫草、排草、白檀香、零陵香、熊胆、冰片、麝香、糯米酒、广胶 | 《独草墨》 |

## 表二　胡开文制墨家族世系表

<table>
<tr><th>天<br>（一）</th><th>德<br>（二）</th><th>锡<br>（三）</th><th>贞<br>（四）</th><th>祥<br>（五）</th><th>洪<br>（六）</th><th>恩<br>（七）</th></tr>
<tr><td rowspan="11">胡天注<br>（1742～1809年）</td><td>恒德</td><td colspan="5">→</td></tr>
<tr><td rowspan="10">余德<br>（1762～1845年）</td><td>锡珍</td><td colspan="4">→</td></tr>
<tr><td rowspan="6">锡熊<br>（1804～1862年）</td><td rowspan="4">贞观<br>（1825～1879年）</td><td>祥醴<br>（1844～1890年）</td><td colspan="2">→</td></tr>
<tr><td>祥符<br>（1846～1867年）</td><td>洪椿<br>（1893～1962年）</td><td>→</td></tr>
<tr><td>祥基<br>（1849～1863年）</td><td colspan="2">→</td></tr>
<tr><td>祥禾<br>（1851～1899年）</td><td>洪镆<br>（1895～？）</td><td>→</td></tr>
<tr><td>贞乾<br>（1831～？）</td><td>祥光<br>（1880～？）</td><td colspan="2">→</td></tr>
<tr><td>贞照<br>（1833～1861年）</td><td>祥钰<br>（1854～1909年）</td><td>洪福<br>（1901～？）</td><td>→</td></tr>
<tr><td>锡翰</td><td colspan="4">→</td></tr>
<tr><td>锡服</td><td colspan="4">→</td></tr>
<tr><td>锡麟</td><td colspan="4">→</td></tr>
</table>

**（续表）**

<table>
<tr><td rowspan="23"></td><td rowspan="12"></td><td rowspan="7">锡琯<br>（1814～<br>1861年）</td><td rowspan="4">贞权<br>（1832～1906年）</td><td>祥宗<br>（1853～？）</td><td colspan="2">→</td></tr>
<tr><td>祥振<br>（1858～？）</td><td>洪莹<br>（1885～？）</td><td>→</td></tr>
<tr><td>祥谷<br>（1867～1889）</td><td colspan="2">→</td></tr>
<tr><td>祥履<br>（1872～？）</td><td colspan="2">→</td></tr>
<tr><td rowspan="2"></td><td>祥绪<br>（1874～？）</td><td colspan="2">→</td></tr>
<tr><td>祥堤<br>（1876～？）</td><td colspan="2">→</td></tr>
<tr><td>贞杰<br>（1838～1856年）</td><td>祥铎<br>（1857～1880年）</td><td colspan="2">→</td></tr>
<tr><td>锡壁</td><td colspan="4">→</td></tr>
<tr><td>锡瓒</td><td colspan="4">→</td></tr>
<tr><td rowspan="3">锡焕<br>（1834～<br>1890年）</td><td>贞钱<br>（1856～1886年）</td><td>祥暹<br>（1882～？）</td><td>洪序<br>（1909～？）</td><td>→</td></tr>
<tr><td>贞沐<br>（1858～1876年）</td><td>祥裕</td><td>→</td><td></td></tr>
<tr><td>贞铨<br>（1888～？）</td><td>祥迪<br>（1905～？）</td><td colspan="2">→</td></tr>
<tr><td>谅德</td><td colspan="5">→</td></tr>
<tr><td>骖德</td><td colspan="5">→</td></tr>
<tr><td>駷德</td><td colspan="5">→</td></tr>
<tr><td rowspan="8">懋德<br>（1775～<br>1848年）</td><td rowspan="8">锡庚<br>（1802～<br>1853年）</td><td>贞煌<br>（1820～1861年）</td><td colspan="3">→</td></tr>
<tr><td rowspan="3">贞聚<br>（1823～1893年）</td><td>祥善<br>（1855～？）</td><td>洪兰<br>（1882～1906年）</td><td>→</td></tr>
<tr><td></td><td>洪桂<br>（1884～？）</td><td>→</td></tr>
<tr><td></td><td>洪震<br>（1886～？）</td><td>→</td></tr>
<tr><td>贞胜<br>（1825～1862年）</td><td>祥红</td><td>洪英<br>（1883～？）</td><td>→</td></tr>
<tr><td rowspan="2">贞一<br>（1829～1899年）</td><td rowspan="2">祥址<br>（1849～1909年）</td><td>洪燮<br>（1880～1899年）</td><td>→</td></tr>
<tr><td>洪昭<br>（1887～1956年）</td><td>恩森</td></tr>
<tr><td>贞安<br>（1836～1861年）</td><td>祥龙<br>（1857～？）</td><td>洪读<br>（1888～？）</td><td>→</td></tr>
</table>

（续表）

<table>
<tr><td rowspan="17"></td><td rowspan="7">颂德<br>（1801～1834年）</td><td rowspan="4">锡环<br>（1820～1875年）</td><td>贞彦<br>（1837～1874年）</td><td></td><td>→</td><td></td></tr>
<tr><td>贞奎<br>（1839～1900年）</td><td>祥春<br>（1889～？）</td><td>洪道</td><td>→</td></tr>
<tr><td rowspan="2">贞堤<br>（1855～？）</td><td>祥镛<br>（1895～？）</td><td>→</td><td></td></tr>
<tr><td>祥瑞<br>（1904～？）</td><td>→</td><td></td></tr>
<tr><td rowspan="3">锡畴<br>（1826～1883年）</td><td>贞裕<br>（1853～1865年）</td><td></td><td>→</td><td></td></tr>
<tr><td>贞鉴<br>（1866～？）</td><td></td><td>→</td><td></td></tr>
<tr><td>贞铭<br>（1869～？）</td><td></td><td>→</td><td></td></tr>
<tr><td rowspan="10">硕德<br>（1805～1831年）</td><td rowspan="10">锡炯<br>（1828～1862年）</td><td rowspan="10">贞松<br>（1848～1910年）</td><td rowspan="5">祥鉴<br>（1867～？）</td><td>洪度<br>（1892～？）</td><td>→</td></tr>
<tr><td>洪彬<br>（1898～？）</td><td>→</td></tr>
<tr><td>洪柱<br>（1901～？）</td><td>→</td></tr>
<tr><td>洪吉<br>（1904～？）</td><td>→</td></tr>
<tr><td>洪奎<br>（1908～？）</td><td>→</td></tr>
<tr><td>祥礼<br>（1868～？）</td><td>洪开<br>（1904～1958年）</td><td>→</td></tr>
<tr><td>祥钧<br>（1871～1935）</td><td>洪钏<br>（1906～？）</td><td>→</td></tr>
<tr><td>祥莹<br>（1873～？）</td><td>洪钟<br>（1899～？）</td><td>→</td></tr>
<tr><td>祥运<br>（1881～？）</td><td>→</td><td></td></tr>
<tr><td>祥英<br>（1883～？）</td><td>→</td><td></td></tr>
</table>

## 表三 胡开文墨订制者籍贯的分布（故宫博物院藏品之可考证者）

### 1 安徽

### （2）本府同乡

| 墨品名 | 墨主 | 籍贯 | 时间 | 正面 | 背面 | 职业 |
|---|---|---|---|---|---|---|
| 胡赵校经之墨 | 胡澍 | 绩溪 | 1870 年 | 绩溪胡甘伯会稽赵为叔校经之墨 | 同治九年正月初吉 | 官员学者 |
| 莲叔记事 | 孙殿龄 | 休宁 | 1847 年 | 莲叔记事所用 | 道光辛丑年制 | 官员 |
| 四坡居士 | 程夔等 | 歙县 | 1875 年 | 上寿百二十 | 王父昔与同人曾有此制……适符成数敢云绳武聊绍前模 | 学者 |
| 黄海松心 | 鲍瑞骏 | 歙县 | 1867 年 | 黄海松心 | 桐华舸造 | 山东馆陶知县 |
| 古隃麋 | 汪定贵 | 黟县 | 1876 年 | 古隃麋 | 光绪丙子承志堂藏墨 | 宏村大宅 |
| 足支三十年 | 叶树德堂 | 黟县 | 1862 年 | 足支三十年 | 同治元年壬戌古黟叶树德堂珍藏 | 国药号 |
| 酒五经吟馆 | 叶熙锟 | 歙县 |  | 酒五经吟馆藏墨 | 图 | 篆刻家 |
| 晚春堂 | 汪士慎 | 歙县 | 1871 年 | 宜姜老人书画 | 晚春堂强老七十有九作（图） | “扬州八怪”之一 |
| 芸香草堂 | 哲甫氏 | 婺源 | 1876 年 | 芸香草堂书画墨 | 光绪岁次丙子首夏紫阳哲甫氏制 |  |
| 子城观察 | 鲍肇元 | 新安 | 1870 年 | 子城观察颂臣中丞华鄂联吟墨 | 同治庚午年新安鲍肇元属苍珮室按易水法制呈 |  |
| 敦古处室 | 鲍寅初 | 歙县 | 1870 年 | 敦古处室藏烟 | 同治己巳余过屯溪自制古会稽寅初鲍氏 | 官员学者 |
| 子城观察 | 鲍肇元 | 新安 |  | 子城观察颂臣中丞华 | 同治庚午年新安鲍肇元属苍珮室按易水法 | 官员 |
| 说剑盦 | 叶韵笙 | 歙县 | 1874 年 | 说剑盦藏墨 | 同治甲戌仲春（景） | 官员学者 |
| 角茶轩 | 黄士陵 | 黟县 | 1904 年 | 礼堂属士陵选烟 | 光绪甲辰年造 | 端方幕府，学者 |
| 著石而黑 | 程洁 | 歙县 | 1883 年 | 光绪九年六月侯官林葵崇明杨安震歙县程洁海门周家禄通州张謇吴县叶觐仪泰兴朱铭盘属休宁胡氏苍珮室造此墨铭曰著石而黑鞣朱而挠取竟乎此以厉玄友 |  | 吴长庆幕僚 |
| 品如金石 | 程氏 | 新安 | 1867 年 | 品如金石气如芝兰 | 新安程氏缏古斋 |  |
| 一瓣香 | 柯钺 | 歙县 | 1849 年 | 一瓣香（竹泉氏选烟） | 道光己酉年制 | 曾国藩幕僚 |

（续表）

| | | | | | | |
|---|---|---|---|---|---|---|
| 竹荫山馆 | 叶叙亭 | 歙县 | 1857年 | 竹荫山馆（图） | 咸丰丁巳古歙叶叙亭自制墨 | |
| 拜疏著书 | 吴近宸 | 皖南 | 1893年 | 拜疏著书之墨 | 光绪癸巳年春日皖南吴近宸氏监制 | |
| 随园主人 | 汪心农 | 海阳 | | 随园主人 | | |
| 古黟南屏 | 李氏 | 黟县 | 1856年 | 古黟南屏 | | |
| 福寿图 | 许珏 | 歙县 | 1894年 | 福寿图（图） | 静山中峰祝□拜表之墨 | 学者 |
| 槐清书屋 | 程氏 | 新安 | 1876年 | 槐清书屋 | | |

## （3）同省[表四]

| 墨品名 | 墨主 | 籍贯 | 时间 | 正面 | 背面 | 备注 |
|---|---|---|---|---|---|---|
| 意云室 | 方慎龠 | 合肥 | 1933年 | 意云室藏烟 | 云（图） | 学者 |
| 封爵铭 | 李鸿章 | 合肥 | | 封爵铭（少荃李氏珍藏） | 使河如带泰山若厉国以永宁爰及苗商 | 政治家 |
| 叔雨学使著书之墨 | 潘鼎立 | 庐江 | 1882年 | 叔雨学使著书之墨 | 光绪戊寅春潘鼎立敬赠 | 幕僚 |
| 货布 | 唐定奎 | 合肥 | 1874年 | 货布 | 同治甲戌俊侯制 | 淮军，福建陆路提督 |
| 小沧浪亭 | 李经畬 | 合肥 | 1877年 | 面镂一龙 | 光绪丁丑小沧浪亭造 | 李鸿章侄辈 |
| 大潜山房 | 刘铭传 | 合肥 | 1872年 | 大潜山房（同治壬申省三属开文主人选烟） | 十年如石一点如漆 | 淮军，台湾巡抚 |
| 存吾春馆 | 童揖芳 | 肥西 | | 存吾春馆自制墨 | （图） | 士绅 |
| 一瓣香 | 李鹤章 | 合肥 | 1864年 | 一瓣香（同治甲子年制） | 季荃夫子公余吟墨之墨 | 李鸿章胞弟 |
| 一瓣香 | 马征麟 | 怀宁 | 1846年 | 一瓣香（道光丙午仲春制） | 钟山选烟 | 学者 |
| 瓣香书屋 | 程尧卿 | 桐城 | 1892年 | 瓣香书屋藏烟 | 光绪壬辰春王正月龙眠程氏尧卿鉴定 | |
| 遗安书屋 | 孙幼泉 | 淮上 | 1867年 | 遗安书屋藏墨 | 同治丁卯淮上孙幼泉制 | 学者 |
| 青琅玕 | 何氏 | 望江 | 1872年 | 五清（图） | 青琅玕：□□绿檀栾素娥……同治壬申仲秋望江何氏藏□甫摹古胡开文造（图） | |
| 十万杵 | 孙仲珊 | 寿县 | 1883年 | 轻胶十万杵 | 寿春孙氏仲珊选烟 | |
| 伯凯仲嘉 | 裴景福 | 霍邱 | 1889年 | 伯凯仲嘉同选 | 霍邱裴氏珍藏 | |

（续表）

| 集虚草堂 | 李国松 | 合肥 | 1909 年 | 集虚草堂 | 宣统元年九月制 | 安徽咨议局议长 |
|---|---|---|---|---|---|---|
| 玉海传经 | 刘世珩 | 贵池 | 1864 年 | 御笔：玉海传经 | 玉海棠 | 广东巡抚，藏书家 |

## 2　湖南[表五]

| 墨品名 | 墨主 / 者 | 籍贯 | 时间 | 正面 | 背面 | 备注 |
|---|---|---|---|---|---|---|
| 子贞氏 | 何绍基 | 道县 | 1870 年 | 子贞氏临池之墨 | 同治九年次口造 | 道光进士，书法家 |
| 天涯何处 | 涤非子 | 南州 | 1868 年 | 天涯何处觅知音 | 同治戊辰春暮选于皖江省易山房（南州涤非子仿古） | 官员 |
| 满衣花露 | 魏赓臣 | 衡阳 | 1867 年 | 满衣花露听宫莺（图） | 同治丁卯衡阳魏赓臣制于澜溪官舍 | 官员 |
| 求阙斋 | 曾国藩 | 湘乡 | 1867 年 | 求阙斋 | 同治六年八月制 | 政治家、军事家 |
| 八宝奇珍 | 左宗棠 | 湘阴 | | 八宝奇珍 | | 政治家、军事家 |
| 焚香煮茗静坐读书 | 修承浩 | 沅陵 | 1896 年 | 焚香煮茗静坐读书 | 光绪丙申仲秋翰青氏制于武林读书读律斋 | 光绪举人，湖南省第一届人大委员等 |
| 磨盾余馨 | 杨昌濬 | 湘乡 | 1866 年 | 磨盾余馨（同治丙寅年制） | 湘乡石泉氏珍藏 | 闽浙、陕甘总督 |
| 勉林选烟 | 李兴锐 | 浏阳 | 1865 年 | 勉林选烟 | 同治乙丑年胡开文制 | 湘军，两江总督 |
| 麟阁铭勋 | 吴觉亭 | 平江 | 1864 年 | 麟阁铭勋 | 平江吴氏选烟 | |
| 十二梅花书屋 | 郭庆藩 | 湘阴 | 1891 年 | 十二梅花书屋自制墨 | 滞（光绪辛卯清明节岵瞻主人监藏） | 浙江知府 |
| 皖江鸿雪 | 彭玉麟 | 衡阳 | 1886 年 | 皖江鸿雪（退省斋选烟） | 光绪丙戌年制 | 湘军，兵部尚书 |
| 琴式 | 谭钟麟 | | | （图） | 磨供我书，琴卷我德，叩实求香，不如守黑（文卿氏制铭） | 杭州知府、陕西布政使等 |
| 罔谈彼短 | 蒋氏 | 上湘 | 1871 年 | 网谈彼短靡飞己长 | 上湘蒋氏和第二子寅震珍藏（时同治辛未秋初制于皖南练江权署） | 官员 |
| 江南春色 | 杨氏 | 湘西 | 1873 年 | 江南春色（江召棠写） | 大富贵亦寿考（同治癸酉年秋湘西杨氏厦庵选烟） | |
| 寥胶馆主人 | 刘康侯 | 湘乡 | 1892 年 | 寥胶馆上人珍藏 | 湘乡刘康侯自制书画墨 | |

（续表）

| | | | | | | |
|---|---|---|---|---|---|---|
| 孙言事 | 孙言事 | 洪江 | 1894年 | 洪江孙言事墨 | 非人磨墨墨磨人 | |
| 实事求是 | 胡元仪 | 湘潭 | | 实事求是 | 人之能为人由腹有墨书墨书勤乃有不勤腹空虚（同治壬申暮春昭潭胡子威录韩墨以自励） | 张之洞幕府 |
| 涤生相国判牍之墨 | 毛有铭 | 上湘 | | 涤生相国判牍之墨 | 撰端百度（受业毛有铭奉檄皖南军次海阳监制） | 湘军将领 |

### 3　浙江[表六]

| 墨品名 | 墨主 | 籍贯 | 时间 | 正面 | 背面 | 备注 |
|---|---|---|---|---|---|---|
| 滋兰树蕙之庐 | 浦陵 | | 1890年 | 滋兰树蕙之庐 | 粲花室主人 | |
| 鸭阑旧主 | 马慕兰 | 仁和 | 1867年 | 鸭阑旧主持赠 | 同治丁卯年制 | |
| 青藜阁 | 刘亨起 | | | 青藜阁 | | 徽州知府 |
| 曲园著书之墨 | 俞樾 | | | 曲园著书之墨 | （图） | |
| 玉壶冰鉴 | 许庚身 | 仁和 | 1874年 | 玉壶冰鉴（星叔清赏） | 同治甲戌属徽州老胡开文精制 | 兵部尚书 |
| 胡甘伯赵撝叔校经之墨 | 赵之谦 | 会稽 | | | | 江西鄱阳、奉新知县，书画家 |
| 大富贵亦寿考 | 袁昶 | 桐庐 | | 大富贵亦寿考 | 芳郭钝椎监制 | 安徽宁池太广道员外郎 |
| 蹑云自制 | 方积骅 | 镇海 | 1902年 | 蹑云自制 | 光绪壬申□□方氏珍藏之墨 | |
| 复堂著书 | 谭献 | 仁和 | 1877年 | 复堂著书之墨 | 藏之名山（光绪丁丑年秋造） | 词人、学者 |
| 颐寿庐选烟 | 鲍存晓 | 会稽 | 1883年 | 颐寿庐选烟 | 古越鲍寅初（遗唐）书画珍藏 | 学者 |
| 乐圃余馨 | 吴凤阶 | 仁和 | 1868年 | 乐圃余馨（霞轩氏题于北堃官舍） | 烧残石烛烟剩此……同治戊辰年制 | 咸丰举人，官工部员外郎，浙派书画家 |
| 写墨作画填词学书之墨 | 任颐 | 山阴 | 1871年 | 写墨作画填词学书之墨 | 同治辛未仲冬小楼霞山馆康白氏制 | 画家 |

（续表）

| | | | | | | |
|---|---|---|---|---|---|---|
| 松泉关如书画墨 | 李本仁 | 钱塘 | 1883年 | （松泉关如）书画墨（癸未初秋新安胡开文监制） | （图） | 道光进士。曾任户部主事，历官安徽布政使。 |
| 梦庐夫子临池之墨 | 朱偁 | 秀水 | 1870年 | 梦庐夫子临池之宝 | 同治庚午仲春月门人黄心桑仿古造呈 | 画家 |
| 十万杵 | 吴氏 | 归安 | 1868年 | 十万杵 | 归安吴平斋新建靳少仲选烟合剂 | 不详 |
| 枢廷辅治 | 陈幼舫 | 鉴湖 | 1871年 | 鉴湖先生琴书之墨 | 枢廷辅治（同治辛未年陈幼舫监制） | 不详 |
| 竞秀草堂 | 庞元澄 | 吴兴 | 1891年 | （图） | 竞秀草堂书画墨 | 社会活动家，收藏家 |
| 飞黄 | 荫杉 | 吴兴 | 1902年 | 沈氏造（汉建昭砖） | 壬寅夏暮游海阳得飞黄钱陆离斑驳古气盎然余乃庚午生爱摹文以制墨吴兴陶然室主荫杉识 | |
| 同梦笔生花馆 | 邵氏 | 鉴湖 | 1932年 | 同梦笔生花馆墨 | 冀如□君联吟之墨 | |
| 吉富贵 | 吉荪 | 吴兴 | 1902年 | 吉富贵 | 光绪壬寅宰海阳得古砖文曰吉富贵余字吉用以制墨吴兴吉荪钮福安抚 | |
| 两垒轩 | 吴云 | 归安 | | 两垒轩书画墨 | 同治辛未仲秋胡开文精造 | 学者 |
| 叔雨学使著书之墨 | 龚自闳 | 仁和 | 1882年 | 叔雨学使著书之墨 | 光绪戊寅春潘鼎立敬赠 | 工部左侍郎 |
| 金壶仙液 | 吴锡麟 | 钱塘 | 1846年 | 金壶仙液 | 道光岁在柔兆敦牂小阳月休宁知县吴锡麟选料监制 | 休宁知县 |
| 五百斤油 | 金农 | 仁和 | 假托 | 五百斤油 | 冬心先生以五石顶烟为五百斤油 | “扬州八怪”之一 |

## 4　江苏[表七]

| 墨品名 | 墨主 | 籍贯 | 时间 | 正面 | 背面 | 备注 |
|---|---|---|---|---|---|---|
| 延陵吴氏家藏 | 吴氏 | 山阳 | | 梅花书屋选烟 | 延陵吴氏家藏 | 家族制墨 |
| 慎独斋 | 杨长年 | 江宁 | | 慎独斋 | | 文学家 |
| 圭璋特达 | 方鼎锐 | 仪征 | 1868年 | | 同治七年春月监制 | 官至浙江温处道，书画家 |

（续表）

| 萑苇书屋 | 方鼎录 | 仪征 | 1870 年 | 萑苇书屋珍藏墨 | 同治九年方悟斋、退斋合制 | 陕西候补道员，书画家 |
|---|---|---|---|---|---|---|
| 铁如意 | 杨沂孙 | 常熟 | 1873 年 | 铁如意（图） | 铁如意（图） | 歙县知县 / 徽州知府 |
| 季直 | 张謇 | | 1883 年 | 季直之墨 | 磨磷于世俗，以坚颂而不可为也……（张謇铭） | 企业家 |
| 一品富贵 | 王善甫 | 金陵 | 1868 年 | 一品富贵（图） | 同治戊辰孟夏月金陵王善甫制于海阳官舍 | 官员 |
| 奉恩楼 | 丁燮甫 | 泰州 | 1869 年 | 奉恩楼诗书画墨 | 同治己巳年海陵丁燮甫偕弟子容选烟于汉阳官廨 | 官员 |
| 铜柱 | 吴大澂 | 吴县 | | 铜柱 | 光绪十二年四月……此柱可立不可移 | 广东、湖南巡抚，金石学家 |
| 招隐山房 | 戴启文 | 丹徒 | 1894 年 | 润州招隐山房书画之墨 | 岁在光绪阏逢敦牂律中黄钟之月三十六峰过客属绩溪胡柳门以五百斤油加十万杵法选制 | 官员 |
| 江南无所有聊赠一枝春 | 慎伯 | 松陵 | | 江南无所有聊赠一枝春（图） | 松陵慎伯选烟 | 不详 |
| 松鹤 | | 南京 | | 松鹤（图） | 太平安平丰盛天一南京分公司全体员工仝谨呈 / 徽州老胡开文广户氏制 | 公司员工 |
| 天涯过客 | 彭氏 | 苏州 | 1902 年 | 长洲彭氏制墨 | 御赐宰相箕裘状元衣钵 | 家族制墨 |
| 六韬三略 | 善甫氏 | 金陵 | 1867 年 | | 同治六年嘉平月金陵善甫氏制于海阳官廨 | 休宁知县 |

## 5　湖北[表八]

| 墨品名 | 墨主 | 籍贯 | 时间 | 正面 | 背面 | 备注 |
|---|---|---|---|---|---|---|
| 种竹山房 | 贺滨臣 | 武昌 | 1868 年 | 种竹山房（图） | 同治七年四月武昌贺滨臣制于鸠江官署之南窗 | 官员 |
| 骊龙珠 | 爱莲堂 | 汉阴 | 1882 年 | 骊龙珠（平梁爱莲堂润之氏选烟敬呈） | 光绪八年春正月效易水法精制 | 周姓家族堂号 |
| 思贻堂主人著书墨 | 黄文琛 | 汉阳 | 1868 年 | 思贻堂主人著书墨 | 同治戊辰仲春月属新安胡开文精制 | 邵阳知县，擢永州知府 |
| 磨穿铁砚 | 熊氏 | 竟陵 | 1868 年 | 磨穿铁砚（老云学书之墨） | 同治戊辰冬月竟陵熊氏心太平宝选烟 | 不详 |
| 瓶华书屋 | 童濂 | 江夏 | 1846 年 | 瓶华书屋藏墨 | 道光二十七年岁次丁未夏造 | 邗江郡丞 |

（续表）

| | | | | | | |
|---|---|---|---|---|---|---|
| 绿阴山馆选烟 | 王树桐 | 秭归 | 1852 年 | 绿阴山馆选藏 | 秭归王琴轩学书 | |
| 几生修得到梅花 | 秋丞氏 | 沙羡 | 1864 年 | 几生修得到梅花 | 同治甲子仲春楚北秋丞氏从军休宁选烟 | 军事将领 |

## 6　旗人、宗室[表九]

| 墨品名 | 墨主 | 旗籍 | 时间 | 正面 | 背面 | 备注 |
|---|---|---|---|---|---|---|
| 萨尔图氏 | 英翰 | 正红旗 | 1862 年 | 萨尔图氏家塾 | 同治九年二月造 | 安徽巡抚 |
| 十万杵 | 裕禄 | 正白旗 | 1879 年 | 十万杵（光绪己卯仲秋月制） | 寿山中丞著书之墨 | 安徽布政使 |
| 金壶仙液 | 蒋蔚章 | 汉正白旗 | 1847 年 | 金壶仙液 | 道光岁在疆圉协洽仲春月沈阳蒋蔚章仪征张励盦同造 | 安徽布政使 |
| 轻胶十万杵 | 惠年 | | | 轻胶十万杵 | 静香斋主人造 | 浙江盐运使，书画家 |
| 硯秋盦填词 | 毓隆 | 正蓝旗 | 1905 年 | 硯秋盦填词墨 | 乙巳孟夏制 | 安徽学政 |
| 葛民方伯吟诗作画 | 绍诚 | | 1875 年 | 葛民方伯吟诗作画之墨 | 光绪元年乙亥孟夏选烟 | 安徽布政使、安徽巡抚 |
| 写秋轩书画墨 | 如山 | 镶蓝旗 | | 写秋轩书画墨 | 赫舍里氏选烟 | 浙江按察使，四川布政使 |
| 纫佩别馆选烟 | 若虚氏 | | 1870 年 | 幼珮别馆选烟 | 同治庚午长白忠满若虚氏制于皖江节署之蝶轩 | 官员 |
| 乐道主人 | 奕䜣[1] | | | 乐道主人书画墨 | 葆光室 | 恭亲王 |
| 瓦形砚 | 春岫 | 长白 | 1870 年 | 戒勿贪，慎所守，用行舍藏，与金石同不朽 | 石渠阁瓦（购得宋人石渠阁瓦砚……光绪癸未夏日识于新安官廨之紫翠楼。笑如持赠） | 徽州知府 |

[1] 有学者认为墨主应为河北鸡泽人齐澹项。赵正范编著:《清墨鉴赏图谱》，页 54，上海书店出版社，2006 年。

## 7　山东[表十]

| 墨品名 | 墨主 | 籍贯 | 时间 | 正面 | 背面 | 备注 |
|---|---|---|---|---|---|---|
| 十万杵 | 孙毓汶 | 济宁 | 1880 年 | 十万杵（光绪庚辰仲冬月制） | 莱山少宗伯著书之墨 | 刑部尚书，加太子少保 |

（续表）

| | | | | | | |
|---|---|---|---|---|---|---|
| 艺苑声华 | 高鸿裁 | 潍城 | 1876年 | 艺苑声华（图） | 西苑翰墨（光绪二年首夏罗湘翰笙氏题） | 收藏家 |
| 棣华监杵 | 瞿氏 | 兰陵 | 1885年 | 棣华监杵墨 | 兰陵瞿氏珍藏 | |
| 玉屑珠英 | 杜受田 | 滨州 | 1852年 | 玉屑珠英 | 石画龛校书墨 | 左都御史、工部尚书等 |

## 8　福建[表十一]

| 墨品名 | 墨主 | 籍贯 | 时间 | 正面 | 背面 | 备注 |
|---|---|---|---|---|---|---|
| 渊如藏墨 | 庞氏 | 昭阳 | 1893年 | 渊如藏墨 | 光绪十九年岁次昭阳大荒落乌程庞氏定选松烟 | |
| 我守我黑 | 邵氏 | 福州 | 1869年 | 我守我黑 | 榕城邵氏珍藏 | |
| 华屿读书堂 | 伊秉绶 | 汀州 | 1843年 | 华屿读书堂监制 | 刘石久持赠 | 惠州知府、扬州知府，书法家 |
| 著石而黑 | 林葵 | 侯官 | 1883年 | 光绪九年六月侯官林葵崇明杨安震歙县程洁海门周家禄通州张謇吴县叶觐仪泰兴朱铭盘属休宁胡氏苍珮室造此墨铭曰著石而黑鞣朱而挠取竟乎此以厉玄友 | | 吴长庆幕僚 |

## 9　广东[表十二]

| 墨品名 | 墨主 | 籍贯 | 时间 | 正面 | 背面 | 备注 |
|---|---|---|---|---|---|---|
| 任公临池 | 梁启超 | 新会 | 1896年 | 任公临池墨 | 新会梁氏珍藏 | 政治家、学者 |
| 棣华诗屋 | 梁鼎芬 | 番禺 | 1864年 | 棣华诗屋书画墨 | 同治甲子孟春番禺梁惺吾制 | 张之洞幕僚，湖北按察使 |
| 西樵山房 | 邓氏 | 佛山 | 1851年 | 西樵七十二山所书画墨 | 咸丰辛亥年海南邓氏制 | |
| 端溪何氏 | 何景臣 | 肇庆 | 1871年 | 端溪何氏选烟 | 深柳读书堂（图） | |
| 和衷共济 | 梁述之 | | 1872年 | 和衷共济 | 同治壬申年春偕同事……岭南梁述之识 | |

## 10　江西[表十三]

| 墨品名 | 墨主 | 籍贯 | 时间 | 正面 | 背面 | 备注 |
|---|---|---|---|---|---|---|
| 十万杵 | 晏淳一 | 庐陵 | | 十万杵（蔗乡仿古藏烟） | | 婺源、祁门、绩溪等地知县 |

（续表）

| | | | | | | |
|---|---|---|---|---|---|---|
| 柴桑李氏 | 李盛铎 | 九江 | 1871年 | 柴桑李氏珍藏 | 木樨轩鉴制（同治辛未） | 山西巡抚，藏书家 |
| 山可一窗青 | 雷维翰 | 铅山 | 1870年 | 山可一窗青（图） | 可青山馆选烟 | 曾国藩幕僚 |
| 十万杵 | 靳方錡 | 新建 | 1868年 | 十万杵 | 归安吴平斋新建靳少仲选烟合剂 | 幕僚 |
| 玉山方伯 | 方氏 | 玉山 | 1876年 | 玉山方伯著书之墨 | 光绪丙子年制 | |
| 大富贵寿考 | 绶氏 | 石城 | 1889年 | 大富贵寿考（光绪乙丑年春月姑溪子溪绶氏题） | 一路荣华到白头（图） | |
| 讲信修睦 | 吴坤修 | 永修 | 1860年 | 讲信修睦 | 竹庄主人启事之墨 | 湘军，安徽布政使、署巡抚 |
| 寿庭军门 | 李占椿 | 兴国 | 1902年 | （图） | 寿庭军门雅玩墨（沐恩姬文柱） | 湘军将领，江南提督 |

## 11　四川[表十四]

| 墨品名 | 墨主 | 籍贯 | 时间 | 正面 | 背面 | 备注 |
|---|---|---|---|---|---|---|
| 孟仙临池 | 乔树枬 | 华阳 | | 孟仙临池之墨 | 徽州胡开文选烟 | 学部左丞 |
| 松石斋珍藏 | 卓秉恬 | 双流 | | 松石斋珍藏 | 华阳海帆氏自制之墨 | 内阁大学士，兵部、户部、吏部尚书，都察院左都御史等 |
| 捷书夜到甘泉宫 | 云亭氏 | 西蜀 | 1865年 | 捷书夜到甘泉宫 | 同治乙丑西蜀云亭氏选制墨 | |
| 旌阳李春舫学书墨 | 李鼎元 | 绵州 | 1868年 | 旌阳李春舫学书 | 同治戊辰师竹室主人属新安胡开文制 | 兵部主事 |
| 晴波自制 | 江坚 | 丰都 | | 晴波自制 | 平都女史江坚子璞氏珍藏 | |

## 12　贵州[表十五]

| 墨品名 | 墨主 | 籍贯 | 时间 | 正面 | 背面 | 备注 |
|---|---|---|---|---|---|---|
| 学耐烦斋主人 | 莫友芝 | 独山 | 1871年 | 学耐烦斋主人制 | 同治辛未秋九月 | 学者 |
| 金壶仙液 | 周氏 | 印江 | 1869年 | 金壶仙液 | 同治己巳年徽州胡开文制凯塘周氏珍藏于亦宝晋斋 | |

（续表）

## 13　广西[表十六]

| 墨品名 | 墨主 | 籍贯 | 时间 | 正面 | 背面 | 备注 |
|---|---|---|---|---|---|---|
| 聊赠一枝春 | 岑春煊 | 西林 | | 西林宫保临池之墨 | 聊赠一枝春（图） | 广东布政使、两广总督 |
| 如意 | 舜臣氏 | 桂林 | 1870 年 | 如意（桂林舜臣氏选烟） | （图） | |

## 14　山西[表十七]

| 墨品名 | 墨主 | 籍贯 | 时间 | 正面 | 背面 | 备注 |
|---|---|---|---|---|---|---|
| 练余心斋 | 祁世长 | 寿阳 | 1881 年 | 练余心斋 | 寿阳祁氏制 | 督学安徽 |
| 道华堂 | 冯焯 | 代县 | 1871 年 | 道华堂南岳藏诗 | 潜岳三峰卓立常绕云气庐其下者得天独多 | |

## 15　云南[表十八]

| 墨品名 | 墨主 | 籍贯 | 时间 | 正面 | 背面 | 备注 |
|---|---|---|---|---|---|---|
| 墨农选烟 | 朱家宝 | 宁州 | 1909 年 | 墨农选烟 | 宣统元年闰二月制 | 安徽巡抚 |
| 德馨氏学楷之墨 | 德馨氏 | | 1926 年 | 德馨氏学楷之墨 | 丙寅孟夏上浣吉日摹陈老莲先生中□法等□于□□ | |

## 16　甘肃[表十九]

| 墨品名 | 墨主 | 籍贯 | 时间 | 正面 | 背面 | 备注 |
|---|---|---|---|---|---|---|
| 翰苑珍藏 | 安维峻 | | | 翰苑珍藏 | 晓峰中丞清赏 | 福建道监察御史 |
| 眉樵选烟 | 潘砚秋 | 泾川 | 1867 年 | 眉樵选烟 | 泾川潘氏珍藏 | |
| 上党青松 | 翟氏 | 泾川 | 1870 年 | 上党青松（泾川翟氏斗南选烟） | 同治九年新安胡开文造 | |
| 十年如石 | 李荔轩 | 永登 | 1872 年 | 十年如石一点如漆 | 同治壬申屯川李荔轩仿方于鲁法监制 | |

## 17　河南[表二十]

| 墨品名 | 墨主 | 籍贯 | 时间 | 正面 | 背面 | 备注 |
|---|---|---|---|---|---|---|
| 磨人 | 仲子 | 颍川 | 1873 年 | 磨人（颍川仲子墨琴书画之宝） | 同治癸酉花朝主人监制于锄月山房 | |
| 如不及斋 | 李氏 | 怀州 | 1864 年 | 如不及斋藏墨 | 同治甲子年制 | |

（续表）

18　其他[表二十一]

| 墨品名 | 墨主 | 籍贯 | 时间 | 正面 | 背面 | 备注 |
|---|---|---|---|---|---|---|
| 黄山图 | 杨慧峰 | 辽宁海城 | 1903 年 | 黄山图 | 光绪癸卯年九月海城杨慧峰氏自制黄山万杵松精 | |
| 草梦庐主 | 高洲太助 | 日本 | 1916 年 | 草梦庐主临池(图) | | |
| 三十六峰 | 黄氏 | 京师 | 1864 年 | 三十六峰主人珍藏 | 同治甲子王京黄氏圣舆选烟 | |
| 晚晴簃 | 徐世昌 | 天津 | 民国 | 晚晴簃选□墨 | 质坚而意芳，体晦而田彰…… | 民国总统 |
| 天下为公 | 于右任 | 陕西泾阳 | 1930 年 | 天下为公（右任） | 鸳鸯七志斋 | 政治家、书法家、教育家 |

# 后记

本人于2005年8月被分配至故宫博物院的古代文具库房跟随吴春燕、赵丽红、罗扬三位先生参加保管工作。当时全院各业务部门的文物核对工作正在进行的如火如荼（目前故宫文物总数180余万件即由此而来）。本人有幸被指派涉入胡开文墨的整理工作，由此产生了一些不成熟的想法，并有意涉足这一课题。自此除了各级领导布置的其他一些工作之外，全部学术注意力皆立足于此。此生虽无缘与周绍良等先生得见，但是每当入库工作时见到他们捐献的文物精品时，在精神上已经与之共鸣了。

本书出版协议达成后，先前预计自己的心情可以放松一下，至少有某种事业成就感，然而愈接近出版，心情愈不敢放松，原因主要在于个人的学识过于浅薄。主要表现在：首先，本人纯属半路出家，不少相关的墨学背景知识并不了解，因而对古人先贤的很多想法视而不见。虽全力弥补，但愚钝至极。这不得不说是一大憾事。其次，在本书的史实论述方面并没有很充裕地研读有关徽州的近代史料，因而心目中对这一阶段的实施把握不是很大。另外，研读档案史料时经常或出现一些新的观点或者想法。但一动笔，便常被某些具体的技术细节所牵制，从而影响了整体思路。有时思想虽然清晰，却又缺少过硬的材料支持。

在几年间，笔者曾先后考察了北京、天津、芜湖、宣城、绩溪、合肥、桐城、屯溪、休宁、歙县、杭州、上海、苏州、扬州、南京、无锡、南昌、九江、婺源、安庆、武汉、长沙共22个地区，但是收集的材料依然偏少。尤其是还有几个省的档案资料因故未能成行，因而仍感到有许多东西尚待进一步探讨。如若可能，有人乐于将全国所有涉及胡开文墨店的档案资料都收集完全，并就此作一部关于近代“徽商”移民史、中国传统手工业现代化转型方面的著作，应该是一件很有趣的事情。

本书蒙允被列入故宫博物院2008年度课题资助的项目，并在课题完成后得到了故宫博物院中青年学术奖励基金的援助，故宫出版社也将本书列入“紫禁书系”出版计划。这里特别向书系主编李文儒副院长以及院办公室、财务处、文物管理处、科研处、器物部、资料信息部和故宫出版社各级领导的垂青表示感谢。同时，故宫博物院资料信息部的摄影师们、故宫出版社的编辑们出力尤多。

安徽博物院各级领导为本书的出版提供了极大的方便，在此特深致诚谢！

在课题考察过程中，我们还得到了各地许多单位和个人的热情接待和帮助，在此一并表示感谢（以拜访的先后时间为序）：上海王建国先生、芜湖市档案馆、芜湖胡毓骅先生、绩溪胡开文墨业有限公司汪爱军先生、安徽大学徽学研究中心、屯溪胡开文墨厂汪培坤先生、程国胜先生、黄山市徽州文化博物馆、屯溪胡云先生、休宁县文化局、杭州冯继强先生、歙县老胡开文墨厂周美洪先生、扬州市档案馆、九江市档案馆、安庆蒋立永先生、高栋梁先生、长沙市档案馆、长沙陈艳飞女士。

2013年1月于故宫博物院南三所

**图书在版编目（CIP）数据**

徽墨胡开文研究 ： 1765～1965年 / 林欢著. —
北京 ： 故宫出版社，2016.8
（紫禁书系）
ISBN 978-7-5134-0883-7

Ⅰ. ①徽… Ⅱ. ①林… Ⅲ. ①墨—文化研究—
安徽省—1765-1965 Ⅳ. ①K875.44

中国版本图书馆CIP数据核字(2016)第180300号

**徽墨胡开文研究**（1765～1965年）

著　　者：林　欢
责任编辑：方　妍
装帧设计：李　猛
出版发行：故宫出版社
地址：北京东城区景山前街4号　邮编：100009
电话：010-85007808　010-85007816　传真：010-65129479
网址：www.culturefc.cn　邮箱：ggcb@culturefc.cn
印　　刷：北京方嘉彩色印刷有限责任公司
开　　本：787×1092毫米　1/16
印　　张：15
版　　次：2016年8月第1版
2016年8月第1次印刷
印　　数：1~2,000册
书　　号：ISBN 978-7-5134-0883-7
定　　价：86.00元

# 紫禁書系 第一辑

**明清室内陈设**·朱家溍　定价：七〇元

全书七万字，一九一幅图。

作者在数十年故宫博物院工作经历中，为使宫廷原状陈设的恢复合于情理，合于历史，查阅并摘录了大量官私档案，笔记小说，从中寻找可信可行的依据。选辑了与明清两朝室内陈设有关的内容。既有陈设品的名目，也有陈设的具体方位，还有关于审美意趣的品评。

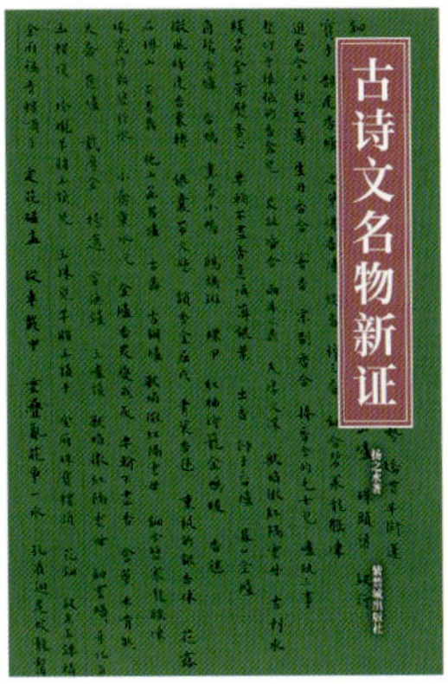


**古诗文名物新证**·扬之水

定价：一九八元（全二册）

收入书中的二十六题，均由名物研究入手，试图在文献、实物、图像三者的碰合处复原起历史场景中的若干细节。用来表现「物」的数百幅图，是贴近历史而与书中文字默契的另一种形式的叙述，旨在使复原的古典以可靠的历史遗存为依据，文字与图像的契合处或许可以使人捕捉到一点细节的真实和清晰。

**中国古代官窑制度**·王光尧　定价：七五元

在从事故宫博物院文物保管陈列工作的同时，密切关注考古发掘中的最新信息，阐述对于中国古代官窑制度的看法。本书以史料实物相互印证的方法，立足官窑瓷器实物，追溯唐至清数百年间官窑制度的变化和由此而来不同时代的官窑瓷器特点。。

**清代宫廷服饰**·宗凤英　定价：七五元

全书十万字，一百幅图。

介绍清代宫廷服饰制度的起源、形成和演变。详细描述了清代皇帝、皇后以及皇室成员和文武大臣在各种场合穿着的服饰，主要有礼服、吉服、常服、行服、雨服、便服等等。内容翔实可靠，图片精美。读者面广，适合服装服饰研究设计、宫廷史研究及爱好服饰的广大一般读者阅读欣赏。

**火坛与祭司鸟神**·施安昌　定价：七五元

本书集结了作者十年来探索古代祆教遗迹和祆教美术的成果。内容涵盖地下墓葬和地上碑刻，涉及许多博物馆中保存已久的藏品和近期发掘的虞弘、安伽、史君三个萨宝墓的出土文物，对一千四百多年前的中国祆教遗存及其宗教图像系统作了别开生面的揭示与论证。

同时，也对人们所陌生的琐罗亚斯德教的教义、礼仪及其在中亚、中国的传播历史作了介绍。

# 紫禁書系 第二辑

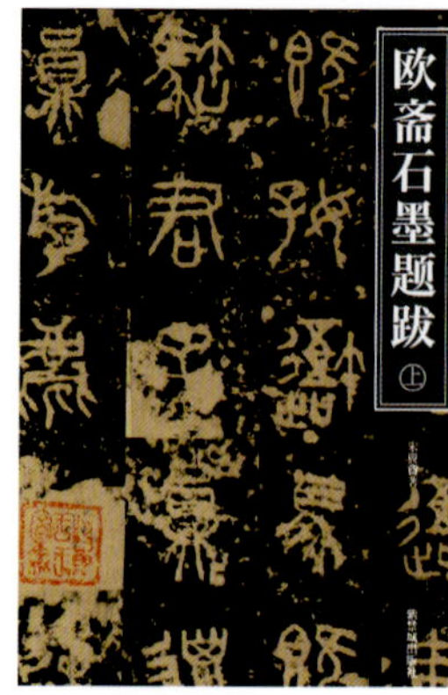


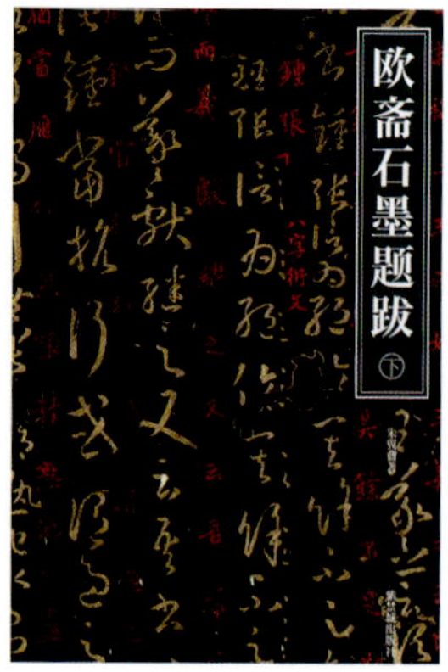


**欧斋石墨题跋**·朱翼盦　定价：一五〇元（上、下）

翼盦先生曾以重金购获《九成宫醴泉铭》北宋初拓未剜本，遂自号「欧斋」。翼庵先生鉴别精审，取舍谨严。以三十年之精力，搜集汉唐碑版七百余种，多罕见之品。每得铭心之品，于研索考订之余，辄作跋尾，以志心得。历考传世善本，详征前人著述，参订比较。《欧斋石墨题跋》即为翼庵先生鉴定石墨文字所撰跋语题识。并附所藏碑帖目录，以见收藏全貌。其有前人题跋者，亦并缀于每目之后，用供征考。

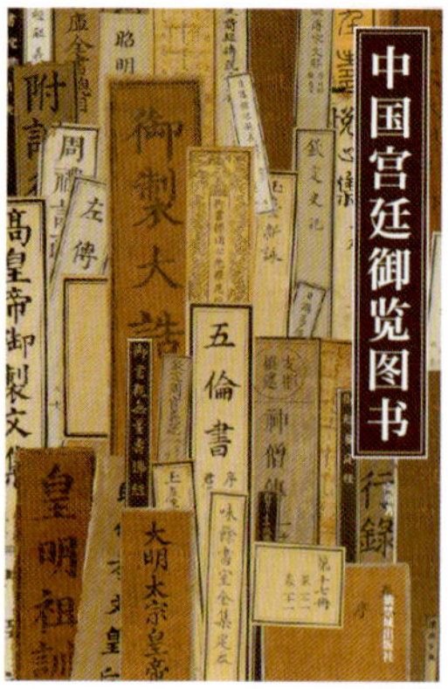


**中国宫廷御览图书**·向斯　定价：八八元

故宫博物院所藏的善本书籍，是历代宫廷流传下来的皇帝和皇室成员所撰写、阅读的藏书精品，从未昭示于海内外，许多系宫廷秘藏孤本。这些善本图书，版本精良，装帧考究，具有鲜明的皇宫特色，在中国文化史、书史、版本史上占有重要的地位。本书权威、系统、准确地展示了故宫善本图书的全貌和精华、历史与现状及其重要学术文化价值，是一部关于中国宫廷古书鉴定、鉴赏方面的重要著作。

**龙袍与袈裟**·罗文华　定价：一九八元（上、下）

本书从清宫藏传佛教神系发展的基本脉络、皇家佛堂内部神秘的众神世界及其象征主义结构、以乾隆时期为代表的藏传佛教绘画和造像的真实状况、艺术风格及其重要作品等方面，全面揭示了清宫藏传佛教的基本面貌和主要特点，是近年来清代宫廷史研究的一部力作。

**曲阳白石造像研究**·冯贺军　定价：九〇元

本书从绪论、发愿文内容、信仰与造像、思惟菩萨、基座的类型与题材等方面，论述了河北曲阳白石造像寺院归属、造像者身份、造像渊源与演变、题材与信仰等。书后所附《从七帝寺看定州佛教》，借助七帝寺相关史实，在大的历史背景下探究曲阳乃至定州佛教造像的整体风貌。发愿文总录则为研究者提供了翔实的资料。

# 紫禁書系　第三辑

**明代玉器**・张广文　定价：六八元

在现存古代玉器中，明代玉器占有重要地位，但其作品多为传世品，与唐至元代作品、清代作品混行于世，不易区别。本文据明代玉器的考古发掘、传世玉器的排比及明代工艺品的相互影响进行分析，对明代玉器的分期、用材及制造工艺、品种、类别、纹、仿古玉情况及特点得出明确认识，总结出规律，对了解明代玉器的源起、制造和使用、识别传世作品是非常有益的。

**中华梳篦六千年**・杨晶　定价：六八元

这是一本关于梳篦文化史的专著。书中运用考古学的层位学与类型学的研究方法，从不易被人们关注的小小梳篦入手，由梳篦的种类、造型、装饰、风格的演变及其与人、时、空的关系中，爬梳出长达六千年中国文化的谱系与社会结构的变迁，见微思著，从而成为一部以梳篦论史、透梳篦见人、代梳篦说活，将梳篦说活的专著。

**中国古代雕塑述要**・冯贺军　定价：六八元

本书分石窟寺与佛教造像、历代陶俑、陵墓雕刻三大部分十四章，基本涵盖了中国古代雕塑的主要门类。既有本民族传统神祇，也有受外来文化影响创造出的佛教造像，其题材庞杂，风格多样。作者用简洁的语言，勾勒出它的发展历程，希冀对热爱中国古代艺术的读者有所裨益。

**紫禁城原状与原创**・王子林　定价：一三六元（上、下）

本书以明清紫禁城最具有代表性的原状宫殿为研究对象，不仅阐释了原状宫殿的建筑形式、历史沿革、室内外陈设等方方面面，而且还紧扣历史脉搏，站在大历史的角度对紫禁城原状宫殿进行审视，并从帝王的个人喜好等方面加以深度的考察，使原状宫殿所反映出的信息更加广泛而具有深度。透过本书，可以窥见最真实状态下的明清时代帝王在紫禁城宫殿内外的生活场景及其所反映的传统文化思想。

**王石谷绘画风格与真伪鉴定**・谭述乐　定价：六八元

作者选择了中国绘画史与书画鉴定学上争议较大、最有代表性的摹古画家王石谷进行个案研究。立足于风格把握与真伪辨析相结合的原则，将王石谷绘画按早、中、晚不同年代分期，根据丘壑笔墨特点分类，对王石谷作品进行了系统的清理鉴定，其新的观察视角与研究方法对中国美术史与古代书画鉴定研究不无启示。

# 紫禁書系　第四辑

**明清闺阁绘画研究**·李湜　定价：六八元

明清闺阁画家在中国古代女性绘画史上书写着最为重要的一页，但他们的历史却始终未被系统梳理。本书作为全国艺术科学「十五」规划课题研究成果，以地方志、文人笔记、官方史书、画史、画论等为基本文献资料，以国内外各大博物馆、美术馆现存明清女性绘画作品为基本图像资料，借助文献来解读图像意义，借助图像来丰富文献记载，通过文献与图像的相互参照，尽可能清晰地勾画出明清女画家的艺术风貌。

**清宫绘画与「西画东渐」**·聂崇正　定价：六八元

本书为作者关于清代宫廷绘画的论文集，分为上下两编，上编为「清宫绘画述论」，下编为「清宫绘画中的『欧风』」。文章长短不一，角度各异，但都围绕清代宫廷绘画和宫廷中欧洲画风影响的诸多问题而写。长短文章，点面组合，图文并茂，有清一代宫廷绘画的状貌跃然纸上。

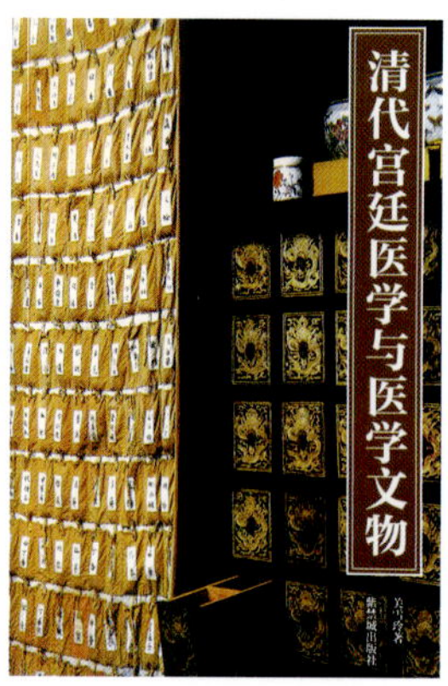


**清代宫廷医学与医学文物**·关雪玲　定价：六八元

清代宫廷医学史中国医学史的重要组成部分，在一定程度上代表着中国医学发展的最高水平。本书在全面占有第一手材料的基础上，利用清宫档案、各种官书、方志、私人笔记等文献资料，同时结合清宫医学文物，系统地论述清代宫廷医学诸问题，弥补当前研究的缺陷和不足，同时使清代宫廷医学的表征得以淋漓尽致地体现。

**乾隆「四美」与「三友」**·段勇　定价：六八元

乾隆皇帝收藏的「四美」与「三友」七幅画作，涵盖了人物画、山水画、花鸟画三科，时代跨度从晋代直至明代，可以说反映了中国传统绘画的基本特征，同时，其传承、流失和收藏现状也堪称清宫散佚文物的缩影。本书对此七幅画作的创作过程、历代题跋、流传经过以及当年乾隆皇帝用来收藏画作的「四美具」和「三友轩」进行研究，在文物、历史和宫廷文化领域都有重要的意义。

# 紫禁書系　第五辑

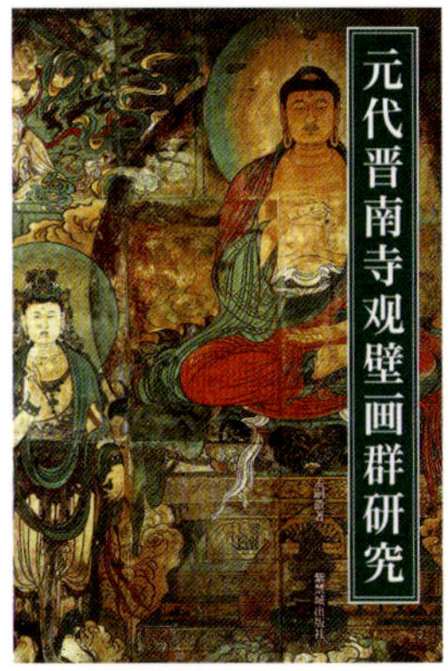


**元代晋南寺观壁画群研究**・孟嗣徽　定价：六八元

本书是对二十世纪初流出海外的一批元明两代晋南寺观壁画，和现存于晋南寺观中的壁画遗存所作的综合研究。通过对前辈学者的考察笔记和研究成果进行梳理和分析，结合相关的文献典籍，考释出壁画中人物的身份、壁画画家和成画年代。重构了兴化寺寺院的结构、壁画的配置和礼佛的图像程序；揭示出广胜寺壁画与元代平阳大地震后国家祭祀活动有关的史实。此外，通过对壁画中现存画工题记的分析，将晋南有关寺观壁画与永乐宫三清殿壁画进行比对，认为它们参照使用了同一套粉本；推断壁画作者应为元代晋南著名画师朱好古的画工班子，为中国美术史提供了修正的依据。

**明清文人园林艺术**・张淑娴　定价：六八元

明清文人园林秉承「天人合一」的理念，遵循「宛自天开」的艺术宗旨，以活泼而巧妙的布局，精湛而高超的技艺，呈现山明水秀的风景，诗情画意的境界。文人园林是古代文人思想的产物，文人于此间寄托其理想，表现其智慧，体现了文人阶层的文化、艺术特质。

通过中国传统文化的渗透与时代精神的影响，分析明清文人园林的哲学根源、文化内涵和艺术特征。本书以明清文人园林理论和相关文献为主要研究对象，考察现存的园林实物，借鉴学术界现有成果，采用动态的研究方法，从明清文人的视角诠释文人园林的美学构成。

**中国古代琥珀艺术**・许晓东　定价：六八元

本书是目前国内所知唯一一本关于中国古代琥珀的专著，作者通过对文献的梳理，利用近一个世纪的考古材料，在前人研究的基础上，对中国古代琥珀艺术，特别是契丹琥珀艺术作全面而系统地回顾和探讨，以揭示中西琥珀艺术的特征和异同，契丹琥珀艺术的成就及其内涵，以及中国古代琥珀原料来源本身所包含的古代中西文化交流。

**中国古代治玉工艺**・徐琳　定价：六八元

中国古代治玉工艺一直因文献记载极少，玉器制作工艺技术保守而令人感到神秘，少有人真正进行通盘研究。本书从古代治玉工具入手，将八千年的中国玉器制作分为五大阶段，系统的总结了古代玉器不同时期的工艺特点。本书以考古出土品及博物馆藏品为标准器，结合作者几年来从事古代治玉工艺研究课题的心得加以归纳总结。相信在赝品泛滥的当今社会，该书对古代玉器的鉴定亦起到一定的参考作用。

# 紫禁書系 第六辑

**《大梅山馆诗意图》研究**・林姝　定价：六八元

故宫收藏的《大梅山馆诗意图》是任熊的重要代表作，本书旨在以画为引子，以诗为线索，考据诗文的出处，采用绘画、诗歌与文献三者综合研究的方法，探讨诗句与绘画的关系，力求透过《大梅山馆诗意图》的画面揭示其背后所蕴藏的诸多历史信息。

**明清画谭**・聂崇正　定价：六八元

这册《明清画谭》是作者若干年中撰写的有关明、清两朝绘画史文章的结集。涉及明朝绘画史的文章，偏重于介绍明朝的宫廷绘画及明朝的人物肖像画；涉及清朝绘画史的文章，偏重于摸索清初的主流绘画「清初六家」和晚清的「海上画派」。所收入文章写作的时间跨度颇长，文章的长短也不一，但均言之有物，可供有兴趣者翻阅。

**时间的历史映像**・郭福祥　定价：八六元

故宫博物院的钟表收藏是世界钟表收藏中极为特殊和重要的一部分，越来越受到世界学术界和钟表收藏界的关注。十几年来，对中国钟表史和中国宫廷钟表收藏史的研习成为作者研究工作的主要兴趣点之一，其间在各种刊物上发表了十数篇相关论文和文章，本书就是在这些论文的基础上汇编而成。力图通过实物、档案、文献的整理、考证、辨析，以实实在在的历史事实勾勒出中国钟表历史和中国宫廷钟表收藏的真实图景，囊括了中国钟表史和钟表收藏史基本的和主要的方面。

**北朝装饰纹样——五、六世纪石窟装饰纹样的考古研究**・李妧恩　定价：八六元

本书主要论述了对北魏鲜卑皇室贵族开凿的石窟寺装饰纹样的考古学研究，系统论述了北朝石窟造像装饰纹样的发展演变，从汉代以来的传统装饰纹样，到吸纳佛教外来因素而一改面貌，形成以植物纹样为主的装饰面貌。同时，北魏拓跋鲜卑皇室贵族开凿的大石窟，反映出当时石刻艺术的最高技术水平，从石窟的分期和石窟装饰花纹的演变中，可以看出宗教文化艺术上的变化。由此，本书确立了一种纹样断代的方法，颇具参考价值。

# 紫禁書系 第七辑

**秀骨清像**・余 辉　定价：六八元

研究中国古代绘画应当从魏晋南北朝开始，此时开启了古代绘画进入自觉的大门，尤其是人物画科，是在这个时期从教化工具演化成一门独立的、可供欣赏的绘画艺术，此后才孕育出了山水画科和花鸟画科。本书从风格类型的角度试图厘清魏晋南北朝时期各个阶段、各个地域的人物画。文中就影响魏晋南北朝人物的哲学、文学等人文学科的演进进行分析，然后按三个时空范围逐一分析和研究包括三国在内的魏晋、南朝、北朝的人物画家在卷轴画方面的艺术贡献，其中特别强调的是顾恺之的艺术成就。墓室壁画部分将分为南方、北方和西北三地，新疆、甘肃等地的佛教壁画则另成龟兹风、汉风及融和系列，以求较为完整地揭示出魏晋南北朝时期人物画在各个领域里获得的开创性成就。

**清代贡茶研究**・万秀锋 刘宝建 王慧 付超　定价：六八元

在「国不可一日无君，君不可一日无茶」的观念下，清代帝王都非常重视贡茶，形成了一系列制度化的体系，一种文化的累积。贡茶不仅关乎宫廷生活，还对社会经济有重要的影响。历代地方官员为了迎合宫廷，费尽心思培育新的品种，改进制作工艺，逐步形成了国内一体化又各具地方特色的贡茶体系，推动着中国茶叶不断的向前进步，也在很大程度上推动着地方经济的发展，形成了延续至今的几大产茶区。在茶叶的管理与分配上，茶库和茶房及相应的管理制度都有一种层次化的体系。清代宫廷茶文化作为中国茶文化的一个重要组成部分，在各个方面都有推陈出新之处，对现代中国茶文化有着深远的影响。

**清代内府刻书研究**・翁连溪　定价：六八元

有清一代内府刻书，不仅所刻之本及原刻书版大多流传于今世，且内府有关图书活动的档案俱在，事无巨细，一一可征，但前人或囿于史料多庋藏于大内深宫，索阅不易，故论及清内府刻书，虽不乏褒美之词，论及其源流递嬗却多草草，且迄今为止，尚未见一部论述清内府刻书的专著面世，不能不说是中国书史研究的一个缺失。本书依据大量原始资料，对清内府刻书条分缕析，务求详明有据，以再现清内府刻书的辉煌。清内府刻书，实为自印本书时代开始，中国古代内府刻书的大总结，是中国古代内府刻书的缩影，从这个角度讲，把清内府刻书搞清楚，其意义又不仅在有清一代了。